다문화에서 미래를 찾는다

인구문제에서 이민청 신설까지

다문화에서
미래를 찾는다

인구문제에서 이민청 신설까지

김만호 지음

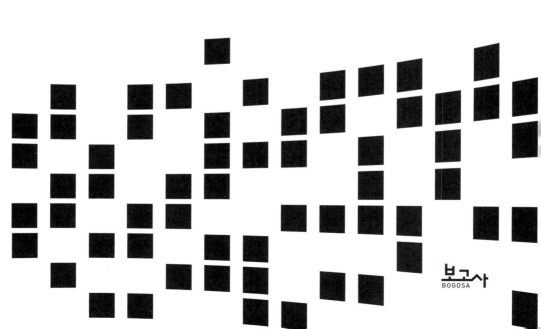

보고사
BOGOSA

회색코뿔소의 위기를 경계해야

경기도지사 김동연

'회색코뿔소'라는 표현이 있습니다. 지속된 경고와 이미 알려진 위험 요인에도 대처를 못해서 위험에 빠지는 걸 의미하는 용어입니다.

회색코뿔소는 지축을 흔들 만큼 거대한 덩치로 달려오기 때문에 누구나 위험을 감지합니다. 그러나 두려움 때문에 혹은 대처 방법을 몰라서, 다 아는 위험을 피하지 못하는 경우도 있다고 합니다.

대한민국이 맞이한 '회색코뿔소' 중 첫손에 꼽힐 만한 위기가 저출생 문제입니다. 전쟁 중에나 찍힐 법한 수치라는 출생률 0.78명을 2022년에 기록했습니다. 모두가 "큰일났다"고 입을 모았지만, 정확한 대처를 하지 못하면서 지금껏 일을 키웠습니다.

저출생 문제는 대한민국의 현재와 미래를 위협하는 제일 심각한 '회색코뿔소'입니다. 저 또한 실질적 대책을 찾지 못했음을 솔직히 고백합니다.

이 책의 저자 김만호 박사는 이 문제에 대해 현실적이고 색다른 시각을 제안합니다. 인구가 적정한 수준으로 수렴되는 현실을 인정하고 차라리 인적자원의 퀄리티를 높여서 생산성을 높이는 방안입니다.

그 차원에서 대한민국도 선제적으로 '이민사회'를 조성해 우수한 이민자원을 효율적으로 활용하자는 주장을 내놓았습니다. 요컨대 대한민국 인구절벽 해결과 이민사회로의 전환을 연결지어 준비하자는 정책대안입니다. 인구감소를 사회대전환의 기회로 삼자는 과감한 목소리를 담았습니다.

독일은 일찌감치 그 경로를 밟고 있습니다. 독일이 유럽의 최강국 반열에 올라선 배경에는 여러 요인이 있겠지만 유능한 이민자원을 유치하는 전략도 빼놓을 수 없는 비결입니다. 김 박사는 이민 당국이 이민자를 선발하는 게 아니라, 이주민이 각종 처우 등을 고려해 이민지역을 선택하는 경우가 늘 것이기 때문에 발 빠른 준비가 중요하다고 강조합니다.

위기의 순간, 국가의 선택은 매우 중요합니다. 저출생 문제든, 이민사회 대비든 지금처럼 해서는 안 된다는 점은 분명합니다. 두 가지 문제를 해결하기 위해서는 불안이 아니라 희망으로 가득한 미래를 우리 사회가 보여줘야 합니다. 이 책은 그 희망을 확인하고 싶을 때 맞춤한 필독서입니다.

가는 말이 고와야 오는 말이 곱다

국회의원 이명수

어릴 적 친구 집을 놀러 가면 아버지가 사우디아라비아로 가서 건설 일을 하는 경우가 있었다. 친지 중에는 일가족이 미국으로 이민을 가기도 했다. 이민 사유는 요즘 기러기아빠처럼 자녀 교육을 위한 이민이 아니고, 먹고사는 문제인 생계유지 차원이 많았다. 그때 대한민국은 인구는 많지만 일자리가 부족했다. 반면 지금 대한민국은 동남아 등지에서 이주노동을 하러 오고, 결혼 등의 사유로 이민을 오는 경우가 많다. 과거와는 다르게 일자리는 넘치지만 인구가 부족한 시대가 온 것이다.

중요한 것은 이민사회와의 소통이다. 일찍부터 이주민을 받아들인 선진국들이 원주민과 이주민의 갈등으로 유혈사태까지 빚는 것을 보면 지금까지 이주민과의 관계가 원만했다고 해서 앞으로도 잘 유지된다고 볼 수는 없다. 이주민과의 소통에서는 우리 고유의 속담인 "가는 말이 고와야 오는 말이 곱다"는 말을 되새겨볼 필요가 있다. 인간은 감정의 동물이기에 상대가 어떤 마음으로 대하는지 어렵지 않게 알 수 있다. 말투를 들으면 더 정확하다. 그래서 옛말에 상대와 관계를 좋게 하고 싶거든 곱디고운 말을 사용하라고 한 것이다. 그런 면에서 많은 이주민들이 한국민의 차별적 언사에 고통스러워하는 것은 아쉬운 대목이다. 반드시 고쳐야 할 부분이다.

이 책에서 제시한 이주민 사회와의 공존 해법은 새겨들을 만하다. '홍익인간을 바탕으로 한 상호문화주의'라는 말이 생소하지만 '널리 인간을 복되게 한다'는 홍익인간의 가르침으로 이주민을 존중하고, 우리가 먼저 이주민의 문화를 인정함과 동시에 이주민들도 한국 문화를 배우고 받아들이도록 하는 상호문화주의는 이주민과의 원활한 소통을 가능하게 할 핵심요소라 생각된다.

'인구절벽', '이민사회' 등의 문제는 특별한 능력을 가진 사람 혼자서 뚝딱 해결할 문제가 아니다. 많은 사람들이 오랫동안 심사숙고한 뒤 장기적이고 체계적인 정책을 세워 해결에 도달해야 할 주요과제이다. 또한, 이 책은 인구문제, 이민사회 문제를 우리 생활의 문제로 인식하도록 해준다. '누군가 해결하겠지'가 아니라 '우리 모두 힘을 합쳐 해결해야 한다'는 것을 적시하고 있다. 저자 김만호 박사의 다양한 해외 경험과 그간의 연구 실적이 가미된 이 책은 지루함 없이 일독할 수 있고, 일독한 후에는 향기로운 내음처럼 잔상이 남는 책이다. 독자 여러분께도 권하고 싶은 수준작이다.

이민정책에 새로운 설계가 필요한 때

한국정책학회장 **김영미** 교수

오늘날 우리는 초국가적 글로벌 네트워크 속에서 살고 있습니다. 현대사회가 글로벌 코스모폴리탄 시대이지만 코로나 팬데믹으로 국경은 높아지고 공존에 대한 차별은 심해지고 있습니다. 사회적 약자인 이민자들이 어느 때보다 고통받고 있습니다. 이런 어려운 현실을 직면할 때 대한민국과 다문화에 등불이 될 수 있는 귀한 저서가 출간됨을 감사드립니다.

이민정책은 이미 글로벌문제임에도 불구하고 우리는 이민 문제에 대하여 합리적이고 보편타당한 정책을 아직도 수립하지 못하고 있습니다. 인구절벽은 필연적으로 이주민을 필요로 하고, 이주민이 모여들면 자연스럽게 이민사회가 형성될 것입니다. 미국이 저출산율 문제를 극복하고 고급 인력의 이민을 받아들여 국가 성장을 이루어

나가는 것처럼, 인구절벽 상황인 대한민국에 활력을 불어넣어 줄 이민 자원은 필수적이라 하겠습니다.

인재를 선발하여 장기 체류나 영주권을 주는 정책은 선진국 이민 정책의 공통적인 특징입니다. 안전하고 관용적인 사회 분위기가 이들이 장기정착을 하는 데 큰 역할을 합니다. 더불어 불법 체류자로 불리는 미등록 이주민들은 취업을 위해 왔다가 체류 기간이 끝난 외국인이 대부분인데, 이들을 포함한 여러 사람들이 우리의 합법적인 노동 비자 제도인 고용허가제를 노예 제도라고 비판하는 현실에 대해서도 고민해 봐야 할 때가 되었습니다.

이런 시점에서 김만호 박사가 이민청과 재외동포청 설치가 필요하다는 요지의 단행본을 출판했습니다. 하와이 수수밭 이민으로부터 파독 광부와 간호사에 이르기까지 우리의 이민사를 비롯해서 외국인 혐오증과 상호문화주의 필요성 등 시사하는 바가 매우 큰 내용들은 단숨에 책을 읽게 합니다. 미국, 프랑스 같은 선진국의 이민 정책도 소개하고 있어서 정책 입안자들에게 소중한 자료로 활용되기를 바랍니다.

다문화와 함께, 더 큰 대한민국을 향하여

　대한민국은 세계 최저 출산율 기록을 혼자서 써내려가는 국가이다. 인구감소는 필연적으로 이주민을 필요로 하게 된다. 하루빨리 출산율을 되돌리지 않는다면, 다가올 이민사회를 촘촘하게 대비하지 않는다면, 대한민국의 미래가 어떻게 될지, 우리의 후손들은 어떻게 살아갈지 걱정이 앞선다.

　1994년, '교육이 미래다'라는 스승의 가르침에 따라 못다 한 공부를 위해 미국 뉴욕으로 향했다. 뉴욕의 분위기는 좁은 시야에 갇혀 있던 나에게 큰 충격을 안겨 주었다. 뉴욕은 세계인의 나라였다. 미국은 이민자들이 세운 세계 최대 강대국이라는 사실을 익히 알고 있었지만, 다른 국가, 인종, 언어, 종교 배경의 이주민들이 역할을 나누고 서로 협조하며 주어진 일을 척척 해내고 있었다. 일면 오케스트라의 웅장한 하모니 같았다.

　우리나라의 이민역사, 이민정책은 30년에 불과하다. 우리나라의 이민정책은 체계적으로 미래를 내다보고 설계된 것이 아니라, 그때그때 상황에 따라 즉흥적으로 결정된 감이 없지 않다. 1990년대 초반 대한민국은 결혼이주여성, 이주노동자, 북한이탈주민 등이 밀물처럼 몰려들었다. 북한 최악의 식량난인 '고난의 행군'을 겪은 북한 주민들의 남한행이 줄을 이었고, 산업현장의 인력부족으로 이주 배경 산업연수생이 투입되기 시작했다. 농촌 총각과의 결혼을 꺼리는 사회 풍조로 동남아 국제결혼이 성행하면서 결혼이주여성도 늘어나게 됐다. 바야흐로 30년 만에 단일민족주의라는 혈통주의를 금과옥조처럼 여기는 대한민국에 동시다발적으로 다양한 성격의 이주민들이 모여들며 다문화사회로 진입하는 대변화가 생기게 되었다.

2006년 귀국한 뒤 대학 강단에서 다양한 국적의 유학생들을 가르치며 상담하는 일을 하기 시작했다. 우연히 다문화가정 자녀들의 교육을 지원하는 장학재단을 맡아 결혼이주여성들과 그의 자녀들의 생생한 삶을 접하는 기회를 갖게 되었다. 장학재단에서 다문화가정 자녀들을 만나면서 직간접적으로 다양한 유형의 다문화가정 구성원들, 이주민들의 애환을 목격하며 이들이 겪어내야 할 짐과 같은 어려움의 관찰자가 되었다.

잘살고 싶다는 꿈을 안고 대한민국에 입국한 북한이탈주민은 건설 현장의 일용직을 전전했고, 가족의 미래를 위해 찾아온 이주노동자들은 밀린 임금을 못 받거나 산업재해를 입고 고국으로 돌아가는 일이 허다하다는 현실을 알게 되었다. 결혼이주여성도 남편의 폭력에 노출되어 트라우마와 상처를 안고 조마조마한 삶을 이어 가고 있었다. 우리나라의 이민자 문제는 넓은 스펙트럼 속에서 장기적으로 풀어나가야 하는 고차방정식과 같았다.

2022년 대한민국이 세계 최저 출산율 기록을 갱신하자 정부나 학계, 언론에서는 부랴부랴 '출산율', '인구절벽', '이민청'을 언급하기 시작했다. 이민문제에 대해서는 진보와 보수진영의 의견이 엇갈렸고 사회 불안을 조장하는 경우도 있었다. '출산지원금'을 획기적으로 늘리면 출산 문제는 일거에 해결될 일이라는 낭만적 방법론을 제시하는 전문가도 있었다. 이주노동자의 처우 개선은 그들의 노동에 대해 셈만 잘 치러주면 문제가 없다는 무지한 사람들도 더러 있었다. 대한민국 어디에서도 인구절벽 문제와 이민사회에 대하여 통합적 시각을 발견할 수 없었다.

4장으로 구성된 이 책의 1장에서는 이민자들이 바라본 대한민국과 당면한 인구절벽 문제를, 2장에서는 우리가 겪었던 디아스포라와 우리나라로 온 이민자들의 삶의 모습을, 3장에서는 선진 강국의 이민 정책에 대한 구체적인 사례를, 4장에서는 이민사회를 향한 우리의 인식 전환에 이어 이민청과 재외동포청 설립이 필요함을 역설했다. 2백만의 외국인과 함께 사는 지금, 이 책이 선주민과 이주민이 서로를 높이고 다름을 넘어 어울림으로 공존하며 함께 잘사는 나라, 선진 대한민국을 만드는 데 든든한 길잡이가 되기를 바란다.

2023년 새봄을 맞이하며
김 만 호

1장

•••••

이민사회와 우수인재 유치

이민자들이 바라본 한국 사회

초등학교에 다닌 자녀가 알림장을 가져오는 것이 두렵다는 결혼이주여성이 있었다. 아이보다 한글을 잘 모르는 엄마, 알림장을 볼 때마다 흡사 한글 시험을 보는 느낌이다. 아이는 더 곤혹스럽다. 요즘 학교생활은 전과는 달라 가정의 역할이 강조되고 있다. 예전처럼 학교에서의 생활이 전부가 아니라는 의미이다. 우리 곁에는 직장생활을 하면서 1차, 2차, 3차의 술자리가 거북하다는 이민자가 있고, 입시경쟁에 주눅이 들어버린 사람도 있다. 이민자들은 한국이 좋아서, 아니면 한국 생활이 필요해서 모여든 우리와 똑같은 대한민국 주민이다. 이들의 고민을 가감 없이 들어보았다.

한국인의 불행을 꼬집은 독일인 안톤 슐츠

▶

한국 여성과 결혼해서 광주에 살고 있는 독일인 저널리스트 안톤 슐츠는 한국인들의 낮은 행복감을 파헤친 〈한국인들의 이상한 행복〉

을 써냈다. 20년 이상 한국에 살면서 느꼈던 '한국인들은 불행하다'는 평가는 뼈아픈 지적이다. 그는 한국인이 느끼는 불행한 감정의 뿌리는 한국 사회 시스템과 개인의 의식에 있다고 보았다. 2021년 UN 산하 지속가능발전해법네트워크(SDSN)가 발표한 세계 행복 보고서에 따르면 한국의 행복지수는 OECD 국가 중에서는 거의 꼴찌에 가깝다. 조사대상 153개국 중 61위였다. 전쟁의 폐허를 딛고 경제대국이 된 한국인들은 풍요로워졌지만 행복하지는 않다.

그는 한국에 와서 사교육이라는 개념을 처음 알게 되었다고 한다. 어린 시절부터 학원에 다니면서 선행학습을 하지 않으면, 학교 수업을 따라갈 수 없는 기현상에 충격을 받았다. 독일에서 거주하는 교육공무원인 어머니도 한국 드라마에서 연출된 학교 분위기에 놀라워했다. 사교육 열풍은 외국인에게는 교육 지옥을 연상시킨다. 그는 사람에 따라 행복의 기준이 다르다고 생각한다. "비정규직 일자리만 없어진다고 모든 사람이 행복해질까?"라는 문제의식을 던진다. 전체 사회 구성원을 만족시킬 만한 일자리를 정부가 만드는 것은 가능하지 않다고 지적한다. 따라서 사회안전망을 강화하여 사회적 약자를 보호하고 지원하는 정책이 필요하다고 강조한다.

안톤의 비판은 우리나라 사람들이 상대적 박탈감, 상대적 불평등에 함몰되어 자기 삶의 행복을 찾지 못한다는 뼈아픈 충고이다. 잿더미 속에서 고도의 경제성장을 일구고 경제대국이 되었지만, 내면은 공허하고 외롭다는 의미이다. 경제적 풍요만이 아니라 원만한 인간관계, 가정의 안정과 평화, 부모와 자녀의 따뜻한 관계를 중요시하고 삶의 질을 다시 돌아봐야 한다는 의미로 읽혔다.

유쾌한 비판자, 쿠르드족 아말

▶

쿠르드족 출신 아말은 한국 국적으로 귀화했다. 아말은 상대방을 웃게 하면서도 날카로운 면을 지닌 '유쾌한 비판자'이다. 그는 한국에서 대학을 졸업하고 석사학위를 취득했다. 한국에서 본국 통신사 기자를 지냈기에 한국 사회 흐름에도 밝다. 그는 누구보다 빨리 적응한 외국인이다. 장기체류하는 외국인들이 경제문제로 어려움을 겪는 경우가 많지만, 그는 비교적 안정적인 생활을 하고 있다. 강남 행복주택에 당첨되어 살고 있을 만큼 한국 생활에 적응을 잘한 케이스이다. 그는 외국인들이 가장 어려워하는 한국살이는 '부동산 문제'라고 꼬집었다. 자산이 많거나 고액 연봉을 받거나 사업으로 성공한 소수를 제외하고는 서울의 억 소리 나는 전셋값과 아파트 가격을 감당할 만한 장기체류 외국인은 드물다는 것이다. 그는 "부동산 가격의 폭등은 우수한 외국인들이 한국을 떠나는 원인 중의 하나"라고 말했다. 국비장학생 출신으로 카이스트를 졸업한 그의 친구는 코로나 팬데믹 기간 동안 배달 아르바이트를 했는데, "1억을 모으면 한국을 떠날 거야!"라고 하며 힘든 일을 견뎠다고 한다. 외국인 엘리트들이 한국에 정착하는 것은 쉽지 않다. 살인적 주거비용은 고급 인재 유치의 걸림돌이란 충고를 덧붙여주었다.

아말은 무슬림으로서 종교 문제로 겪어야 하는 불편한 면이 많았다고 한다. 그는 한국 사회에 광범위하게 퍼져있는 무슬림에 대한 편견이 많다고 했다. 많은 한국인들이 묻지도 따지지도 않고 무슬림은 테러리스트라는 편견을 갖거나 여성 인권을 짓밟고 폐쇄적이고 강압적인 종교로 오해한다고 한탄하기도 했다. 그의 표현을 빌리자면, 우리나라 사람들이 이민자의 문화에 너무 무지하다는 것이다.

우리나라 사람들은 무슬림과 결혼하면 무조건 무슬림 신자가 되고 여성들은 히잡을 착용해야 한다는 관념을 갖고 있다. 그러나 아말은 한국인 부인에게 무슬림을 강요하지 않았고 무종교인 것을 존중한다. 아말의 한국인 부인도 남편이 종교를 이유로 돼지고기를 먹지 않는 것을 잘 알고 있다. 그는 아들에게 "쿠르드족 출신 한국인으로서 다양한 삶을 경험하고 글로벌한 시각을 갖고 사는 세계시민이 되라고 말하고 싶다"고 강조했다.

쿠르드족 사회는 마을 주민이 모두 친척이어서 한 사람의 문제는 마을 전체의 문제로 여긴다. 친척의 어려움을 두 팔 걷어붙이고 돕는 가족주의 문화도 강하다. 삼촌이 어려운 일이 생기자 한국에 있는 자신에게까지 분담하게 했다고 한다. 그에 비해 한국 사회는 개인주의 성향이 강하기 때문에 인간관계는 차갑게 느껴진다고 한다.

외국인의 눈에 비친 한국 사회는 정상과 비정상, 주류와 비주류로 분리된다. 모두가 엘리트적 삶을 추구하고 경쟁에서 도태된 사람을 하류로 취급하는 서열 문화, 유교적 관념이 복합된 획일주의, 그리고 순혈주의를 특징으로 꼽는다. 순혈이란 다양한 변수들과 교류하면서 융합되어야 경쟁력이 생긴다. 유교적 관념과 서열 문화, 순혈 문화, 획일적 삶의 방식은 일본처럼 또 다른 갈라파고스 증후군을 만들 수 있다. 자신이 무슬림 이민자란 정체성을 갖고 있으면서도, 싱가포르에 출장을 갔을 때 현대자동차가 도로를 달리는 모습에 왜 그리 자랑스러운 마음이 들었는지 모른다고 말했다. 그렇게 그는 '찐 한국인'이 되어가고 있다.

한국 기업문화에 속앓이 한 영국인 회계사 폴 카버

국내 유명 회계법인에서 7년간 근무하다 서울시 5급 공무원으로 특채된 영국인 폴 카버 회계사는 한국 영주권을 획득했다. 서울시 사무관에서 퇴직하게 되면서 그는 한국에서 유튜버 겸 프리랜서 번역가, 칼럼 작가로 일하고 있다. 그는 "대한민국 대기업이 세계시장을 선도하는 분야는 첨단기술 분야이다. 제조업 분야에선 세계시장을 휩쓸지만, 금융 분야는 취약하다"고 했다. 우리나라에는 글로벌기업의 아시아태평양 법인이 없다. 대다수 아시아태평양 법인은 홍콩, 도쿄, 싱가포르에 있다. 대한민국은 외국기업이 투자하는데 규제도 많고 주택문제, 자녀 교육문제, 문화적 차이가 크기 때문이다.

폴 카버 씨는 "업무 특성상 영업을 해야 하는데, 한국 인맥이 없기 때문에 맨땅에 헤딩하는 기분"이었다고 한다. 한국은 영업을 따내기 위해 친구, 동창, 가족과 같은 사적 연결망을 동원할 수 있지만, 연고가 없는 외국인은 이 점이 어렵다고 고충을 털어놓았다. 그가 한국기업에 근무하면서 받았던 느낌은 한마디로 '저녁이 없는 삶'이었다고 한다. 야근을 밥 먹듯 하고 회식은 1차, 2차, 3차를 넘어서까지 이어진다. "진탕 술을 마신 다음날 아침이면 머리가 띵하고 집중이 안 된다. 그 상태에서 일을 하는 근무환경은 비효율적이다"라고 말했다. 카버 씨는 술과 친목을 기반으로 한 인간관계가 사회생활로 연장되는 한국적 기업 특성이 외국인의 적응을 어렵게 하는 요인이라고 했다.

정규직에 취업하고 싶은 튀르키예 유학생, 안젤리나

1996년생 튀르키예 출신 안젤리나는 한류 문화에 매료되어 한국 유학을 선택했다. 유학을 오기 전, 모국에서 한국 드라마를 보고 K-pop을 즐겨 들었다. 한국어를 독학해 마스터할 정도로 한국에 대한 열정이 컸다. 성적이 우수했던 그녀는 국비 장학생으로 한국에 왔다. 몇 달 전 졸업한 안젤리나는 미디어 커뮤니케이션을 전공했고, 한국에서 전공 관련된 일을 하고 싶다고 했다. 그녀는 한국 기업에 입사해서 E-7 비자를 받아, 한국 사회의 어엿한 일원으로 살아가고 싶어 한다.

대학마다 재학생을 대상으로 하는 취업 센터를 운영한다. 재학생과 졸업 준비생에게 기업 취업 및 창업 정보를 제공하고 상담하는 곳이다. 안젤리나는 대학에서 취업 정보를 한국 학생들에 비해 동등하게 제공받지 못했다고 했다. 어떤 취업준비관은 "유학생은 한국에서 취업은 불가능하니, 대학원에 입학하라"는 말도 했다고 한다. 한국으로의 유학 제도가 몹시 잘 짜여 있는데 반해 유학생의 취업 준비 제도는 턱없이 부실하다는 것을 짐작할 수 있었다.

안젤리나는 한국 생활 내내 치열하고 성실하게 살아왔다. 그녀에게 한국에서의 5년은 인생의 황금기를 투자한 것이다. 이 모든 이야기를 타국의 말인 한국어로 능숙하게 구사하는 동안 안젤리나의 말과 화법은 흔들림이 없었다. 그러나 국적으로, 인종적으로, 제도적으로 그녀는 여전히 이방인이다. 안젤리나는 인터뷰를 마무리하며 마지막으로 당부했다. "유학생에게도 취업의 문을 열어주세요. 한국 사회를 위해 기여하고 싶습니다. 기회를 주세요."

북한이탈주민 수학 천재, 정렬 군의 꿈

2016년 7월 17일 한 소년이 주룽(九龍)반도 홍콩과학기술대 기숙사를 빠져나와 란터우섬 홍콩 국제공항으로 향했다. 공항에 가면 한국인을 만날 수 있을 것 같아서였다. 18세 소년은 택시를 타고 홍콩 총영사관으로 달려가 망명을 요청했다. 그 소년은 15세부터 국제 수학올림피아드 대회에서 4번이나 은메달을 수상했던 북한의 수학천재 이정렬 군이다. 드라마틱한 북한 천재소년의 탈북은 홍콩 언론 보도로 알려졌다. 북한 평성시의 평범한 중산층 가정에서 성장한 정렬 군은 북한의 수재 중의 수재들이 다니는 평양 제1중학교 출신이다. 우여곡절 끝에 한국 땅을 밟은 그는 서울과학고를 거쳐서 한국에서 나고 자란 학생들과 똑같이 경쟁해서 수시전형으로 서울대 수학과에 합격했다.

낭만적인 대학 생활을 기대했지만, 현실은 여의치 않았다. 한국의 자본주의 시스템과 이질적인 문화가 낯설었다. 북한에서 한국으로 이주한 사람들은 한국어가 외국어처럼 들린다고 한다. 한국인들은 영어 단어를 비롯해 북한에서 사용하지 않는 낯선 단어를 사용한다. 특히 PPT를 만들어서 발표하는 게 힘들었다고 한다. 그동안 사용했던 언어가 다르니 전달력이 떨어질 수밖에 없었다. 정렬 군은 북한 교육의 한계를 스스로 알고 자신의 재능을 펼칠 기회를 찾아서 탈북을 결심했다. 북한의 천재과학자가 탈북한 경우는 있지만, 정렬 군처럼 성장가능성이 높은 청소년이 스스로 미래를 위해 탈북한 케이스는 없었다.

정렬 군은 "저는 2013년부터 매년 수학올림피아드에 참가해 은메달만 4번 연속 땄어요. 북한에서는 금메달을 따야 해외 유학이 가능하거든요. 한국에 오고 싶은 이유는 더 넓은 세상에서 더 많은 것을 배우고 싶은 충동 때문이에요. 한국에 적응하는 과정에서 정신적으로 너무 힘들었어요. 서울대에 입학한 다음 겪은 것은 경제적 어려움이었어요. 제 소망은 북한에 남아계신 부모님과 새로운 기회를 준 대한민국에 보답하고 싶어요"라고 했다.

정렬 군은 1학기를 다닌 뒤 휴학했고 탈북민 미국 연수 지원 사업에 응모해서 합격했다. 한국 땅에서 혼자 살아온 그의 이야기를 듣고 몹시 안타까웠다. 많은 시민들이 정렬 군의 사연을 알게 되면서 정부가 이런 인재를 체계적으로 지원하지 못하는 것이 아쉬웠다. 그는 수학을 활용한 분야를 공부하고 싶어 한다. 정렬 군과 같은 인재를 전략적으로 지원하는 방안을 고민해야 한다. 우수 인재 유치전략도 좋지만, 제2, 제3의 정렬 군과 같은 인재들이 한국을 기회의 땅으로 느끼고 찾아올 수 있는 매력적인 나라가 되어야 한다. 정렬 군의 이야기는 영화로 제작될 것 같다. 국내의 영화인이 그의 이야기에 깊은 감동을 받고 제작을 하려고 한다. 정렬 군의 스토리는 탈북민에게 새로운 희망과 성공의 롤모델이 될 것이다.

자녀 진로를 고민하는 베트남 결혼이주여성, 앨리스

베트남 출신 결혼이주여성 앨리스는 이혼녀이다. 35세인 그녀는 20대 초반에 결혼중개업체를 통해 한국인 남편을 만나 한국에 정착했다. 짧은 신혼생활 끝에 첫 아이를 낳고 몇 년 후 남편과 이혼했다. 씩씩하고 부지런한 그녀는 천안의 자동차 공장에서 부품을 생산하고 검수하는 노동자이다. 그녀는 잔업도 마다하지 않고 열심히 일한다. 집안 살림과 딸아이의 양육은 베트남 친정 부모님이 한집에 살면서 도와주었다.

담임 선생님과 중학교 3학년에 올라간 딸의 진로상담을 하면서 아이가 학습결손이 있어 인문계 고교에 진학하는 것이 어렵다는 말을 듣고 고민에 빠졌다. 공부에 흥미를 잃고 SNS, 게임, 인터넷 삼매경에 빠진 아이를 공부시키려니 도무지 엄두가 나지 않는다. 똑순이 엄마 앨리스는 한국 땅에서 살아갈 아이가 공부를 하지 않고 장래 어떤 직업을 가질 것인지 진지하게 고민하고 있다. 서툰 한국말로 공부하라고 들볶는 엄마와 사춘기 딸의 반항은 점점 더 심해지고 있다. 앨리스는 왜 딸이 공부에 싫증을 내고 거부하는지 이유를 모른다. 앨리스의 딸처럼, 학습결손으로 학교에 적응하지 못하는 다문화 청소년들이 많다. 공부에 흥미가 없다면, 재능과 취미와 적성에 맞는 진로교육과 미래설계를 하도록 도와주어야 한다. 외동딸을 대학에 보내고 싶은 똑순이 엄마와 반항하는 딸은 오늘도 전쟁 중이다.

부모 중에서 한 사람이라도 외국인인 경우 그들의 자녀들은 한국어 능력이 일반 학생들에 비해서 부족한 경우가 많다. 유아기부터 어휘구사 능력에서 차이가 난다. 언어는 사고력, 판단력, 지적 성장에 결정적 영향을 미치는 중요한 변수이다. 교육부는 다문화 학생 중에서 기초학력 제고를 위해 개별학습을 지원하는 대학생 멘토링 수업을 매년 4,000명 규모로 양성하고 있다. 다문화 청소년의 성장 및 발달 단계에 적합한 내용과 방식으로 지원하는 방안을 적극적으로 고려해야 한다.

출산절벽과 이민사회

애당초 인구가 부족하지 않았다면 이주민들이 대한민국까지 와서 일하는 일은 없었을 것이다. 실제로 정부는 2005년부터 280조의 예산을 들여 출산절벽 극복을 위해 애를 썼다. 그럼에도 출산율은 세계 최하위에서 맴돌고 있다. 인구절벽에 대한 진단과 처방이 잘못 됐는지, 아니면 정책 실무자의 무능 때문인지는 모르겠으나 결과론적으로 보면 정부가 심혈을 기울여 내놓은 정책이 우리 사회에서 전혀 효과를 보지 못한 것은 사실이다. 이민사회와 출산절벽은 불가분의 관계이다. 치과의사들이 공통적으로 하는 말이 있다. 임플란트가 아무리 좋아도 자신의 원래 치아만큼은 못하다. 이주민도 그렇다. 비록 인구 부족이 심화해서 이주민들을 대거 수용하더라도 이주민이 한국인을 완벽하게 대체할 수는 없다. 결국 인구절벽은 우리가 끝끝내 극복해야 할 과제라고 말할 수 있다.

인구감소에 불을 붙인 금융위기

1972년 100만 명의 출생자 수는 30년 뒤인 2002년 50만 명으로 줄었고, 다시 20년 뒤인 2022년에는 4분의 1인 25만 명으로 감소했다. 선진국에 진입할수록 출산율이 감소하는 것은 자연스러운 현상이라 할 텐데 대한민국의 출산율은 낮아도 너무 낮다. 전쟁하는 국가가 아니면 있을 수 없는 0.78을 기록하고 있다. 감소 추세가 바뀐 것은 아니니 연 출생자 20만 명도 곧 깨져나갈 것이다. 도무지 이해할 수 없는 대한민국 출산율을 두고 세계에서는 묻고 있다. 지금 대한민국에 어떤 일이 벌어지고 있는가?

"대한민국은 선진국의 문턱에서 너무 일찍 샴페인을 터뜨렸다"로 대변되는 IMF 외환위기는 대한민국의 많은 부분에 영향을 미쳤다. 당시 IMF가 우리에게 가르쳐준 것은 부실기업을 보호하다 보면 정상 기업도 부실화된다, 부실을 빨리 털어 내야만 정상 기업이 더 성장할 수 있고, 그 성장의 혜택을 국민 모두가 누릴 수 있다였다. IMF가 요구한 무자비한 구조조정은 TV 프로 '동물의 세계'에서나 볼 수 있을 정도의 사실상 적자생존, 약육강식 논리였다. 부실로 찍힌 기업의 경영진은 퇴출됐고, 직원들은 어쩔 수 없이 영문도 모른 채 실직자가 되었다. 평생직장, 완전고용, 정규직의 개념이 사라지고 비정규직이 양산된 출발점이 IMF의 구조조정에서 탄생했다.

IMF 이전에는 기업에 입사하면 정년까지 다니는 문화가 있었다. 부실이 있을 때는 모두 힘을 합쳐 함께 극복하는 것이 관행처럼 여겨졌다. 그런데 IMF 시기는 부실 징후만 있어도 부도 처리됐고, 한쪽이 무너지면 그 영향으로 다른 쪽도 쉽게 허물어졌다. 부도 도미노가 시작된 것이다. 거리에는 실업자가 넘쳐났고, 법정에는 이혼 서류가 수두룩하게 쌓이게 됐다. 취업을 못한 청년들은 이제 어떻게 하냐며 울음을 터뜨렸다.

아쉽게도 IMF는 우리 기업뿐 아니라 가정에서도 그 위력을 떨쳤다. 호기로운 가장의 모습은 사라졌고, 쪼그라들 대로 쪼그라든 가장의 뒷모습은 우리를 서글프게 했다. 경제적인 이유로 부부가 갈라서고, 이혼 가정 자녀들은 뿔뿔이 흩어져 각자도생해야 하는 시대가 시작된 것이다. 중산층, 서민이 쓰러져가는 동안 부유층은 고금리의 혜택을 누리고, 헐값에 나온 부동산과 알짜 기업을 손에 쥐고 부를 점점 더 쌓아 나갔다. 역설적으로 IMF는 현금을 쥔 사람들이 경매에 나온 부동산을 사들이면서 신흥부자 탄생의 기회가 되었다. 1998년은 구조적 사회 불평등이 시작된 시기였다.

IMF가 알려준 선진 경제 질서는 일면 배울 점이 많은 이론이다. 사리에도 들어맞는다. 다만 난생처음 겪는 상황에 이러지도 저러지도 못한 우리의 순진한 가장과 식구들은 뼈아픈 현실을 인내하면서 받아들여야 했다. 과정보다는 결과를 우선해야 했고, 결과에 대한 책임은 분명히 져야 했다. 위기 상황이 닥쳤을 때 비난의 대상은 '우리'라는 공동체가 아닌 '나'라는 개인인 것을 분명히 알게 됐다.

IMF로 인해 사회가, 가정이 철이 든 것이다. 전통적인 가족 관념은 더 이상 이 사회에 발을 붙일 수 없었다. 가정을 이루는 것은 늦더라도 준비가 철저해야 했고, 상대방의 과실에 대해서는 아량보다는 헤어지는 편이 나았기에 이혼율도 상승했다. 자녀가 행복하게 생활할 수 있는 환경이 안 된다면 출산은 미루는 게 나았고, 자녀 없이 부부만의 행복을 추구하는 딩크족도 성행하게 됐다.

한층 치열해진 경쟁사회에서 20대는 학업과 경제기반 마련을 위해 전념해야 했고, 결혼 연령은 30대 초반으로 늦어졌다. 30대 중후반에 한 자녀를 낳는 게 일반화 됐다. 과거 청춘들이 20대 중후반 혼인하여 첫 출산을 한 것에 비해 출산 연령이 10년 이상 후퇴하게된 것이다. 이처럼 우리는 IMF 경제위기에 부실기업만 내어준 것이 아니다. 소중한 가정을 내어줬고, 미래의 소중한 아이들을 포기해야 했다.

인구절벽이 초래한 사회 변화

▶

영화 〈잘살아보세〉는 1970년대 우리나라의 산아제한 계획을 비꼰 코미디 영화이다. 1970년대에는 '덮어놓고 낳다보면 거지꼴을 못면한다'는 정부의 슬로건이 여기저기 붙어있었다. '아이 낳지 않는 계몽운동'과 '피임 대작전'은 가난한 한국 사회의 에피소드였다. 우리나라도 콩나물 교실로 불리는 1부, 2부 수업을 할 정도로 아이들을 많이 낳았던 시절이 있었다. 그런데 요즘은 지하철에 탑승해서 주위를 돌아보면 유아, 유치원생, 초등학생 아이들이 보이질 않는다. 갓 태어난 아이 울음소리는 들은 지 오래다.

SF 영화나 소설에서나 나올 법한 일들이 2023년 대한민국에서 벌어지고 있다. 이 상태로 합계출산율이 세계 최저수준을 기록한다면, 핵무기에 의한 공격이 아니라 인구소멸로 300년 안에 우리나라는 사라진다. 저출산과 고령화는 북핵보다 더 무섭게 우리나라를 덮치고 있는 가장 큰 위험이다. 인구절벽이 만든 국가적 위기가 우리를 엄습하고 있다. 전쟁 중에도 아이가 태어나는 법인데, 어찌하여 이런 최악의 위기상황이 벌어졌을까? 21세기 대한민국에서는 과연 무슨 일어나고 있는 것일까? 연초부터 방송사, 신문사 할 것 없이 인구문제를 주제로 한 기획물을 쏟아내며 해결방안을 모색하고 있다.

제2차 세계전쟁이 끝나자 세계는 베이비붐으로 인구가 폭발적으로 증가했다. 우리나라도 1956년부터 1963년까지가 베이비붐으로 무려 730만 명이 출생했다. 이들이 전후 기반시설 확충과 산업화를 이끌었다. 1970~80년까지 인구증가가 이어지면서 대한민국은 성공적인 산업화를 추진할 수 있었다. 한편으로는 인구 과다 목소리도 등장했다.

1990년대부터는 적정 수의 인구유지를 목표로 인구감소 캠페인을 시작했고, 일부 효과를 거두기도 했다. 1997년, IMF 외환위기를 겪게 되면서 대한민국 출생률은 통제 불능의 하락세로 접어들게 됐다. 꺾여 버린 출산율은 도무지 곧추설 기미가 보이지 않는다. 기록적인 하향 곡선은 세계가 걱정할 정도가 됐다. 뒤늦게서야 자연 감소토록 내버려둬도 될 텐데 인구감소 캠페인을 서둘러 시작했다고 후

회하는 상황이 됐다. 게다가 IMF라는 국난과 코로나 팬데믹은 인구 감소를 불가역적으로 만들었다.

인구감소가 시작된 2000년부터 대한민국은 다시 고요한 아침의 나라로 전락할 국가적 위기에 놓여 있다. 인구감소는 수면 아래에서 조용히, 장기적으로 진행되었기에 국민들은 체감하기가 어렵다. 국가의 존폐 위기와 직결되는 사안이지만, 누구 하나 위기감을 느끼지 않는다. 당장 생활하기에는 큰 불편이 없기에 어느 시기가 될 때까지 느끼지 못한다. 지금까지 국민들이 인구감소를 체감하지 못했던 이유는 정부 예산 편성이 크게 바뀌지 않았기 때문이다. 학생이 100만 명에서 50만 명으로 줄어도 교육부 예산은 같았고, 병역 자원이 크게 감소해도 국방예산은 오히려 증가했다. 일반 국민이 생활하는 데는 전혀 문제가 생기지 않았다. 한마디로 정의한다면, 인구절벽은 우리 사회와 정부, 국민들의 무관심과 먹고살기주의가 만들어낸 인공적 재난상황이다.

앞으로는 인구감소가 국가예산을 좌지우지할 정도로 심각한 요인으로 부상할 것이다. 기하급수적으로 늘어나는 고령화 예산을 충당할 비용은 교육부나 국방부 등 인구감소로 유발된 여유예산으로 충당할 수밖에 없기 때문이다. 요즘 인구감소 상황은 정도가 심해 인구절벽이라고 표현한다. 2000년부터 수면 아래에서 진행되다가 안개가 걷혀 드러낸 실체는 백척난간 그 자체이다. 천 길 낭떠러지라는 표현이 결코 과장이 아니었다. 이 국가적 위기를 누가 해결할 수 있을까?

혹자는 20년 동안 내놓은 출산정책에 효과가 없자 출산율을 높이는 일은 그만두고 변화된 인구추세에 적응하자고 한다. 그런데 현 인구 상황은 절벽으로 표현되는 위기 상황이다. 절벽이라는 말은 살거나 죽거나를 선택해야 하는 위급상황이라는 뜻이다. 대한민국 소멸, 한국인 멸종 이런 극단적인 말들이 난무한다. 인구감소는 어떤 상황을 초래할까? 30대가 가정을 꾸린 뒤 매입한 아파트를 20~30년 소유하다가 다시 젊은 층에 매도하려는데 매입할 수 있는 청년이 없게 된다. 선생님이 수업 시작종이 울려 교실에서 학생들을 기다리는데 학생이 없다. 목사가 교단에서 설교하는데 교인들이 오지 않는다. 이런 현상들이 앞으로 부지기수로 일어날 것이다. 이미 산업현장에서는 공장에 인력이 없어 멀리 외국에서 수입하지 않는가? 미래는 준비하는 자의 것이다. 지금 현 위기상황을 분석해 보면 그 해답도 분명히 그 안에 담겨있으리라 생각한다. 인구절벽 상황이 다각적으로 통찰해야 하는 이유이다.

아이들이 치료받을 병원이 사라진다

출산율 하락으로 직격탄을 맞은 분야는 소아청소년과이다. 아이를 낳지 않으니, 지방 소도시의 소아청소년 전문병원은 여기저기서 폐업을 하고 있다. 소아과 전문의과정에 지원하는 의사는 16%에 불과할 정도로 심각하다. 얼마 전에 가까운 어린이병원 원장님이 소아청소년과의 위기 상황에 대해 자료를 보내주었다. 여러 가지 자료를 읽으면서 저출산고령화의 그림자가 우리나라를 엄습했다는 두려움이 현실감 있게 느껴졌다.

서울대어린이병원은 전국에서 찾아오는 소아희귀병, 난치병 환자들이 몰려드는 우리나라에서 제일 큰 규모이다. 대학병원에서는 레지던트 수급이 안 되니, 교수들이 돌아가면서 당직을 서서 소아중환자를 돌볼 정도로 상황이 심각하다. 소아희귀병 환자들이 서울대병원으로 몰리게 되면서 진료를 받지 못하고 대기하며 아우성이 울려 퍼질 정도가 되었다. 우리나라에서 소아암 환자를 치료할 의사는 2명밖에 없을 정도가 되었으니, 지방에 사는 소아암환자는 긴급상황이 발생하면 거주지역 종합병원에서 치료를 받을 수 없을 정도로 최악의 상황이 되었다. 우리 아이들이 치료받을 병원이 사라지고 미래 세대를 책임질 전문의들이 사라질 지경까지 도달한 것이다.

소아청소년과 학회장은 우리나라의 소아청소년과가 사라진다고 한탄을 하면서 우리나라보다 먼저 인구감소로 소아청소년과가 위기에 몰렸던 일본이 돌파구를 만들었던 것처럼 진료수가를 높이고 전문의들이 배출되도록 대책을 수립해야 한다고 말한다. 대통령 직속 기관을 만들어서 필수의료에 대한 본질적 대책을 마련하라고 촉구한다. 2022년 12월, 정부는 소 잃고 외양간 고친다는 식으로 필수의료 지원책을 내놓았으나, 소아청소년 의료체계의 붕괴를 막을 만한 실효성 있는 대책을 내놓지는 못했다.

일본은 30년에 걸쳐서 소자화 대책을 장기적으로 수립하여 우리

보다 아이를 조금 더 낳은 상황까지 만들었다. 그것도 아이를 낳지 않는 밀레니얼 Z세대에게 일시적으로 브레이크를 걸어 놓은 정도이다. 아이를 낳지 않는 사회적 분위기가 형성되면, 상황이 반전되기는 어렵다는 교훈을 배워야 한다. 일본처럼 우리나라 정부도 출산율을 높이기 위해서 막대한 자본을 투입했다. 그러나 정부가 정책을 새로 내놓으면 내놓을수록, 출산지원금이 높아지면 높아질수록 출산율은 오히려 곤두박질치는 기현상이 벌어졌다. 정부는 산모들에게 출산지원금, 영아수당을 쥐어주고, 난임 치료를 도와주거나 젊은 부부가 육아 활동을 하는데 용이하도록 육아휴직을 확대하면 출산율이 쉽게 상승할 것으로 생각했다. 우리나라의 출산율 저하 현상의 근본원인을 잘못 짚어도 한참이나 잘못 짚었으니, 근본적인 대책이 마련될 리 없다.

출산율 저하의 원인

2023년, 올해도 어김없이 지자체별 출산지원금 경쟁이 이어졌다. 입이 떡 벌어지는 지원금을 보면 아이를 더 낳고 싶은 마음이 들기도 한다. 그렇게라도 신생아 수가 늘면 좋겠지만 지원금이 올라갈수록 출생아 수가 내려가는 상황이 아이러니하다. 강조하고 싶은 것은 출산은 로또가 아니라는 점이다. 사회가 아이를 낳을 만한 환경이 되면 자연 증가하는 것이 출산율이다. 아직도 출산율을 단기간에 해결할 수 있다거나 일시적으로 지급하는 지원금 액수가 중요하다고 여기는 사람이 있다는 것이 신기할 정도이다.

출산율이 세계 최저인 원인은 사회 양극화 현상, 밀레니얼 Z세대의 취업문제, 주거문제, 양육과 교육비, 노후문제가 복합적으로 얽히고설킨 고차원 방정식이란 사실을 깨닫는 데서부터 시작해야 한다. 가장 시급한 것은 정부가 양극화를 완화시킬 묘안을 내놓는 것부터 시작해야 한다. 밀레니얼 Z세대의 생각은 바윗돌처럼 단단하게 박혀 있다. "지금까지의 출산율 저하는 내가 행복하지 못했고, 불평등으로 힘들었는데 그것을 또다시 우리 아이에게 대물림해 줄 필요가 있냐는 것이다." 출산율 상승은 정부와 기업 그리고 사회시스템이 아이를 낳고 기르고 교육시키는데 일심동체로 도와주는 시스템으로 대전환을 해도 쉽게 오르진 않을 것이다.

생태학자 최재천 교수는 "지금 대한민국에서 아이를 낳는 사람은 바보이다"라고 직격했다. 취업, 주거, 교육 등의 여건이 부족한 대한민국에서는 출산이 젊은 부부에게 손해가 될 것이 뻔한데 누가 출산을 하냐는 것이다. 최 교수는 우리 사회가 젊은이들이 아이를 낳을 환경을 하루빨리 만들지 못하면 더 큰 위협에 직면할 것을 경고한다.

국민이라면 누구나 행복을 누릴 자유가 있고, 자아실현의 꿈을 꿀 수 있어야 한다. 그런데 젊은 부부가 사전에 겁을 먹고 내 아이가 행복하지 못할 거라는 추측으로 출산을 거절하거나 주저한다면 국가의 입장에서는 손해가 이만저만이 아니다.

만일 지금까지의 출산지원책이 효과가 없었다면 그 이유는 젊은 부부가 느끼기에 정부는 아이만 낳으라고 할 뿐 결국 책임은 자신들의 몫이라고 생각하기 때문이다. 현 사회는 정부가 곧 국민이고, 국민이 곧 국가라는 명제가 흔들리고 있다. 정부는 중산층, 서민 등 사회적 약자의 입장에서 정책을 입안해야 한다. 젊은 부부에게 희망의 사다리를 놓아주기 위해 진정 어린 모습을 보여야 한다. 하지만 현실은 그렇지 못하다. 사회 불평등이 심화돼 있고, 희망의 사다리는 흔적조차 보이지 않는다.

유학생 유치에 사활 걸어야 할 지방대학

지방대학교 교원들은 내년에 닥쳐올 입학생 부족이 더 무섭다고 한다. 작년에는 올해를 두려워했는데, 따지고 보면 해가 거듭될수록 대학의 위기가 가중되고 있다. 대학 교수, 교직원 할 것 없이 신입생 유치를 위해 고등학교 진학반을 수도 없이 드나들지만 오는 답은 항상 같다. 고등학교도 중학 졸업생이 작아져서 고민이라는 것이다.

함께 피고 함께 지는 꽃, 공생공멸의 꽃 목련화가 화들짝 피어나면 대학 교정은 활기가 넘친다. 대학 주변 상가가 바빠지고, 지역 상권도 생기가 돈다. 요즘은 한국 학생이 줄어들고, 해외 유학생이 늘어나면서 유학생 비율은 점점 오르는 분위기이다. 한류 바람이 세차게 불면서 세계 청년들에게 한국 대학은 덩달아 인기를 얻었다. 대학마다 어학원을 자체 운영하면서 해외 유학생을 모으고 어학원 수료생들을 본교에 진학하도록 권한다. 유학생 16만 명 중 중국 유학생은 7만 명 정도로 40%를 차지한다. 유학생은 증가하고 있지만 중국학생 비율은 감소추세이다.

2023년 대입에서는 지역대학의 26개 학과 지원자가 0명이었다. 한 명도 서류를 접수하지 않았다는 얘기인데 충격적이다. 해당 학과 교수는 정년보장이 돼 있더라도 연봉을 삭감한 채 계약직으로 전환한다는 기사가 보도됐다. 입시 인원이 넘칠 때는 백화점식으로 전공을 세분화해도 입시 지원자가 차고 넘쳤다. 몇몇 유튜버들은 폐교된 대학의 실상을 보여주며 경각심을 갖도록 해준다. 대학교 건물은 폐교된 지 몇 년이 지나도 다른 대학에 인수되지 않는 한 다시 활용되는 경우는 없다. 등굣길은 사람 키만큼 자란 풀들이 넘실거리고 건물은 유리창이 깨진 채 방치돼 있다. 그동안 폐교 사유는 학원 관계자의 횡령 등이 많았지만 앞으로는 입학생 모집 실패가 주된 이유가 될 것이다. 폐교는 직접 고용인원과 인근 상권, 나아가 지역경제에 돌이킬 수 없는 피해를 안기게 된다. 실업자가 양산되고, 인근 자영업자를 위기로 내몰 것이다.

2022년 한국, 중국, 일본의 출생아 수는 모두 최저치였다. 한국은 25만 4천 명, 중국은 960만 명, 일본은 77만 명 등이었다. 한국에 비해 중국은 38배, 일본은 3배가량 된다. 총 인구 대비로는 단연 한국이 가장 낮다. 중국 출생자 수 감소는 향후 한국 유학생 확보에 빨간 불이다. 앞으로 한국, 중국, 일본 3국의 유학생 유치 경쟁은 날로 치열해질 수밖에 없다. 최근 일본은 유학생 유치 확대를 위해 입학 기준을 대폭 낮췄다. 대학의 재정 건전화 목적이다.

벚꽃 스타팅이 되려면

대한민국의 2042년 4년제 대학 입학정원은 50만 명을 웃도는데 입학생은 10만 명 안팎이 될 것으로 보인다. 유학생의 대거 유치가 아니면 대학은 벚꽃 신세를 면하기 어렵다. 남해안에서 피어 올라오는 벚꽃이 불안함의 상징이 아니라 신입생, 재학생이 어우러지는 화려한 벚꽃 축제가 됐으면 한다.

과거의 대학은 대한민국 국민만을 대상으로 하였고, 산업화 수요에 따라 추가 설립됐다. 대학을 설립하면 학생들은 경쟁적으로 입학하고자 했고, 정부 지원금과 후원금, 학생 등록금으로 대학은 급성장했다. 대학만 설립하면 폐교하는 경우는 거의 없었다. 그러나 예기치 않은 인구절벽은 대한민국 대학 전체를 위기로 몰아넣고 있다.

앞으로 대학 유학생은 많을 때는 절반 이상이 될 수 있다. 이 경우 기존의 교육 내용이나 목표는 전혀 유효하지 않다. 유학생 교육 목표는 국가를 넘어 세계에 기여하는 세계인을 지향해야 한다. 정부는 재정과 비자 발급, 해외 유학생 유치 등의 협조를 원활히 하고, 사회에서는 출신 국가를 넘어 똑같은 사회인으로 포용해야 한다. 만성적인 산업계 인력 부족도 해외 유학생들이 졸업 후 투입된다면 해결할 수 있다.

벚꽃 피는 순서로 대학이 망한다는 벚꽃 엔딩이 끝나면 다시 벚꽃이 피는 순으로 해외 유학생을 유치하여 세계인으로 교육하는 벚꽃 스타팅이 이어지도록 해야 한다. 이미 입학생 부족으로 사투를 벌이고 있는 지방대부터 본격적인 유학생 유치와 유학생 맞춤형 교육, 폭넓은 취업 지원 등을 시도해 볼 필요가 있다.

군대에 갈 청년이 없다

▸

강원도 동부 동해안은 북한의 잠수정 침투 등이 있었던 국가 안보 상 중요 지역이다. 강원도 고성군, 속초시 등지에서 경계 근무를 하던 8군단이 해체 후 3군단과 통합된다고 한다. 남북한의 긴장이 완화돼 경비부대가 철수한다면 무척 반길 일이지만 원인은 딱 하나이다. 인구감소로 인한 병역자원 부족 때문이다. 국방부는 정규군 57만9천 명을 50만 명으로 줄이고, 군 체제는 8군단 39개 사단에서 6군단 33개 사단으로 축소한다고 밝혔다.

대한민국 남성이라면 누구나 병역의 의무를 갖고 있다. 1960년대 베이비붐 시절부터 국방은 넘쳐나는 인력이 있어 안보에 걱정이 없었고, 기적이라고 할 만한 경제성장은 무기의 첨단화를 이루어 국방력을 명실공히 세계 6위로 끌어올릴 수 있었다. 2021년 대한민국 무기 수출액은 10조 원가량이었다. 2022년에는 폴란드와 아랍에미리트 25조 원 규모의 계약을 맺는 등 증가세에 있다.

대한민국 국방력에도 우려의 목소리가 높아지고 있다. 군 전력 강화, 무기의 첨단화는 이루었지만 병역자원의 절대 부족이라는 예기치 못한 상황에 직면하게 된 것이다. 1970년대 출생자 100만 명에 비해 2020년 출생자는 4분의 1로 감소한 25만 명에 불과하다. 향후 연 출생자가 20만 명에 머물게 되면 고작 10만 명이 군 전력에 투입될 수 있게 된다. 연간 30만 명으로 설계됐던 병무 행정은 급하게 수정해야 될 필요가 있다.

인구 2,400만 명의 대만은 단축해 왔던 군 복무기간을 최근 두드러진 중국의 압박에 맞서기 위해 2024년부터 기존 4개월에서 1년으로 연장하기로 했다. 병역자원 감소가 이어지면서 4개월 복무로는 국방이 되지 않는다고 본 것이다. 여성도 예비군 훈련에 참여하도록 하는 등 남성 중심의 안보도 변화를 가져오고 있다. 이처럼 출생자 감소는 복무기간을 연장하도록 만들어 청년층의 병역 부담을 가중시키게 된다. 출산율이 가장 많이 떨어지고 있고, 세계에서도 전쟁위험이 가장 높은 곳으로 꼽히는 대한민국도 군 복무 연장이나 여성의 병역 참여 등이 조심스럽게 제기되는 상황이다.

이제는 병역자원에 기대지 않는 안보 시스템을 구축할 필요가 있다. 대한민국의 지정학적 위치는 강대국의 균형을 적절하게 유지할 수 있는 천혜의 위치이다. 그동안 외침이 많았던 것도 대한민국이 대륙과 해양의 교착점이기 때문이었다. 대륙 진출에 필요한 교두보요, 해양 진출에 유리한 부동항이었다. 국방력 부족은 영세 중립국 선포와 같은 균형 외교로 풀어낼 수 있다. 스위스, 오스트리아, 라오스 등과 같은 국가 형태이다. 영세 중립국 선포는 국가안보를 군사력에 의지하지 않고도 안보 상황을 대체할 수 있는 효과를 거둘 수 있다.

또한, 유엔과 같은 국제기구를 서둘러 유치해야 한다. 유엔 사무국이 미국 뉴욕, 스위스 제네바, 오스트리아 빈, 케냐 나이로비 등에 설치돼 있는 것을 보면 아시아에도 유엔사무국이 설치될 필요성이 있다. 아시아는 47개국의 UN 회원국이 있고, 분쟁 지역도 여러 곳이다. 아직까지 아시아에 유엔이 설치되지 않은 것이 이상할 정도이다.

대한민국에 유엔 사무국이 유치된다면 아시아권의 평화 질서 구축에 힘을 쏟을 수 있다. 군사분계선 한가운데 유엔 본부가 유치된다면 이 땅에서의 전쟁은 영원히 사라질 것이다.

해외로 떠나는 산업시설

▶

한국경제의 암운이 드리워지고 있다. 코로나 팬데믹이 꺾여 나간 뒤 발표된 경제지표는 매번 최악의 기록 경신이다. 연간 최대 무역적자도 그렇고, IMF가 내놓은 2023년 경제 전망치도 지금껏 없었던 기록이었다. 한국은 2022년 2.6% 성장에서, 2023년 1.6% 성장으로 하향 전망됐고, 일본은 2022년 1.4% 성장에서, 2023년 1.8% 성장으로 상향 전망됐다. 1967년 이후 한국이 일본에 경제성장률이 낮았던 적은 1980년 오일쇼크와 외환위기가 있었던 1998년, 딱 두 해뿐이다.

2022년 5월, 미국 대통령 바이든이 경제기술동맹을 공고히 하고자 한국을 방문했다. 그는 신경이 온통 미국 내 산업시설 유치에 있었다. 화답하듯 현대 자동차는 50억 불 투자 유치를 약속했다. 12월에는 베트남 응우옌쑤언푹 국가주석이 국빈 방문했다. 푹 주석은 대한민국 대기업의 투자 유치를 점검하고 엘지의 추가 투자를 확정지었다. 요즘 국가 원수 방문은 자국의 일자리 증가를 위한 세일즈에 몰두하는 경향이 있다.

미국은 명실공히 세계 최강국으로 내수시장이 탄탄한 국가이다.

베트남은 인구 1억 명의 신흥 시장이어서 대기업의 관심을 끌기에 충분하다. 대한민국은 해외에서 보기에 투자할 만한 국가일까? 미국 투자회사 골드만삭스는 2022년 12월 8일자 '2075년으로 가는 길' 기사에서 한국은 2060년부터 경제 규모가 감소해 2075년에는 인도네시아, 필리핀, 말레이시아보다 뒤쳐질 것으로 예측했다. 2050년 세계 경제 5대 강국은 미국, 중국, 인도, 인도네시아, 독일이 될 것으로 내다봤다. 한국은 15위권 밖으로 내쳐질 것이라고 했다.

인도와 인도네시아의 강세와 대한민국의 약세의 이유는 인구의 증가와 감소 때문이다. 또한, 2075년에는 나이지리아가 5대 강국에 진입하고 파키스탄, 필리핀의 상승세가 두드러질 것으로 보았다.

2023년 대한민국 무역적자는 역대 최고치인 500억 불로 예상되고 있다. 2022년 무역적자는 472억 불에 달했다. 1956년 통계를 작성한 이후 무역적자가 400억 불을 넘은 것은 최초의 일이다. 그동안 대한민국 무역수지에서 흑자를 내온 대중국 무역도 흔들리고 있다. K-뷰티의 흐름을 타고 중국 시장을 장악했던 한국의 화장품은 현지 화장품에 주도권을 넘긴 뒤 물러섰다. 중국은 세계 최대의 자동차 단일 시장으로 연간 2,500만 대가 판매되는 곳이다. 중국에서 초호황을 누리던 현대기아차 자동차 판매대수는 2015년 170만 대에서 2021년에는 47만 대로 대폭 감소했다. 2013년 20%에 육박했던 삼성 휴대폰 점유율은 2021년 기준 0.6%로 1%가 안 됐다.

세계 경제 예측에서 대한민국 순위가 점점 밀려나고 있다. 경영진의 입장에선 20년 뒤 인력 부족이 훤히 보이는데 누가 대한민국에 투자를 하겠는가? 제조 강국으로 불렸던 한국의 공장들이 앞다투어 선진국으로, 개발도상국으로 이전하는 것은 국가의 미래를 암울하게 만든다. 과연 한국은 매력이 없는 국가로 내몰릴 것인가?

대한민국의 유학생 비자는 취업이 주목적이 아니기에 주 20시간만 근로가 허용된다. 그것도 인력이 부족한 산업계의 요청에 따른 것이다. 인력 부족에 시달리는 제조업은 그런 조건의 유학생들을 유치하기 위해 사활을 건다. 제조업의 해외 이전과 고질적인 인력난으로 지금 대한민국 제조업은 위기이다.

2022년은 대한민국 산업계에 희소식이 많았다. 무기 수출이 본격 시작됐고, 대규모의 원전 수주도 이뤄냈다. 사우디 도시 건설에 참여하게 된 것도 고무적이다. 걱정스러운 것은 국내 설비투자는 거의 전무하다시피 한 것이다. 가까운 중국과 일본이 탄탄한 내수시장으로 버티는 것을 보면 대한민국의 미래 산업은 고민을 안 할 수 없다.

대한민국은 2020년 이후부터는 10년 합산 200만 명이 출생하는 인구 소국이 된다. 자동차, 조선 등 중화학 산업은 이제 우리를 지켜주지 못한다. 그보다는 문화, 관광, 금융, 뷰티 위주의 산업으로 재편해야 할 것이다.

인구감소를 사회 대전환의 기회로

우리나라의 먹거리는 반도체산업이다. 삼성 고(故) 이건희 회장은 미래를 예측하는 안목으로 반도체, 휴대폰 등을 세계 제1의 기반을 만듦으로써 우리나라를 도약시켰다는 평가를 받는 한국경제의 거목이다. 그는 세계 유수의 전자기업 가운데 삼성이 지금의 위치에 오른 것은 대한민국의 국운이 상승하고 있었기에 가능하다고 보았다. "우리 민족은 되는 민족이다"라는 말을 자주 하며 임직원들을 격려하기도 했다.

테슬라 CEO 일론 머스크는 "한국의 인구절벽 상황이 매우 심각하다. 현 상태로 진행되면 3세대 이후 6%만 남게 될 것이다"라고 우려를 한 적이 있다. 이와는 달리 『총균쇠』의 저자 재레드 다이아몬드는 한국의 인구절벽 상황은 "국가적 행운"이라고 말했다. 그는 "앞으로 인류는 자원 부족 상황에 직면하기 때문에 인구가 작은 것이 유리하다. 발전된 사회 구조를 작은 인원이 누리게 되어 그 자체가 행운이다"라고 설명했다. 그는 평소 한글의 우수성을 높이 평가하는 등 한 민족에 대해 남다른 관심을 표현한 세계적인 석학이다. 그는 저서인 『대변화』에서 "앞으로 세계는 30년 안에 자원을 다 소진할 가능성이 높아 큰 변화를 맞이하게 될 것이다"라고 내다봤고, "위기의 순간에 개인이나 국가가 어떤 선택을 할 것인지가 중요하다"고 강조했다. 인구절벽은 필연적이지만, 사회구조를 어떻게 개편하고 자원을 효율적으로 배분하느냐에 우리나라의 미래가 결정된다고 본 것이다.

인구절벽으로 인한 위기 상황은 몇 가지 중요한 문제로 드러난다. △ 고령자 증가로 과다 복지 지출, △ 저출산으로 야기된 만성 인력 부족, △ 수도권 집중으로 인한 지방소멸 등이다. 대한민국 고령화 문제는 기간이 30~40년으로 한정돼 있다는 특징이 있다. 인구증가 세대와 인구절벽 세계가 이어지면서 30~40년 후에는 고령 인원도 급감하기 때문이다. 따라서 고령화 지원 예산은 30~40년 동안 집중 투입돼야 할 필요성이 있다. 우리 사회의 노인은 1960~80년대, 전후 불모지에서 산업화를 일으킨 산업 역군들이다. 그들이 복지 혜택만 받고 사회 여유 인력으로 남기에는 그들의 경험이 너무 아깝다. 노인들은 공무원연금, 군인연금, 사학연금, 국민연금 등 기본적인 연금 수입을 갖고 있다. 노인의 수가 증가한다는 것은 그 자체로 지방경제를 활성화시킬 수 있다. 그렇게 되면 청년들의 일자리도 생겨날 수 있는 것이다. 노인 인구가 지방소멸을 극복하고, 지방경제를 활성화시킬 수 있도록 하방(下方), 즉 노인들이 지방을 발전시키는 운동을 펼칠 필요가 있다.

지금 대한민국 지방은 소멸 위기에 처해 있다. 국토 균형발전 측면에서도 온당치 못하다. 인구가 수도권으로 집중된 이유는 정부 예산이 수도권에 집중된 면도 있다. 예산의 상당 부분이 지방 정부를 통해 지출된다면 지방에 사람이 몰리지 않을 이유가 없다. 특히 노인들이 지방에서 행복한 생활을 할 수 있도록 만드는 것이 필요하다. 기본소득 지급, 기초연금, 기초수급비 상향 등의 이익이 주어진다면 지방으로 주거지를 옮기고 생활하는 노인이 증가할 수 있다.

재레드 다이아몬드가 '인구절벽이 행운'이라고 한 이유는 이렇다. 앞으로 연 20만 명이 출생하면, 10년이면 200만 명이 출생하게 된다. 앞으로 50년이 지나면 1천만 명이 1~50세를 구성한다는 뜻이다. 그러면 대한민국 전체 인구는 2,000~2,500만 명이 될 것이다. 지금의 절반 수준이다. 수도 서울에 500만 명, 경기도에 500만 명이 거주하고 지방에 1천만 명이 거주한다면 대한민국이 얼마나 여유로운 삶의 공간이 될 수 있겠는가? 아마도 교통, 주거, 환경, 취업 걱정은 더는 하지 않아도 되는 시대가 될 수 있다. 그래서 재레드 다이아몬드는 인구절벽 세대를 행운의 세대라고 지칭했던 것이다.

위기의 시대는 선택이 중요하다고 했다. 인구 절벽시대 맞이하여 사회를 다운사이징하고, 지방소멸을 지방 활성화로 극복하고, 균형 외교로 안보 불안을 제거하며, 상호존중의 미덕으로 이민사회를 조성해 이민 자원을 효율적으로 활용한다면 대한민국은 말 그대로 되는 민족이 될 수 있다.

한중일 인재쟁탈 삼국지

인재 확보가 국가의 미래

＞

개인은 국가의 운명을 이길 수 없고, 기업은 국가 경제의 흐름을 이길 수 없고, 국가는 세계의 추세를 이길 수 없다는 말이 있다. 운명을 개척하여 성공하기 위해서는 늘 국가와 세계의 흐름을 주시해야 한다. 1980년대 후반부터 1990년대 초반까지 대한민국은 농산물 개방 압력을 받았다. 우루과이라운드 협상이다. 그때 정부와 농부들의 시름은 이만저만이 아니었다. 값싼 수입농산물이 들어와 일거에 국내 농산물 시장을 장악하면 농촌 산업은 경쟁력을 잃게 되고, 식량 안보 차원의 문제가 발생할 것으로 우려됐다.

당시 공직자들과 농업 관계자들이 협상을 유리하게 이끈 것은 물론이다. 협상 후 30여 년이 지났다. 농업의 경쟁력은 어떻게 됐을까? 식량 안보 위협이 없다고는 볼 수 없으나 신품종 개발 등 각고의 노력으로 K-농산물의 위용을 자랑하고 있다. 그런데 문제는 다른 곳에서 생겼다. 농촌 인구구조 때문이다. 농촌은 고령화가 극심한 지역이다. 농업 종사자들이 연로해져서 농사를 짓지 못하게 되면 농사를 이어갈 후계자가 많지 않다. 농사 기술은 오랜 숙련으로 쌓이는 지식이다. 만일 인수인계가 안 된다면 그 주옥같은 농사법은 사장될 수밖에 없다.

농업은 육체적으로 힘든 일이다. 농촌에서는 일손이 부족해 추수철마다 시름이다. 일당을 많이 주어도 일손 구하기가 쉽지 않다. 다행히 이주 노동자가 있어서 유지가 되고 있다. 대한민국에 거주하면서 일하고 있는 이주노동자는 120만 명가량이다. 그런데 이들이 자국의 일자리가 많아져서 돌아가거나 더 좋은 근로조건을 제시하는 국가가 있어 옮길 경우 대안이 마땅치 않다.

세계에는 이주노동을 해야 하는 국가가 있고, 이주노동을 받아들여야 국가의 노동이 유지되는 경우가 있다. 한국, 중국, 일본은 산업화의 과정과 서사가 비슷하다. 자동차, 전자, 조선 등등 세계 시장에서 1, 2위를 다투는 제품도 많다. 빠른 시간에 산업화를 달성한 것도 같고, 인구구조에 있어서 저출산 고령화 문제에 직면해 있는 것도 동일하다. 중국의 지난해 출생자 수는 960만 명이다. 1961년 이후 연 1,000만 명 이하 출생자 기록은 최초이다. 중국이 노동력 부족 국가가 되는 것은 시간문제이다. 일본으로부터 시작된 노동력 부족이 한국을 강타했고, 이제 곧 중국도 노동력 감소에 직면하게 될 것이다. 앞으로 10년 이후는 한국, 중국, 일본의 노동력 유치 경쟁도 치열해질 것이다.

현재 베트남이나 중국은 자국 일자리 증가로 이주노동은 많이 하지 않는다. 이주노동 공급 국가는 점점 줄어들고 있다. 반면 출생아 수 감소로 이주노동이 필요한 국가는 점점 늘어나는 상황이다. 앞으로 이주노동 관련 분야는 수요 역전 현상이 펼쳐질 것이다. 이주노동자 유입에 대한 체계적이고 장기적인 계획이 수립되지 않으면 이주노동자들을 장기적으로 유치하지 못해 대한민국은 식량안보뿐 아니라 전 산업 분야에 큰 타격을 입게 될 것이다.

고급인재 유치 전략 수립

한국 과학기술의 산실인 한국과학기술원(KAIST)의 탄생 배경에는 중화학공업육성정책을 통해 경제개발을 이루려는 박정희 정부의 해외 우수인재 유치 전략과 미국 벡텔연구소 등 민간 지원이 있었다. 당시는 국가 최고 인재들이 미국으로 유학 가면 돌아오지 않았다. 경제 조건, 교육 조건, 주거 조건이 좋은 해외로 인재들이 빠져나갔다. 대한민국 최초 백곰 미사일 프로젝트 탄생 배경에는 고급 인재들이 있었다. 미국에서 박사학위를 받고 유명연구소에서 최첨단 연구 실적을 내던 최고급 인재를 고국으로 적극 유치했다. 미국 인구조사국 데이터에 의하면 미국으로 이주한 외국 출신 대학 졸업자 760만 명 중에서 그들이 가진 경험과 지식, 기술을 활용하여 적합한 직업을 선택하지 못한 경우는 1/4에 해당하는 190만 명이었다. 미국이 인재 유치에 나섰음에도 190만 명이 능력 이하의 일을 하거나 실업상태에서 두뇌를 낭비하고 있었다. 이는 최고급 이민자들도 미국 사회에서 전공, 재능, 능력에 맞는 직업을 찾아서 살아가는 것이 쉽지 않다는 의미이다.

대한민국은 해외 우수인재 유치와 우수 인재 유출 방지를 동시에 추진해야 한다. 대한민국 과학기술은 해외 선진 기술을 모방하면서 빠르게 압축 성장했다. 과거에는 기술과 연구자에 대한 보호 인식도 매우 낮았다. 과학기술 발전 전략이 2000년대부터 선도형(first-mover) 전략으로 전환되면서 반도체, 디스플레이, 2차 전지 등 일부 기술 분야에서 세계 1위의 기술력을 확보했다. 동시에 자국 핵심 연구자와 원천기술 보호에 대한 대책 필요성이 제기되고 있다. 현재 산업기술 보호법, 대외무역법, 과학기술기본법으로 보호제도가 마련되어 있기는 하지만, 기업과 산업기술 보호에 초점이 맞춰져 있을 뿐이다.

우리나라가 인재유치에 성공하려면 인재중심 정책부터 수립해야 한다. 우수한 과학기술 인재에게는 자율성과 창의성을 보장할 수 있도록 프로젝트나 프로그램을 지원해야 한다. 인재를 선발하여 장기 체류나 영주권을 주는 정책은 선진국의 이민정책의 공통적인 특징이다. 인재들이 장기 정착을 하는 데 중요한 것은 생활환경이다. 제도와 삶의 질, 안전하고 관용적인 사회 분위기가 장기 정착을 결정하는 데 큰 역할을 한다. 이민자들에겐 언어, 민족, 문화, 종교의 다양성, 의료보험, 교육기관이 이민을 결정하는 요인이 될 수 있다. 전세계 GDP의 절반이 선진국 도시 380곳에서, 전 세계 GDP의 20% 이상이 북아메리카의 도시 190곳에서 나온다. 국가적 차원만이 아니라 지역과 도시가 글로벌 인재 허브로서 사회정책과 경제정책이 밀접하게 연관된다는 사실이다. 인재를 자석처럼 끌어들일 수 있도록 과감한 투자와 파격적인 정책으로 바꿔야 한다.

법무부는 외국인의 체류자격을 전문직과 비전문직으로 엄격하게 구분하고 있다. 전문직 체류자격은 E-1(교수)부터 E-7(특정 활동)이 해당되며, 비전문직 체류자격은 E-9(비전문 취업), E-10(선원 취업), H-2(방문 취업)가 해당된다. 그런데 외국인들은 우리나라 비자 정책을 이구동성으로 비난한다. 대다수가 공통적으로 지적하는 것은 장기체류 외국인에게 폐쇄적이기 때문이다.

법무부는 해외 우수인재 영입을 이민정책의 핵심으로 내세우고 있다. 솔직히 외국의 우수한 인재가 한국에 올까? 더 나은 기회와 미래, 성공이 보장된 미국으로 가는 경우가 100%이다. 인구감소로 인해 한국, 일본, 중국은 우수인재 유치 경쟁에 뛰어들었지만, 우리나라는 매력적인 이민 희망 국가가 아니다. 한국에 취업비자를 받고 입국한 전문직 외국인은 8%에 불과할 정도로 미미하다. 이는 한국 사회가 IT전문가, 과학기술, 의학 등 우수한 인재에게 매력이 느껴지는 이민국가가 아니라는 것을 나타낸다. 식민지에서 출발한 미국이 초강대국으로 성장할 수 있었던 비결은 이민 문호개방과 우수 인재들이 정착해서 성공할 수 있는 H-1 비자가 토양이 되었다. 하지만 우리나라의 해외 우수 인재 유치정책은 화려한 구호에 머물고 있다. 우수 인재를 유치하려면, 장기체류와 관련한 비자 문제부터 확 뜯어고쳐야 한다.

MZ세대에게 매력적인 이민국가란

인구감소에서 가장 큰 타격을 받는 분야는 교육 분야이다. 그 중 대학은 그동안 넘쳐나는 지원자로 무탈하게 운영돼 왔다. 하지만 모집인원보다 현저히 적은 대학의 입학생은 대학에 심각한 운영난을 초래할 것이다. 지금 대학의 재정난 타개책은 외국인 지원자들을 많이 모집하는 데 있다. 지방대학 중에는 중국인 유학생을 유치하여 대학 재정의 상당 부분을 유지하는 경우가 많다. 외국인 유학생 유치는 지방대의 재정 확충 도구로 이용될 뿐이다. 외국인 유학생 중 상당수는 본국으로의 귀국보다는 한국에서 취업기회를 얻고 정착을 희망한다. 법무부의 우수인재 유치 전략과 대기업의 우수인재 유치 전략은 내용이 다르다. 법무부의 우수인재 유치 전략의 대상은 중소기업이다. 그 이유는 외국인과 한국인을 직원으로 뽑을 때 동일한 조건인 경우 중소기업은 외국인을 더 선호한다. 중소기업 입장에서 한국인보다 적은 월급을 주기 때문이다.

2022년 카타르 월드컵 개막공연에 BTS 멤버 정국이 카타르의 국민가수와 듀엣 공연을 했다. 말도 많고 탈도 많았던 카타르 월드컵이 정국의 개막식 공연으로 단숨에 전 세계인의 관심을 사로잡고 이슈가 되었다. 블랙핑크는 사우디아라비아에서 단독공연을 펼쳤다. 프랑스 대학에서 한국어과 부전공 인원은 40명을 선발하는데 1,000명이 몰릴 정도의 인기학과이다. 파리에도 한류 전용카페가 성업 중이고 아이돌 음악과 춤을 따라 하는 플래시몹이 자주 열리고 한국어로

떼창을 한다. 이미 유럽은 소수 마니아의 음악이 아니라, 힙한 것을 좋아하는 Z세대에게 가장 트렌디한 문화로 소비되고 있다.

한류 문화와 K-Pop에 영향을 받고 한국으로 유학을 온 외국인들이 늘어나고 있다. 우리나라의 이민정책은 고급인재 유치에 방점을 두고 있다. 정부는 외국인의 국내 유학을 활성화하고 생활 여건을 개선하여, 우수 유학생에 대한 국내 취업 연계 등 유치·활용 기반을 구축하겠다고 발표했다. 이는 외국인 유학생을 우수 인재로 활용하겠다는 청사진으로 국제장학프로그램 시행, 일·학습 연계 비자 도입, 유학생 채용박람회 개최 등을 통해 인재유치에 적극적으로 나서겠다는 의미이다. 생산 연령 인구가 점차 부족해지는 인구절벽 현상을 겪고 있는 국가로서 우수 인재의 확보가 절실하다. 정부 초청 해외 장학생의 경우 이공계 전공자 선발 우대 및 지방대 이공계, 전문학사 트랙 등이다.

우리나라의 국비장학생 초청 제도는 전 세계적으로도 손색없는 프로그램이다. 이 프로그램으로 유학 와서 학부를 졸업하고 석박사 학위를 취득하고 전문직 비자를 발급받아 영주권 취득, 귀화한 외국인들이 상당히 많다. 외국인이 한국 사회의 구성원으로서 자리 잡고 성공한 케이스 중에 국비장학생 출신이 제법 많다는 사실을 아는 일반인은 그리 많지 않을 것이다.

외국인이 그 나라에서 정착하려면 언어를 정확하게 습득하는 것이 중요하다. 국비 유학생은 1년간 한국어학당에서 의무적으로 빡세게 공부해야 한다. 아침 9시부터 저녁 6시까지 이들은 한국어학당에서 한국어와 한국 문화를 집중적으로 배워 한국인과 당장 소통에 어려움이 없도록 말하기, 듣기, 쓰기를 학습한다. 언어와 문화에 대한 이해가 빨라야 사회에 대한 적응이 쉽기 때문이다. 요새 간간이 TV에 출연하는 니하트는 16살에 국비장학생에 선발되어 한국대학에서 어학원 코스를 마친 후 대학에 입학, 석사학위를 받고 현재는 서울 강남의 글로벌센터장으로 근무하고 있다. 니하트는 한국에서 장기 체류를 원한다면, 전공 선택 시 한국 사회에서 각광받는 전공을 고르는 지혜도 필요하다고 조언한다.

우수 인재를 유치하기 위한 우리나라의 국비유학생 제도는 나름 훌륭하지만, 또 다른 사각지대와 문제점이 도사린다. 우리나라 정부가 국비로 우수한 유학생을 유치해서 우수한 교육을 시키고 졸업을 한 다음부터는 전혀 관리를 하지 않는다는 점이다. 국비유학생 출신 외국인들은 이구동성으로 졸업 이후 유학생 관리를 하지 않는 점을 아쉬워했다. 이 점은 반드시 개선해야 한다.

법무부와 교육부는 한국어, 한국 문화, 한국 사회의 영역별로 유학생이 필요로 하는 교육수요에 따른 맞춤형 사회통합 프로그램을 마련하고 있다고 발표했다. 사회통합 프로그램이란 법무부장관이 인정하는 소정의 교육과정(한국어 및 한국 사회 이해)을 이수한 이민자에게 국적 취득과 체류허가 등에 편의를 제공하는 제도이다.

유학생과 우수인재 유치정책

미국 오바마 전 대통령은 대한민국이 전쟁의 폐허에서 경제대국으로 발전한 비결은 한국의 교육시스템과 부모의 교육열이라고 극찬했다. 그만큼 우리 사회에서 대학은 산업화 인재 양성을 비롯한 다방면의 중요한 역할을 감당해 왔다. 그런데 그 위상이 예전만 못하게 됐다. 4년제 대학 정원 50만 명은 인구 감소로 2002년 출생자 수보다 많아졌고, 2022년 전체 출생자 25만 명으로 추산하면 대학의 미래는 참혹한 수준이다. 대학 교수의 위상도 달라졌다. 신입생 유치를 위해 고등학교 진학실을 누비는 것이 일상이 됐다.

출산에 버금가는 인구증가 방법은 해외 유학생 유치이다. 대학은 20세 남짓의 고등교육을 마친 사람들이 입학하기에 이들이 한국 사회에 성공적으로 적응해서 정착한다면 대한민국으로서는 최고의 인구 증가 방법이다. 미국은 해외 유학생들이 가장 선호하는 국가이다. 우리나라의 청년들도 미국 유학을 계기로 이주하는 경우가 많았다. 이제 우리 대학이 앞장서 해외 유학생을 유치해야 한다. 수 년 전 중국 유학생들이 한국 대학을 가득 메운 적이 있었다. 대학가마다 중국어가 여기저기서 들렸다. 하지만 정치적인 이유로 일거에 빠져나갔고, 그 자리는 베트남, 필리핀 등의 차지가 됐다.

한국 대학에 세계의 인재들이 몰려오도록 해야 한다. 우선 대학의 연구 수준을 높여야 하고, 파격적인 장학 혜택을 주어야 한다. 출산 지원금이 해외 유학생 장학금보다 나은 점이 없다. 해외 유학생 출신 국가는 특정 국가 몇몇이 아니라 미국처럼 선진국부터 후진국까지 망라해야 세계 인재의 허브로서 작동할 수 있다. 때마침 불어오는 한류는 불쏘시개 역할을 충분히 해낼 것이다. 대학 졸업 후에는 한국 사회의 곳곳에 진출할 수 있도록 도와야 한다. 앞으로 이주노동자는 3D업종에 국한되지 않을 것이다. 전문직부터 일반 사무직, 생산직 등 전 분야에서 그들이 자신의 가치를 마음껏 뽐낼 수 있는 환경을 서둘러 조성해야 한다.

김대중 전남도립대학 총장은 2019년 캐나다 온타리오 주지사 예방과 자매대학을 방문하면서 느낀 해외 유학생 유치 방안에 대해 소개해 주었다. 온타리오주는 퀘벡주 다음으로 인구가 많은 지역이다. 온타리오주는 매년 10만 명의 해외 유학생이 모여드는 지역이다. 유학생의 경우 등록금은 자국 학생에 비해 2~3배가량 더 받는다고 한다. 유학생에게 여유 있게 받아야 대학 재정이 건전해진다는 식이다. 유학생들이 캐나다의 지방이나 오지로 유학할 경우는 시민권과 영주권 취득에 우선권이 부여된다. 또한 자국민 중에 60대 이상은 대학 등록금을 면제받은 채 공부할 수 있는 제도가 있다고 했다. 이 부분은 평생교육과 대학 활성화에 큰 도움이 되고 있다.

해외 유학생 유치는 장학금 등 금전 문제와 더불어 출신 국가와 종교 문화를 이해하는 것이 무척 중요하다. 경북대학교 앞 이슬람 사원 건설은 시사하는 바가 크다. 이슬람교인이 사는 지역이 대구뿐만이 아닐 텐데 왜 그 지역에서 문제가 되는 것일까? 문제의 발단은 경북대학교 유학생들이었다. 이슬람교인들은 일정한 장소에서 6번기도를 드려야 한다. 그동안에는 임시 처소에서 모여 기도를 드려왔다. 이슬람교인 가운데 경북대학교가 이슬람교 신앙을 유지하면서 공부하는 것이 가능한 대학이라고 소문이 나면서 이슬람 출신 유학생 수가 급증했다. 이슬람 교인들은 학업과 신앙이 모두 중요하다고 생각해 신앙 유지가 가능한 대학을 선택하는 경향이 높다.

도시, 농촌 관계없이 높은 곳에 올라가 야경을 보면 교회 십자가가 많다 못해 수두룩하다. 그만큼 대한민국 교회는 성장세였다. 경북대학교 사례를 보면 이제는 모스크가 지역마다 하나둘 채워질 것이다. 일본의 한 회사가 이주노동자 유치를 위해 회사 내 이슬람 사원을 만들었다는 말이 남의 일처럼 들리지 않는다. 굳이 이슬람교뿐이겠는가. 이제는 세계의 다양한 종교가 급속히 증가하는 이주민의 등에 올라 대한민국에 속속 유입될 것은 명약관화하다.

이슬람 사원 건립을 반대하는 주민들의 반발도 이해되는 면이 있다. 일반 주택가에 수백 명의 이슬람교인이 하루 종일 들락거린다면 주거 환경에 악영향을 미칠 수 있다. 안타깝지만 우리가 헌법을 고치지 않는 이상 신앙의 자유가 있는 대한민국에서 모스크 건립은 적법한 일이다. 이미 대법원 판결이 나온 지 2년이나 됐다. 북한처럼 대외적으로 문을 걸어 잠그고 살 것이 아닌 이상 대한민국은 다인종, 다종교 사회로 가게 돼 있다. 한국 사람이 하기 싫은 일만 하던 이주노동자 시대는 작별을 고할 때가 머지않았다. 앞으로는 외국인 사장, 외국인 상사, 외국인 동료가 일상화되고 의사, 변호사 등 전문직도 이주민들이 속속 증가할 것이다. 대학가는 그야말로 오색인종이 함

께 공부하는 학문의 전당으로 변모되고, 대학을 졸업한 세계의 젊은
인재들이 대한민국을 떠받치는 시대가 얼마 남지 않았다.

주요국 합계출산율(출처: UN, 통계청 등)

(단위: 명, 2021년 기준)

국가	합계출산율
한국	0.81 → 2022년 기준 0.78
중국	1.16
이탈리아	1.28
일본	1.30
핀란드	1.39
스위스	1.49
독일	1.53
영국	1.56
브라질	1.64
미국	1.66
멕시코	1.82
인도	2.03
나이지리아	5.24

* 합계출산율은 여성 1명이 평생 낳을 것으로 예상되는 출생아 수

2장

•••••

코리안 디아스포라와 이민자들

코리안 디아스포라

하와이, 멕시코 농업이민자

19세기 후반, 세계적으로 설탕 수요가 증가하면서 미국 하와이에서는 사탕수수를 플랜테이션 농업으로 재배하기 시작했다. 이 농업은 선진국의 기술력과 자본, 원주민과 이주 노동자의 값싼 노동력이 결합된 농작물 재배방식이다. 하와이에서는 먼저 원주민과 중국인들을 채용해 사탕수수를 재배했다. 농장주들은 중국인 노동자가 5만 명을 넘어서자 노동자들의 집단행동을 우려하여 일본 노동자를 받기 시작했다. 인종 혼합정책의 일환이었다. 다시 일본 노동자들이 파업 등의 집단행동을 하자 이제는 조선 노동자들을 뽑았다.

그때까지 조선에는 이주노동이 전혀 없었다. 그래서 하와이 노동자 모집에 호응이 많지 않았다. 하와이 농장주는 기독교 신자들을 중심으로 홍보활동을 했고, 신문광고도 냈다. 광고 문구는 "하와이는 기후가 좋아 일이 많고, 농장주가 자녀 교육비를 전액 지원해 준다"로 돼 있다. 조선 노동자들은 후자에 무게를 두었다. 지긋지긋한 가난을 자식 대에서는 벗어날 수 있겠다고 생각했다. 1903년부터 1905년까지 하와이로 이주한 조선 노동자는 7,400명가량 됐다.

하와이에 도착한 이주노동자들의 노동 강도는 참혹했다. 새벽 4시 30분 기상하여 10시간 동안 일해야 했고, 그들이 허리를 펴기 위해 몸을 일으키는 순간 채찍이 날아왔다. 그들은 이름 대신 교도소의 수인번호처럼 번호로 관리됐다. 대부분이 남성이었던 노동자들은 고국에 사진을 보내어 신붓감을 구했다. 1910년부터 1924년까지 사진 신부가 도착했다. 사진만으로 부부의 연을 맺은 것이다. 하와이 노동자들은 고된 노동으로 받은 급여를 한 푼 두 푼 모아 임시정부 수립과 독립운동가의 활동자금으로 전달했다. 계약이 종료된 하와이 노동자들은 미국 전역으로 이주했다.

하와이 농장의 모집이 중단되자 1906~1908년까지 멕시코 유카탄 반도 메리다시에서 노동자를 모집했다. 선박 운송이 활발해지면서 에네켄 선인장을 가공하여 얻은 섬유로 제작한 밧줄 등의 수요가 증가했다. 멕시코 노동자 모집도 신문광고 등을 통해 이루어졌다. 에네켄 농장에서는 새벽 5시부터 밤 10시까지 17시간 노동을 해야 했고, 날카로운 선인장 가시에 피부는 성할 날이 없었다. 농장주의 심한 학대를 못 견디고 도망치다 잡히는 경우는 15대의 볼기를 맞아야 했다. 그 매를 맞고 나면 기절하고 만다. 농장주는 노동자의 등급을 나누어 관리했다. 현지 원주민은 5~6등급이었고, 조선 노동자는 7등급으로 맨 꼴찌였다. 하층민 중 하층민이었다. 문제는 4년 계약이 끝났을 때는 조선이 일제에 강제 합병이 된 관계로 돌아갈 조국이 사라졌다는 데 있었다.

지역사회의 명망가들

하와이 노동자의 후손 중 해리 김 하와이카운티 시장, 고 문대양 하와이주 대법원장 등은 하와이주의 유명 인사이다. 해리 김 시장은 하와이 이주노동자 부모님의 8남매 중 막내로 태어났다. 재해를 담당한 민방위국에서 근무하면서 신임을 얻어 2000년 시장에 출마했고 내리 3선을 했다. 자본으로부터 당당해져야겠다는 생각에 선거본부를 꾸리지 않은 채 선거를 치렀다. 선거 후원금은 10달러 이상 받지 않았다. 초과된 돈은 후원자에게 정중한 편지와 함께 되돌려 주었다. 선거 결과는 차순위와 2배 이상 격차가 났다. 해리 김 시장은 소수 민족으로는 처음으로 당선된 선출직 시장이 됐다.

김 시장은 성장기 일화로 "부모님은 사탕수수밭에서 일하고 돌아와서도 쉬지 않고 집 근처 논밭에서 일을 했습니다. 하루는 누이가 많이 아팠습니다. 집이 외딴 곳이라 병원은 9.8km 떨어져 있었습니다. 어머니는 누이를 업고 병원으로 내달렸습니다. 병원에 도착했지만 누이는 사망한 후였습니다. 누이의 사망진단을 받은 어머니는 다시 누이를 들쳐 업고 집으로 돌아왔습니다. 그때 어머니의 심정이 어떠했겠습니까? 하와이 노동자들은 다들 그렇게 살았습니다"라고 소개했다.

하와이, 멕시코 노동자들은 자신과 가정의 행복을 찾아 이역만리로 떠나왔지만 모진 역경에도 굴하지 않았다. 대한민국 독립을 후원했고 후손들을 지역사회의 명망가로 키워냈다. 지역 한인사회가 존경받고 있음은 물론이다.

일제 강제징용과 군함도의 비극

▶

1937년 중일전쟁, 1941년 대동아전쟁으로 노동력이 부족해진 일제는 구색 맞춤으로 1938년 국가총동원법을 제정해 식민지 국가 청춘남녀들을 징발해 갔다. 일제강점기 군함도에서 청춘을 보낸 최장섭 씨의 나이가 15세 언저리였다고 하니 안쓰럽기만 하다. 당시 일제 강제노역 현장은 4,300곳, 약 102만 명의 노동력이 수탈됐다.

하루는 낯선 사람이 "장섭아, 일본에 가서 일하자, 좋은 기술도 배워주니 좋다"고 하며 군청으로 오라고 했다. 가보니 비슷한 또래의 청년들이 있었다. 군수는 나이를 물어본 뒤 "너무 어리지 않아"라고 걱정스러워 했다. 군청 윤 모 주사는 어리면 어릴수록 좋다고 한다며 그냥 보내자고 했다. 그때 윤 주사 얘기는 나중에 그 의미를 알 수 있었다. 도망칠 수도 있었을 텐데 왜 순응했는지 묻는 질문에 내가 징용을 안 가면 가족의 배급을 끊고, 부모님을 무릎 꿇게 해서 치도곤을 하는데 어떻게 하느냐고 했다. 일제는 순하디 순한 조선의 청춘남녀를 이렇게 끌고 가 강제 노역을 시켰다.

하시마 섬(端島)은 군함처럼 생겼다고 해서 '군함도'로 불렸다. 군함도는 가로 360m, 세로 180m의 작은 섬이지만 10층 높이의 아파트가 있고 병원, 학교, 경찰서 등의 기반시설과 파친코와 같은 유흥시

설까지 갖춘 인구 5,200명의 섬이었다. 아파트 고층에는 일본 관리자, 저층은 일본 노동자, 그리고 조선 노동자는 지하에 숙소가 있었다. 바닷물이 새어 나오기에 피부는 늘 짓물러 있었다.

아비규환의 현장

조선 노동자들의 작업 현장은 지하 1,000m 석탄 채굴 현장이었다. 불빛이 없고, 큰 키의 사람은 바로 설 수 없는 현장에서 훈도시만 걸치고 조선 청년들은 젊음을 바쳤다. 서로의 몸을 고무줄로 엮고 고온의 열악한 현장에서 작업했다. 하루 종일 삽질을 하고 채굴한 석탄을 수레에 실었다. 음식은 하루에 콩깻묵 주먹밥 3개, 주먹밥을 먹다 보면 쥐들이 나오는데 그때는 한쪽으로 치우고 먹었다고 한다. 쥐도 안 먹는 음식이 콩깻묵이었다. 차라리 죽는 게 낫겠다 싶어 석탄 수레에 발을 내미는 사람도 여럿이었다. 온전한 몸으로는 섬을 나갈 수 없기에 자해를 하는 것이었다. 섬을 탈출하다가 붙잡히면 조선 노동자들을 집합시킨 뒤 그 앞에서 가죽 끈으로 내리쳤다. 피가 튀고, 살이 튀는 현장은 아비규환이었다.

1945년 8월, 일제의 항복으로 강제노동은 멈추게 됐다. 1925년부터 1945년까지 작업현장에서 사망한 조선 노동자는 122명이었다. 그런데 그 말을 그대로 믿는 사람은 없다. 군함도 노동자의 증언에 의하면 조선에 갈 날만 꼽고 있는데 하루는 배를 타고 청소를 하러 가자고 해서 가보니 나가사키 원자폭탄 피폭 현장이었다. 원자폭탄 투하 2주일밖에 되지 않아 방사능에 대한 주의가 필요한 곳이었지만 조선 노동자들은 새까맣게 타버린 도시를 청소하는 일에 투입됐다. 일제는 조선 노동자를 끝까지 위험하고, 더럽고, 힘든 현장에 투입하여 강제노동을 시켰다. 처음에 일을 시작할 때는 급여가 있고, 그 급여를 고향 부모님에게 송금해 주겠다고 약속했으나 해방 후 돌아와 보니 새빨간 거짓말이었다. 우리 조선 노동자들은 일제에 속고 또 속았다.

자이니치 코리안의 굴곡진 삶의 여정

일제강점기 조선인들은 자의든 타의든 먹고 살기 위해서, 새로운 기회를 찾아서 징용자로 일본으로 건너갔다. 일본 패전에 이어 해방이 되자 일본 거주 조선인 중 80만 명이 귀국했다. 해방 이후 한국은 너무나 빈곤했다. 이 때문에 귀국을 포기한 60만 명의 조선인들이 일본 땅에 남았다. 잔류를 선택한 대다수의 한국인들은 빈곤층으로 전락했다. 태평양전쟁에 패배한 일본은 재일한국인에 대한 사회복지 비용 지출을 아까워했다. 마침 한국전쟁이 끝난 후 북한을 재건하는 과정에서 노동력이 필요했던 김일성은 일본 정부에 요청해 재일한국인의 북송을 시작했다. 복지비용이 아까웠던 일본 정부의 떠넘기기와 노동력과 일본 선진 기술자들을 필요로 했던 김일성의 목적이 맞아떨어진 결과였다. 그것은 비극이었다.

당시 남한 출신의 조총련계 한국인들이 고향이 아닌 북한으로 집단 이민을 선택한 배경에는 김일성의 조총련계 교육지원 사업이 결정적이었다. 김일성은 교육사업 명목으로 조총련을 통해 1억 5000여만 엔(추정액), 당시로선 거액을 지원했다. 이 돈도 조총련이 북에 송금한 돈의 일부이다. 조총련은 이 돈으로 조선인상공인협회를 만들고 동경 시내에 조선대학교 등 학교를 설립해 교육사업을 했다. 지금도 동경에는 조총련계 초중고교가 10여 개 있다. 이들 학교는 아직도 문부과학성의 의무적 공적 지원을 받지 못해 3류 학교로 전락했다. 당시 이승만 정부는 재일조선인 정책에는 거의 관심이 없었다. 사정이 이러하니, 무국적자로 차별받던 한국인들에게 조총련이 구심점 역할을 한 것이다.

특히 자녀의 한국어 교육을 바랐던 일부 재일한국인들은 조총련계 학교로 자녀를 취학시켰다. 유일하게 한국어로 수업한다는 사실 때문이었다. 자연히 조총련계와 인연을 맺게 되었다. 김일성과 북한의 주체사상은 마치 종교처럼 재일한국인의 마음을 사로잡으면서 막강한 공동체를 구축했다. 이승만 정부도 조총련계 재일한국인의 북송을 반대했지만 무기력했다. 지상천국인 줄 알고 북에 갔던 조총련 동포들은 북한체제의 실상을 알게 되었고 이면을 폭로하면서 비로소 실상이 드러나게 되었다. 북송선을 탄 재일한국인의 비극은 지금도 계속되고 있다. 지난 11월 21일자 일본 주간지 『현대비즈니스』에 실린 기사를 인용한다. 일본에서 활동하는 한 탈북자가 올린 글이다.

현대비즈니스에 실린 글

"매년 여름 2차 세계대전 종전 기념일이 다가오면 저는 일본에 있는 탈북자로서 항상 슬픔으로 기억한다. 아직도 많은 사람들이 오늘날 북한에 얼마나 많은 북송 재일조선인들이 살아 있는지 관심을 갖고 있는가? 나는 북한으로 보내진 일본인처 송환을 위해 재정적으로 지원하고 자유로운 왕래를 위해 많은 노력을 기울여 왔다. 그러나 수십 년이 지난 지금 일본인처 안전은 더 이상 확인할 수 없으며 그들의 활동은 점점 줄어들고 있다. 1959년 12월 14일부터 1984년까지 93,339명(사실 북송 숫자는 이보다 훨씬 많음)이 북으로 보내졌다. 북쪽으로 송환된 약 93,000명의 자이니치 동포 중 오늘날 몇 명이 살아 있는가?

1960년대에는 지상 낙원이라는 선전이 북한 이송의 회오리바람을 일으켰다. 북한으로의 송환 프로그램은 1959년 인도 캘커타에서 일본과 북한이 체결한 '조선인 송환 협정'에 따라 실행되었다. 북송된 한국인의 98%가 남한 출신이었다. 본국인 한국은 이후 북송 방지 캠페인을 중단했다. 왜냐하면 1960년대 한국의 사회적 배경은 일본에 사는 한국인을 받아들일 준비가 되어 있지 않았기 때문이다. 당시 재일조선인은 '한국의 잠재적 불순 요소'로 차별을 받는다고 한다.

북한 송환이 시작되면서 재일조선인들은 북한을 따르는 공산주의자로 낙인찍혔고, 남한에 사는 친척들은 연좌제에 얽혀 공동으로 책임을 지게 되었다. 북한으로 송환된 자이니치 동포들은 기본적으로 출생 구성 요소제(계급제)에 의해 '흔들리는 계급'(주관적 사고가 피상적인 위계질서로 간주됨) 또는 '적대적 계급(주관적 사고에 맞지 않는 계급으로 간주됨)'으로 분류되어 차별 대상으로 전락했다. 거주도, 언론의 자유도, 생명권도 없었기 때문에 그들 중 많은 사람들이 탈출을 시도했지만 소수만이 성공했고, 대부분 사람은 자유를 꿈꿀 수 없는 정치범수용소에 수감되었다. 현재 일본에는 북송인 출신 탈북자가 200~300명, 한국에는 300~400명이 있다. 일본에 살고 있는 탈북자들은 북한에 남아 있는 수많은 친척들이 한때 일본에서 누렸던 자유를 갈망하고 탈북의 꿈과 희망에 대해 이야기했다.

그러나 대다수 북송인은 생존을 위해 총 앞에서는 무력한 것처럼 조용하고 조심히 북한의 현실을 받아들이며 살았다. 지금도 미국의 자유아시아 방송과 남한의 대북방송을 통해 "북한으로 간 동포들이여! 여러분의 고향은 대한민국입니다. 대한민국은 여러분을 따뜻하게 환영합니다. 언제든지 귀국을 환영합니다"란 방송이 북한 한국인들의 귀에 들리기를 진심으로 바란다. 한국이나 일본에서 누군가 그들을 기다리고 있다는 작은 희망이 그들을 살려주고 있다. '일본인처 자유왕래실현협회'의 역할도 중요해졌다. 1989년 중의원 의원 429명이 기부한 구호물품을 북한에 거주하는 일본인처 120명에게 보내졌고, 1990년에는 중의원 의원 563명이 일본인처 100명에게 구호품을 보냈다. 그러나 받았다는 답장도 없고, 전달되었는지에 대해서도 의문을 제기했다. 북한으로 송환된 일본인처 1,831명의 생존 가능성은 제로에 가깝다. 일본 정부는 책임지고 자국의 일본인처 귀환문제를 해결해야 한다.

그러나 진실과 해결책은 역사의 소용돌이 속에서 이슬처럼 사라지고 있다. 일본으로 송환된 재일한국인 중 6,839명(추정)이 일본 국적자이며, 그 중 1,831명의 일본인처는 생존 가능성이 거의 없다. 그러나 일본 시민권을 가진 일본인 자녀 5,008명(추정)이 아직 살아 있을 가능성이 매우 높다. 1965년 한일기본조약이 체결된 이후 1968년부터 1970년까지 3년간 북한 송환 프로그램이 중단되었다. 당시 일본이 좀 더 '인도주의적 입장'을 취했다면 자국민을 포함한 자이니치의 북한 송환에 반대했을 것이다. 북송인들은 일본에 편지를 보내 지상 낙원에서 잘살고 있다고 선전했고, 일본에 남아있는 부모, 형제자매 및 친척들은 그들을 구하기 위해 돈을 보냈다. 일본에서 끝없이 돈을 보냈지만 지옥에서의 삶은 끝없는 심연에 빠졌다."

이민자들의 멋진 히스토리 기대

이글을 올린 탈북자는 여러 일본 정부 자료를 근거로 북한으로 간 재일한국인 93,339명(추정) 가운데, 일본 국적자 6,839명(어린이 포함) 중 840명 이상이 아직 생존하는 것으로 추정했다.

소설 『파친코』는 4대에 걸친 재일조선인 가족의 이야기를 그린 세계적 베스트셀러로 평가받는다. 재미교포 1.5세대인 이민진 작가가 30년에 달하는 세월에 걸쳐 집필한 대하소설이다. 2017년 출간되어 뉴욕타임스 베스트셀러에 올랐다. 세계 33개국에 번역 수출되었으며, 전미 도서상 최종 후보에 선정되기도 했다. 한국의 이야기에 세계를 눈물짓게 만든 화제작이다. "역사는 우리를 저버렸지만, 그래도 상관없다"라는 저자의 자조 섞인 말은 심금을 울린다.

도도히 흐르는 역사에 외면당한 재일조선인 가족의 대서사극인

소설은 일제강점기 부산 영도에서 시작해 버블경제 절정에 이르렀던 1989년 일본까지, 한국과 일본을 무대로 거의 100년에 걸쳐 펼쳐진다. 어머니 양진과 함께 허름한 하숙집을 꾸리며 살아가는 열여섯 선자는 일본을 오가며 일하는 생선 중개상인 한수를 만나 처음으로 조선 밖의 더 넓은 세상을 상상하기 시작하지만, 그의 아이를 가진 뒤에야 그가 오사카에 아내와 아이를 둔 남자임을 깨닫고 상심한다. 한편 선자네 하숙집 손님으로 온 목사 이삭은 선자를 자신의 운명으로 여겨 청혼을 하고, 선자는 이삭과 결혼해 오사카로 건너가 새로운 삶을 시작한다. 자신과 가족을 지켜내야만 하는 선자의 삶은 지난하고도 고되었다. 파란만장한 가족사를 따라가다 보면 자연스럽게 해방, 한국전쟁, 분단 등 한국 근현대사와 겹쳐지며, 우리가 미처 알지 못했던 '자이니치(재일동포를 일컫는 말)'의 삶이 눈에 들어온다.

이민진 작가는 일곱 살 때 가족과 함께 미국으로 건너간 한국계 미국인 작가다. 이민 1.5세대이자 역사 전공자로서 불안정한 국제 정세와 일제 침략이 낳은 한국 근현대사의 비극에 관심을 갖게 된 작가는, "역사가 함부로 제쳐놓은 사람들"의 이야기를 써야겠다고 마음먹었다. 집필까지는 30년이라는 세월이 걸렸다. 이 소설이 국내에서 인기를 끌었던 이유는 역사의 거대한 파도에 굴하지 않고 꿋꿋하게 자신의 집을 꾸려가는 이민자 가족의 연대기이기 때문이다. 책의 제목인 '파친코'가 눈에 들어온다. 작가는 "도박처럼 결과를 예측할 수 없는 인생의 불확실성을 뜻함과 동시에, 혐오와 편견으로 가득한 타향에서 생존을 위한 유일한 수단으로서 파친코 사업을 선택해야 했던 재일조선인들의 비극적 삶을 상징한다"고 밝힌 바 있다. 고향을 떠나 타지에 뿌리내리고 영원한 이방인으로 살아야 하는 이민자의 삶을 작가는 통찰력과 공감 어린 시선으로 어루만진다.

소설 『파친코』의 실제 모델로서 일본 재계 거물로 군림하는 마루한의 성공스토리처럼, 우리나라에 정착한 이민자들이 멋진 이민 히스토리를 써내려가길 기대한다. 대한민국은 재능과 열정, 꿈을 가진 이민자들이 성공하고 대한민국의 발전에 기여할 수 있는 역동적인 나라가 되길 소망해본다.

글릭 아우프, "살아서 만납시다"

▶

독일의 광부로 간 대한민국의 노동자들은 1,000m 지하로 내려가 고온과 싸우며 석탄을 캤고, 간호사들은 성심성의껏 환자들을 돌봤다. 광부들은 생사를 건 사투에서 서로에게 '글릭 아우프(살아서 만납시다)'라고 인사하면서 하루하루의 안녕을 기원했다. 파독 광부는 1963년부터 1977년까지 7,936명, 같은 기간에 독일에서 일한 간호사는 11,057명이었다. 영화 국제시장에서는 파독 광부 덕수(황정민)와 간호사 영자(김윤진)가 독일에서 만나 가정을 이룬 장면이 묘사돼 있다.

1959년 세계은행이 발표한 120개 국가 국민소득 순위는 120위가 인도, 119위가 남한, 118위가 북한이었다. 실제로 대한민국은 경제활동이 거의 이루어지지 않는 국가였다. 미국의 원조로 근근이 버티는 수준이었다. 1961년 박정희 대통령이 쿠데타로 정권을 차지하자 미국은 쿠데타 세력을 도울 수 없다며 원조를 중단했다. 박정희 정부는 고심 끝에 라인강의 기적이라 불리며 고속 성장하던 독일에 차관을 요청했다. 독일에서 제공한 상업차관은 1억 5천 마르크(3천만 불)였다. 독일은 차관을 제공하면서 국제은행의 지급보증을 요구했다. 그러나 세계 경제 하위권인 대한민국에 보증해줄 은행은 없었다.

독일 정부는 보증을 못 받아오자 광부와 간호사 인력 파견이 가능한지 다시 타진했고, 대한민국 정부가 화답하자 상업차관이 집행됐다. 독일에서의 차관은 대한민국 경제성장의 마중물로 톡톡히 쓰였다. 비료공장 등 기반시설을 확충할 수 있었고, 독일 기업들의 진출이 이어지면서 한강의 기적의 출발점이 됐다.

1964년 박정희 대통령은 독일 정부의 초청을 받아 독일을 공식 방문했다. 전용 비행기가 없어 독일 상업 비행기를 타고 독일에 도착했다. 박 대통령은 파독 광부와 간호사들과의 만남으로 일정을 시작했다. 광부들은 양복을 걸쳤지만 새까맣게 그을린 채였다. 세계에서 가장 가난한 국가의 대통령과 이역만리에서 다른 나라들은 거들떠보지 않는 일을 하는 이주노동자의 만남이었다. 대통령은 기가 찼다. 대통령은 연설을 시작하기 전에 눈물이 맺혔고, 눈물이 나서 강연을 마치지도 못했다. 대통령은 "여러분 우리가 고생하더라도 후손들에게는 더 좋은 나라를 만들어 물려줍시다"라고 말했다.

강연을 마치고 내려오자 이번에는 육영수 여사에게 간호사들이 매달렸다. "여사님! 한국에 돌아갈 때 우리도 데려가 주세요. 이제는 하루도 더 못하겠습니다. 너무 힘들어요." 난처한 상황이 계속됐다. 간호사들을 달래는 육 여사도, 하소연하는 간호사도 처량하기만 했다.

1970년대 대한민국 경제성장은 이주노동자의 눈물이 씨앗이 됐다. 세계에서도 남들이 하지 못하는 일만 대한민국 노동자의 차지가 됐다. 그런 노력으로 대한민국은 세계 10위의 경제 대국이 되었다. 하지만 청년 인구가 감소하고 인구 초고령화에 몸살을 앓는 나라가 됐다. 우리나라는 가난한 나라의 설움도, 육체노동의 고통도 잘 이해하고 경험한 국가이다. 과거 독일이 우리에게 경제성장의 기회를 마련해 주었던 것처럼 이제는 우리가 이주노동자와 그 출신국에 기회를 만들어줄 차례이다.

오일머니와 중동 투자 열풍

▶

1961년 박정희 대통령은 쿠데타를 부정하는 미국으로부터 경제원조 중단이라는 최악의 상황에 직면했다. 서독에 노동자를 파송하고, 차관을 도입했지만 경제성장의 모멘텀을 만들기가 쉽지 않았다. 새로운 돌파구가 필요했다. 그러던 중 1964년 미국으로부터 베트남 파병 요청을 받게 됐다. 박정희 정부는 베트남 전투병 파병과 연계해 확실한 경제 지원을 약속받았다. 전투 장비를 지원받았고, 베트남을 비롯한 아시아 지역에서의 건설 수주를 받게 됐다.

1973년 아랍과 이스라엘이 전쟁하면서 제1차 오일쇼크가 발생했다. 중동 석유 산유국들이 이스라엘을 지원하는 미국, 네덜란드에는 기름을 판매하지 않겠다고 나선 것이다. 유가는 3달러에서 12달러로 하루아침에 4배가량 상승했다. 석유 한 방울 나지 않는 대한민국은 원유를 수입에 의존해야 하기에 그 피해는 말로 다 할 수 없었다. 나름 기회도 있었다. 오일 가격의 급격한 상승으로 달러를 주체하지 못한 중동에서 대규모 건설 발주가 속출한 것이다.

1975년 여름, 박정희 대통령은 애가 탔다. 중동 국가들이 건설 수주를 내놓는데 하겠다는 나라가 없었다. 우리가 가서 공사를 하면 좋으련만 시찰을 간 건설사 임원들은 중동은 너무 더워서 일을 할 수 없고, 물이 없어 건설 자체가 불가능한 나라라고 보고했다. 마지막으로 정주영 회장에게 다녀올 것을 권했다. 당신도 안 된다고 하면 포기하겠다고 했다.

현대건설 정주영 회장은 5일간 중동 여러 곳을 둘러봤다. 그가 처음 한 말은 "지성이면 감천이라더니 하늘이 우리나라를 돕습니다" 였다. 그가 말한 중동은 세계에서 건설 공사하기 가장 좋은 곳이었다. 1년 열두 달 비가 오지 않으니 쉬지 않고 공사를 할 수 있고, 모래와 자갈이 현장에 있으니 자재 조달이 쉽고, 50도의 더위는 낮에는 천막을 치고 자다가 밤에 횃불을 들고 일을 하면 되고, 물은 수송을 해서 가져오면 된다고 했다.

정 회장의 발상의 전환 덕에 우리 근로자 30만 명의 일자리가 생겼다. 중동 건설공사로 벌어들인 수입은 80억 달러, 당시 대한민국 연간 총 수익 100억 달러 중 80%를 중동에서 벌어들인 것이다. 건설 근로자에게는 두둑한 급여가 주어졌다. 중동 근로자들은 월 60~70만 원의 급여를 받았다. 당시 강남 아파트 30평 가격이 1,000만 원 내외였으니 1년 수입으로도 집 장만이 가능할 정도였다.

중동 건설은 리비아 대수로 공사에서 빛을 발했다. 기네스북에도 오른 세계 최대의 공사였다. 리비아 동남부 및 서남부 사막지대의 내륙으로부터 35조 톤에 이르는 물을 지중해 연안으로 송수하여 지중해 연안의 3억 6,800만 평(한반도 면적의 6배)을 옥토화하는 계획이었다. 4단계 공사 중 2단계 공사가 1996년 완료되어 수도인 트리폴리에서 통수식을 가졌다. 아쉽게도 리비아 내전이 발발함으로써 활용은 미흡한 상황이다.

2022년, 사우디아라비아 실권자인 무함마드 빈 살만 왕세자가 방한하면서 샤힌 프로젝트(석유화학), 네옴시티 건설 등에 대한 수십조 원의 협력사업이 체결됐다. 2023년 초에는 아랍에미리트(UAE)로부터 37조 원의 투자도 유치하게 됐다.

1975년, 무덥고 건조한 기후에 기가 죽어 중동 건설에 뛰어들지 않았던들 대한민국의 지금과 같은 중동 특수는 오지 않았을 것이다. 뜨겁게 달구어진 모래를 이불 삼아 잠이 들고, 숨 막히는 무더위를 피하고자 낮과 밤을 바꾸어 불철주야 일했던 중동 건설 노동자들이 제2의 중동 붐을 이끌어냈다고 할 수 있다.

국제결혼으로 한국에 온 이주여성

국제결혼은 환상이 아니라 현실이다

국제결혼 비율이 높아지고 있다. 열 쌍 중 한 쌍은 국제결혼이다. 외국 여성이 한국 국적자와 국제결혼을 하여 대한민국에 거주하는 여성을 결혼이주여성이라고 한다. 결혼이주여성의 국적은 1990년대 중반까지 일본이 많았고, 이후는 동남아나 중앙아시아로 다양해졌다.

쉼터는 결혼이주여성들이 가정폭력이나 불화를 겪을 경우 임시로 체류할 수 있는 공간이다. 추운 겨울 한 결혼이주여성이 헐레벌떡 '쉼터'를 찾았다. 그녀는 신발을 신지 않은 채였고, 갓난아이를 안고 있었다. 이주여성은 남편이 화를 내면서 "앞으로 아이를 못 보게 할 거야"라고 하자 너무 놀라 뛰쳐나왔다고 했다. 신발을 신다가는 부스럭 소리가 나 남편한테 들킬까 봐 아이만 안고 밖으로 나왔다.

베트남 출신 귀화 이주여성 김순애 씨는 12살 많은 한국 남편과 결혼하여 딸을 낳고 20년을 살았다. 혼인신고는 하지 않았다. 남편은 어느 날 사실혼 관계를 들먹이며 위자료 없이 김 씨를 내쫓았다. 남편은 평소 쥐꼬리만 한 생활비와 언어폭행 등으로 여성을 괴롭혔다. 남편이 아내를 내쫓은 이유는 재산 때문이었다. 김 씨는 쉼터에서 살면서 이주여성 상담소의 도움으로 변호사를 선임하여 지난한 재판을 했다. 재판 과정에서 남편은 뭘 좀 아는 사람인지라, 아내가 가정에 기여하지 않고 문제점이 많다고 주장했다. 고교 3학년 딸을 이용했다. 자신에게 유리하도록 법정 증언을 강요했다. 부모들의 법적 분쟁과 입시준비로 신경이 날카로워진 딸은 대학입시에도 떨어졌고 심각한 정신적 트라우마와 우울증을 앓게 됐다. 1심 법원은 순애 씨가 재산증식에 기여한 점을 고려하여 위자료 3억 6천만 원 지급을 판시했다. 딸을 주요 증인으로 내세운 남편의 뻔뻔한 전략은 재판부에 잘 통했던지, 30억이 넘는 재산을 오롯이 지켜낼 수 있었다. 놀랍게도 20년간 가정을 함께 일군 아내를 맨발로 내쫓은 남편 직업은 교수였다. 김 씨는 남편이 자신을 '살림하는 도우미', '출산의 도구'로 취급했다며 분노했다. 베트남인 아내에게 남은 것은 버려졌다는 자괴감과 딸의 공황장애와 트라우마, 우울증, 관계 단절, 허무함과 배신감이었다.

베트남 출신 결혼이주여성 아만다 씨는 "한국 사람들은 못사는 나라에서 왔다고 마음속으로 무시하는 것 같아요. 미국 여자가 한국 남자랑 결혼하면 이상하게 보지 않지만, 나이 어린 베트남 여자가 나이 많은 한국 남자랑 결혼하면 이상한 눈으로 바라봐요. 애들이 저를 닮아 피부색이 까맣거든요. 초등 1학년 때 엄마가 베트남 사람이라고 놀린대요. 아들은 초등학교 2학년 학교 참관수업에 오지 말

래요. 엄마가 베트남 사람인 게 창피하다고요!"라고 호소했다.

결혼이주여성과 혼인한 남편도 힘들기는 마찬가지이다. "아내가 아직 우리 문화에 서툴다 보니 아이 교육문제에 갈등을 많이 느꼈어요. 저도 농사일에 정신없다 보니 아내에게 교육을 맡길 수밖에 없는데, 아내는 잘 몰라서 놓치거나 못하는 경우가 있어요. 돈도 벌어야 하고 아이 교육도 챙겨야 하고, 아내도 챙겨야 하고 처갓집 경제적 지원까지 해야 하니 무척 힘들었습니다."

우리 사회의 이방인, 결혼이주여성

이방인과 이주민은 비슷한 용어이지만 전혀 다른 뜻이다. 이방인은 외국인을 뜻하기 때문에 오래 살았더라도 이방인은 주민이 아닌 외국인이다. 결혼이주여성의 불만은 여기에 있다. 이방인 취급만 할 뿐 이웃으로 대해주지 않는다는 것이다.

한국의 다문화 정책은 알게 모르게 여성 결혼이민자들에게 가부장적 가족 질서의 유지와 순응을 강요한다. 그 이유는 우리 사회 저변에 전통적 질서와 가부장적 전통이 뿌리 깊게 배어있기 때문이다. 전통적 가부장 질서에 순응하고자 하는 결혼이주여성들은 한국인 남성과 결혼하여 자녀를 출산하고 한국 사회에서 자녀를 양육할 보호자로 살아간다.

지금은 결혼이주여성에 대한 인식변화가 절실한 상황이다. 이들은 속된 말로 못사는 나라에서 온 여성들이 아니다. 자신의 행복과 더불어 보다 나은 생활, 특히 자녀의 행복을 위해 우리나라를 찾는 여성들을 보듬고 감싸야 한다. 여성이면서 외국인, 특히 경제적으로 빈곤한 결혼이주여성은 중첩된 차별과 인권침해의 사각지대에 있다. 차별과 인권침해로부터 결혼이주여성을 보호해야 하는 소극적 과제보다 중요한 것은, 결혼이주여성을 공동체의 한 구성원으로 인정하고 그들의 삶을 위한 사회적 토대를 제공해야 하는 적극적 과제이다.

결혼이민여성들이 느끼는 감정은 차별과 무시이다. 한국보다 가난한 나라에서 결혼이민을 왔고 피부색이 다르다는 편견이 동남아시아 출신 결혼이민여성에게 드리워진 편견이다. 다문화사회로 전환하려면 사회적 편견과 차별이 사라지고 다양한 문화를 존중하는 가치관이 정착되어야 하지만, 실상은 그렇지 않다. 이민자들이 한국사회에 적응하고 사회통합을 이루는 과정에서 가장 중요한 화두는 '차별방지와 문화다양성'을 존중하는 사회적 분위기가 뿌리를 내리는 것이다. 이를 위해 차별 방지 및 인권옹호를 분명한 법적 규정으로 명시해야 할 것이다.

2018년 여성긴급전화 콜센터에 접수된 이주여성 가정폭력 신고 건수는 1,432건에 달했다. 하루 평균 4건꼴이다. 2015년 700여 건에 비해 3년 만에 갑절 이상 증가했다. 조사 결과 한국인 배우자는 55.3%가 문화적 차이를 느꼈다고 말했으며 63.8%는 배우자와 다툰 경험이 있다고 답했다.

결혼이주여성에 대한 가정폭력 사례의 경우 이주여성의 42.1%가

가정폭력을 경험한 것으로 나타났다. 폭행 당시 도움을 요청했는지에 대해선 '안 했다'는 응답이 31.7%, '때리지 마세요'가 이주여성들 사이에서 일상어가 됐다. 이들이 신고를 꺼리는 큰 이유는 배우자가 한국 국적 취득에 결정적 권한을 갖고 있어서다. 아직도 외국인등록증 발급, 비자 연장, 영주권 신청 등을 할 때 한국인 남편의 신원보증이 필요하다. 신분이 안정될 때까지는 상습 폭행을 당해도 신고도 못 한 채 견디고 있는 것이다.

상대방에 대한 존중 필요

다문화가족의 성 불평등 실태와 가족갈등 양상 보고서에 따르면, 상당수 이주여성들은 불평등한 가족생활에 문제의식을 갖고 있지만 배우자들이 돈을 버느라 바쁘고 힘들어서, 돈을 더 많이 버니까, 이제까지 살아왔던 방식을 바꾸기 싫다는 이유로 변화에 미온적이다. 행복한 다문화 가정생활을 영위하기 위해서는 부부 사이에 평등관계가 필요하며 배우자의 역할이 매우 크다. 특히 연령에 따라 차이가 있겠지만 상대방을 배려하고 존중해야 한다. 아내보다 나이가 많은 배우자들이 보다 더 노력을 한다면 건강한 가족을 만들 수 있고 부부의 삶에도 긍정적인 변화를 줄 수 있을 것이다.

결코 언어와 피부색이 다르다는 이유로, 가난한 나라 출신의 이민자라는 시선으로 폭력이나 차별적 생각을 해선 안 된다. 이를 위해선 인권교육과 함께 피해자들이 쉽게 접근할 수 있는 안전망을 개선해야 한다. 물론 배우자들의 고충도 있다. 한국 남편을 위한 교육과 부부관계를 개선하기 위한 교육도 절실하다. 특히 이주여성들이 단독으로 거주 자격을 얻을 수 있도록 제도 개선이 있어야 한다.

어느 유명 유튜버는 일본에서 유학하다가 만난 남편이 일본사람인데, 시누이도 한국 유학에서 만난 한국 남자와 결혼한 국제결혼 커플이라고 공개를 했다. 남편은 일본 전통의상을 입고 그녀는 한복을 입은 채로 열린 피로연에서 하객들에게 국제결혼 커플이란 걸 당당하게 과시했다. 젊은 세대에게 국제결혼은 사랑, 삶의 기반, 교육, 문화, 공통의 관심사에 따라 선택하는 트렌드처럼 인식되는 추세이다. 시장에서 정육점을 하는 아줌마가 고기를 사러 온 이탈리아 손님에게 캐나다 사위 생각이 나서 고기를 덤으로 주었다는 것처럼, 다문화가정은 엄연히 내 이웃의 평범한 가족 형태로 일상화되고 있다.

결혼이주여성과 폭력

2019년 영국 공영 BBC방송에서 베트남 여성 학대를 특집으로 방영했다. 지방의 한 결혼이주여성이 남편으로부터 무차별 폭행을 당했다. 당시 영상이 BBC방송을 통해 SNS에 재확산되면서 사회적 공분을 일으켰다. 문제의 영상은 페이스북에서 폭력성을 이유로 자체 차단됐지만, 이미 다른 플랫폼으로 빠르게 번졌다. 해당 영상에서 남편은 부인을 때리고 발로 걷어찼다. 두 살 아이가 울면서 만류해도 남편은 폭행을 이어갔다. 남편이 배달 음식을 시켜 먹자는 자신의 말을 듣지 않았다며, "음식 만들지 말라고 했어? 안 했어? 여기 베트남 아니라고 했지?"라고 폭언하는 모습이 영상에 담겼다. 경찰은 특수상해와 아동복지법 위반 혐의로 가해 남편을 긴급 체포했다.

국가인권위원회가 발표한 '결혼이주여성 체류실태'(2020년) 자료에 따르면, 결혼이주여성 920명 가운데 42.1%에 이르는 387명이 가정폭력을 경험했다고 답했다. 대구 동구 신암동 대구 이주여성인권센터에 폭력 피해 이주여성 상담소가 설치되었다. 전문가들은 국제 가족의 경우, 피해 사실을 외부로 알릴 수 있는 제도가 미비해 이주여성 피해자는 인권 사각지대에 놓일 수밖에 없다고 했다. 결혼이민 체류자격을 취득하여 입국하는 경우 한국인 배우자가 신원보증서를 제출해야 한다. 또한 결혼이주여성의 전반적인 체류 과정에 현실적으로 배우자의 조력이 필요하다. 대구 이주여성인권센터는 BBC코리아와 인터뷰에서 "가정폭력을 국제결혼 가족의 문제만이라고 할 수 없다"면서 "가해자에게 굉장히 관대한 사회가 한국 사회"라고 지적했다. 또한 "폭력은 상대를 통제하기 위한 수단"으로 쓰이기 때문에, 물리적 폭력이 어느 날 갑자기 일어난 것이 아니라 "삶 전체에 있어 굉장히 불평등한 부부 관계가 이어지고 있었다는 것을 의미한다"고 말했다.

가정폭력, 집단따돌림, 차별 등은 그 나라의 인권 수준을 보여주는 폭력유형이다. 배우자에 대한 사전 정보를 모르고 결혼해서 한국 땅에 들어온 이주여성 중 잘 사는 경우도 있지만, 인권유린 수준의 가정폭력 희생자가 되는 경우도 상당수에 달한다. 현장에서 이주여성들을 상담하는 활동가들은 그들이 겪고 있는 차별과 폭력에 대해 정부 차원의 대각성을 촉구한다. 상대방을 제대로 알지 못하고 중개 업체를 통해 국제결혼을 하게 되는 경우는 더 심각하다. 베트남에서 온 아만다 씨는 남편의 정신병력을 모른 채 결혼해서 살다가 나중에 남편의 조현병 증세를 알게 됐다. 남편이 치료를 위해서 병원에 입원한 동안에는 언어소통이 안 되어 시부모와 갈등이 심해졌다. 결국 가정폭력 사태로 번졌다. 심지어 남편의 형은 아만다의 목을 묶어 나무에 매달기까지 했을 정도로 폭력적이었다. 하지만, 법원은 가해자들에게 겨우 벌금형을 선고했다. 조현병을 앓고 있는 아들과 외국인 며느리를 결혼시킨 책임이 있는 시댁 사람들은 그녀를 돕기는커녕 무시하고 학대했다. 이주여성에 대한 법률지원이 있어도 가족 간의 다툼과 폭력에서 이주여성은 어떤 보호도 받지 못하는 경우가 허다하다. 아만다 씨에게 법은 너무나 먼 곳에 있었다. 이주여성뿐만 아니라 어린 자녀가 겪는 심리적 충격은 상상을 초월한다. 결혼이주여성에 대한 가정폭력이 엄격하게 처벌되지 않는다면, 아만다 씨와 자녀에게 한국은 야만의 땅처럼 느껴질 것이다. 동시에 외교문제로 번질 가능성도 높다. 결혼이주여성에 대한 가정폭력 문제는 법률적으로, 행정적으로 세세하게 관찰하고 모니터링을 해야 할 부분이다.

베트남어로 "한국은 정말 미쳤다"라는 내용이 담긴 동영상이 나돌기도 했다. 결혼이주여성에 대한 폭력이 다반사여도 배우자 도움 없이 체류 연장 등이 어려운 상황이다. 한국 사회의 여전한 가부장적 인식 그리고 가정폭력을 '집안일'로 치부하는 경향 등이 복합적으로 작용한다. 여성에 대한 폭력이자 아동학대에 대해 사법당국은 엄벌해야 하지만, 솜방망이에 그치는 경우가 대부분이다.

위탁기관의 역할

가난한 동남아시아의 젊은 여성들에게는 부유한 한국 남자를 만나는 것을 로망으로 생각한 적이 있었다. 1990년대 동남아 출신 결혼이민자들은 결혼중개업소에 의해서 집단 맞선을 보는 형태로 농촌 총각들에게 시집왔다. 국제결혼소개소에 나이가 많거나 직업이 불분명한 일부 농촌 총각들은 중개업체에 돈을 주고 적당히 포장해서 신부를 데려온다. 주먹구구식으로 사랑이라는 가장 중요한 과정이 생략된 채 국제결혼이 진행되었다. 한국 남자가 결혼중개업소에 큰돈을 내고 결혼하는 과정에서 많은 부작용이 불거졌다. 국가 이미지에 먹칠을 하는 경우도 적지 않다. 급기야 필리핀, 베트남과 같은 국가들은 나이가 지나치게 많거나 일정한 직업이나 조건이 갖춰지지 않은 한국인 남성과의 국제결혼을 금지하고 있다.

최근 들어 국제결혼 비자 발급이 엄격해졌다. 정부는 지속적인 모니터링 및 미비점 보완을 추진하고 있다. 예비 국제결혼 희망자 커플을 대상으로 교육 프로그램을 확대하고, 인권교육을 추가했다. 중국·베트남 등 7개국의 외국인 배우자를 국내로 초청하려는 내국민에 대해 현지 국가의 제도·문화·예절 등을 소개하는 안내 프로그램도 준비했다.

가정폭력 등으로 인한 혼인 단절 결혼이민자에 대해서는 체류나 국적 부여 조건을 완화하는 구제수단을 조속히 마련해야 한다. 귀화

여성이민자 및 자녀, 베트남 라이따이한 후손 등은 배려 방안이 필요하다. 외국인이나 결혼이민자들에게 대한민국 법체계는 여전히 높은 장벽이다. 전라남도는 비영리 법인·단체에게 이들의 관리를 맡겼다. 위탁기관은 외국인 주민 인권, 노동 관련 법적 사건 등 전반적인 법률상담부터 외국인노동자 밀집지역 등으로 찾아가는 이동상담 운영, 통·번역 서비스까지 지원하고 있다.

이민자 인권보호와 결혼이주남성

다문화가정의 폭력에 대응하여 결혼이민자의 인권보호를 위한 법적 제도적 장치를 시급히 마련해야 한다. 언어, 생활습관, 관습, 학력 수준 등이 다른 환경에서 성장하여 결혼중개업체를 통해 국제결혼을 한 경우 가정폭력 문제에 대해 엄정한 체계를 세워야 한다. 인간이 누려야 할 기본 권리를 사법 당국이 등한시한다면 한국 사회의 병폐는 더욱 심각해질 것이다. 우선 당장 시민단체와 연계하여 안전장치로서 쉼터, 심리상담센터, 법률상담을 연계하여 돌보는 시스템을 구축해야 한다. 결혼이주여성상담소는 그나마 매 맞는 여성, 쫓겨난 여성들의 쉼터 역할을 담당하고 있다. 이주여성상담소와 이주여성 쉼터, 이주여성 공동생활가정, 자활지원센터 등 각계 기관들이 연계하여 정착과 자립을 도와야 한다.

이주여성의 피해 상황은 우리의 상상 이상으로 심각하고, 현재 진행형이다. 비자 유형에 따라 가정폭력 유형도 달라진다. 국제결혼 한국인 당사자와 배우자인 외국인 모두 가정폭력 예방에 대해 사전교육 및 계도 작업이 절실하다. 형식적으로 몇 시간씩 의무적으로 교육하는 것으로는 부족하다. 인권 유린이 다반사인 가정폭력은 엄벌해야 한다.

한국 사회에서는 외국인도 구성원 중 일부이다. 외면하고, 차별하고, 성적 대상으로 생각해서는 절대 안 될 것이다. 결혼이주여성은 농어촌을 먹여 살리는 성장 엔진으로 또는 외국인 노동자들은 우리나라 경제를 떠받치는 일부분으로서 역할을 인정해야 하는 시대에 있다. 공생과 상생의 시대가 되었다는 것을 인정해야 한다.

요새 남성 결혼이민자가 한국 사회에서 살아가는 방송 프로그램이 소개되고 있다. 그들이 소개하는 에피소드는 현실세계에서는 빙산의 일각이다. 한국 여성과 결혼한 외국인 남성들도 부부갈등을 겪는다. 심할 경우 한국인 부인이 외국인 남편을 내쫓거나 폭력을 행사하는 경우도 있다. 국제결혼이라 하여도 부부들이 경험하는 갈등의 원인과 과정, 결과는 비슷한 유형이다. 결혼이주 남성이 별거나 이혼을 해도 자녀가 미성년인 경우에는 한국에 체류할 수 있다. 그러나 갑자기 내쫓긴 외국인 남편은 갈 곳이 없다. 외국인 남편을 위한 쉼터와 다양한 지원이 필요하다.

결혼이민자 정책에서도 남성 이민자 문제는 소외되었다. 이 부분은 다문화가족 연구자들이 누누이 지적했다. 선진국 출신이라고 해도 동거비자로 거주하는 남성 결혼이민자는 취업시장에서 한국인과 경쟁해 고급 일자리, 정규직 일자리를 얻기는 어렵다. 남성 결혼이민자가 가족과 함께 우리나라에서 영구정착하려면, 한국어교육과 취업교육, 직업훈련, 취업 알선 프로그램을 통해 안정적 일자리를 갖도록 꼼꼼하게 지원할 필요가 있다. 경제적 어려움은 다문화가족이 겪는 가장 큰 문제이기 때문이다.

남성 이민자들이 겪는 가장 큰 어려움은 양질의 일자리이다. 상당수의 남성 결혼이민자는 학원강사, 원어민 교사, 교수, 공무원과 같은 일에 종사한다. 제3세계 출신 남성 결혼이민자는 생산직 노동자로 일하는 경우가 대부분이다. 선진국 출신이라도 한국 사회에서 정착하여 돈을 벌려면, 한국 사회가 원하는 언어능력, 직업군에서 적합한 능력이 검증되어야 한다.

다문화 자녀의 교육 격차

외국인 엄마가 성장한 본국의 교육환경과 한국의 교육환경은 큰 차이가 있다. 일본인 엄마들은 선진국 출신이기는 하지만 사교육을 선호하는 문화가 아니다. 입시경쟁보다는 자녀의 자유로운 의사선택, 방과후 활동에 더 관심을 갖는다. 일본에서는 엄마가 자녀의 학교활동과 참관수업에 참여하는 경우가 많다. 부모는 자녀들의 학교생활, 학업에 관심을 갖기 마련이다. 한국도 초등학교 과정부터 엄마가 학교의 교내활동에 참여하는 경우가 많고 교육정보도 얻게 되지만, 맞벌이 엄마들은 그렇지 못하다. 당연히 전업주부 엄마들보다 자녀의 학교 수업에 참여하지 못한다.

외국인 엄마는 자녀들이 원하는 만큼 깊고 상세한 교육정보를 주기엔 한계가 있다. 엄마들은 자모회 모임에 가입해서 교육정보도 어깨너머로 듣고 교류를 해야 하는데, 대다수 그렇지 못하다. 다문화가정의 엄마들은 유아기부터 교육정보에서 뒤처질 수밖에 없다. 한국의 젊은 엄마들은 유아를 위한 한글교육, 독서, 놀이교실, 영어공부, 코딩수업 등을 시킨다. 코로나 팬데믹 이전에도 부모의 사회·경제적 배경에 따라 사교육을 받을 수 있는 학생과 그렇지 못한 학생이 갈린다. 교육 격차가 발생하였다. 특히, 코로나19 사태로 학교가 문을 닫는 날이 늘어나면서 가정환경 영향 때문에 부모의 경제수준과 교육지원에 따라 자녀들의 교육격차가 심화되었다.

경기도는 2022년 4월 기준 다문화가정의 취학 아동수가 36,400여 명으로 전국에서 가장 많다. 경기도 안산시 원곡초등학교는 다문화가정 재학생 비율이 97%에 달한다. 교사들은 교과수업보다는 한국어 능력 향상에 중점을 둔다. 각급 학교가 비대면으로 온라인 수업을 하는 과정에서 여러 가지 사회적·교육적 차원의 문제가 발생하고 있다. 온라인 수업이 불가피했지만, 그로 인해 교육격차가 더욱 벌어지고 있다. 다문화가정 학생들의 교육격차 문제는 코로나 팬데믹 기간 동안 더 심화되었다.

다문화 출신 학생의 학업중단율은 점점 높아지고 있다. 학업중단의 증가는 교육격차를 넘어 성인이 된 이후 진로격차로 이어진다.

팬데믹 기간 동안 고소득 가정에서는 사교육에 더 집중할 수 있었다. 중위권이 사라진 쌍봉 낙타처럼 중위권 학생들이 하위권으로 추락하는 현상이 벌어졌다.

코로나 팬데믹의 장기화와 비대면 수업 증가는 필연적으로 학습 격차를 초래하게 한다. 2021년 수능은 문과와 이과 통합형 문제가 출제되었다. 서울 중위권 대학에 진학할 성적의 이과 학생들이 서울 최상위권 문과에 합격하는 문과 점령사태까지 발생했다. 저소득층, 다문화가정의 학습격차 문제는 소득격차, 교육격차와 함께 우리나라의 양극화 현상의 한 원인이다. 소득양극화 현상이 심화되면서 더이상 개천에서 용이 나지 않는다는 말이 나돈다. 코로나 팬데믹으로 인한 학습격차, 교육격차는 빈부격차를 더욱 더 심화시킬 것이다. 1992년 버블이 터지면서 일본사회가 신분상승을 기대할 수 없는 국가가 된 것처럼, 코로나 팬데믹은 개천의 용이 날 수 없는 신분상승이 불가능한 나라로 만들었다. 오죽하면 수저계급론을 기반으로 부모를 바꾼다는 상상을 더한 드라마 〈금수저〉가 방송되었을까?

취약계층 가정에 원격 수업 시청을 지원하거나 태블릿 PC 등 장비를 지원해 디지털 문해력이 낮은 가정의 사각지대를 해소해야 한다. 기초학력 미달 학생 중 상당수가 난독증과 같은 학습 장애, 의사소통 장애를 가진 특수교육 대상이다. 이들을 위한 오프라인 등교, 방문 교육을 지원하고 특수교육 예산을 늘려갈 필요가 있다. 자기주도학습과 과목별 학습방법을 온라인과 오프라인을 활용하여 1:1로 멘토링으로 지원하는 방안도 효과적이다. 시민사회단체, 전문가, 자

원봉사자들이 멘토가 되어 교육복지에 참여하는 사회적 자본으로서
역할을 담당하는 것도 학습격차를 줄일 수 있다.

다문화가정 자녀에게 유리한 다중언어 교육

언어는 개인뿐만 아니라 사회적·국가적 경쟁력을 증강시키는 핵
심 요소이다. 언어, 특히 영어 열풍은 어제오늘의 문제가 아니다. 능
숙한 언어 습득이야말로 글로벌 시대를 개척해나가는 첨단의 무기
가 되는 것이다.

우리 사회는 이제 빠른 속도로 다문화·다인종 국가로 이동하고 있
으며, 2050년에는 그 비율이 전체 인구의 10%를 넘을 것이라는 전망
이 나온다. 이런 관점에서 본다면 지금이야말로 다문화가정의 이중
언어 문제에 본격적 관심을 기울일 시점이다. 다문화가정 결혼이민
자의 경우 문화적 충격과 더불어 가장 먼저 접하는 적응과 관련된
문제가 언어장애이다. 다문화가정의 자녀 역시 학습은 물론 친구 간
의 교류 등 수많은 난관에 부딪치기 마련이다. 특히 다문화가정 결혼
이민자들이 이중언어에 관심을 가져야 하는 가장 큰 이유는 자신의
모국어로 자녀들의 취학이나 취업의 대안을 넓혀줄 수 있다는 '언어
자본으로서의 가능성' 때문이다.

다문화가정 자녀들의 언어능력과 교육 수준은 앞으로 우리 사회와
국가에 커다란 영향을 끼칠 것이다. 어느 사회든 그 사회가 지닌 중요

한 가치체계는 정교한 언어를 교육함으로써 전수되기 마련이고, 학생들은 이러한 언어를 학습하면서 사회의 유능한 일원으로 성장한다. 다문화가정 자녀에게 모국어는 단순히 의사소통의 수단일 뿐 아니라 심리적 안정감을 주고 자아 정체성과 일련의 응집력으로 가족을 연결하는 매우 강력한 가치체계가 된다. 이와 더불어 한국의 언어와 문화만을 강요할 것이 아니라 가정과 학교, 지역사회에서 이주민들의 모국어와 문화를 존중하고 교육해야 한다. 이렇게 될 때 다문화가정 이주민들 스스로도 모국어와 모국의 문화에 자긍심을 갖고, 공동체의 문화를 함께 발전시켜 나아갈 수 있다.

이중언어 능력은 다문화가정 자녀가 지닌 선천적 자산이다. 교육인적자원부는 다문화가정 자녀의 이중언어 능력을 지원하기 위해 '글로벌 브릿지' 사업 등을 펼치고 있다. '다문화언어 강사'를 제외하고, 대부분의 다문화교육정책은 다문화가정과 학생의 약점을 지원하는 형태로 운영하는 추세이다. 2015년 교육부 정책 방향은 다문화 인재 육성에 강조점을 두고 있으나, 다문화가정 학생의 강점과 장점을 강조하는 프로그램을 운영하기보다는 한국화하는 교육에 좀 더 중점을 둔 채 약점을 지원하는 형태의 사업이 이루어지고 있다.

교육부에서도 다문화학생을 위해 여러 프로그램을 도입해 운영한다. 그중 이중언어 말하기 대회가 있다. 대회에서는 지역 교육청에서 선발된 초등부와 중등부 학생들이 한자리에 모여 자신의 언어능력을 과시한다. 지금까지 일본어와 중국어가 주를 이루었으나 10회째에 접어든 지금은 몽골어, 베트남어를 비롯해 스페인어, 러시아어,

아랍어까지 등장했다. 이 대회는 다문화 사회에서 이문화 간 갈등을 해소하고 소통과 이해를 증진시켜 궁극적으로 사회통합에 기여하는 프로그램이기에 권장되어야 마땅하다. 한편 경상북도는 다문화가족 지원기금을 조성해 자녀들에게 베트남 현지 이중언어 캠프를 실시하고 있다. 다문화가족 자녀의 강점인 이중언어 능력을 강화해 미래의 글로벌 인재로 키우기 위한 행사다. 캠프는 베트남에 있는 대학에서 열흘간 열리는데 베트남 출신 다문화가정 초중등 자녀 중 이중언어 대회 수상자, 국내 캠프 성적 우수자 등 20명을 대상으로 이중언어 집중학습, 베트남 문화 이해 및 탐방, 현지 대학생들과의 멘토링 등 다양한 프로그램을 통해 집중훈련을 실시한다.

이중언어 능력은 미래의 자산

이중언어 교육은 세계적 트렌드이다. 최근에는 영어는 기본이고 제2외국어를 포함한 다중언어 교육에 관심이 높다. 연구결과에 따르면 다중언어로 수업을 듣는 어린이는 외국어뿐 아니라 모국어도 더 체계적으로 쉽게 습득하는 것으로 나타났다. 언어 구사력뿐만 아니라 연산력, 기억력에서도 모국어로만 수업을 듣는 어린이보다 뛰어나다는 것이다.

필자가 15년 정도 거주했던 미국의 많은 주에서는 의외로 수업의 상당 부분을 영어가 아닌 다른 언어로 진행하는 학교가 많았다. 다양한 외국어를 유창하게 구사하는 능력이야말로 더 많은 기회를 가져다준다고 믿는 학부모들이 늘어났기 때문이다. 그런데 다중언어를 교육할 때 놓치지 말아야 할 점이 있다. 아무리 말 못하는 유아라도 모국어부터 먼저 교육해야 한다는 것이다. 그 후 아이의 꾸준한 관심과 호기심을 자극하는 정도에서 외국어 공부를 시켜야 한다고 전문가들은 조언한다. 즉 유아기의 언어는 학습능력에 집중할 것이 아니라 아이의 흥미를 유발하는 단계에 머물러야 한다는 것이다.

다중언어 교육을 치열하게 하는 대표적인 나라가 스위스이다. 스위스 청소년들은 4~5개의 외국어를 자유자재로 구사한다. 이를 잘 아는 다국적 기업들은 취리히 근교 대학에서 공학을 전공하고 몇 개의 언어를 구사하는 스위스 청년들을 채용하려는 경향이 강하다. 덕분에 스위스는 유럽에서도 가장 취직이 잘되는 인적자원을 지닌 나라로 평가된다.

이제부터 다중언어 능력을 지닌 한 대학생을 소개하려 한다. 경희대 재학 중인 관선의 모국은 아프리카 콩고다. 그녀는 중학교 과정부터 한국 일반 학교에서 공부했는데 대학 입학을 위해 작성한 자기소개서부터 남달랐다. 관선은 콩고 토착어는 기본이고 프랑스어와 영어, 한국어와 일본어까지 5개 국어를 구사할 수 있다고 자기존재감을 알렸다. 자기소개서를 읽은 대학 관계자들은 국적이나 경제 형편과는 상관없이 언어능력을 보고 관선을 선발했다. 이토록 뛰어난 언어능력 덕분에 원서를 제출한 대학마다 모두 합격한 관선은 장학 혜택이 많은 경희대를 선택했다며 행복해했다.

이처럼 다중언어 구사능력은 글로벌 디지털 노마드 시대의 능력자라는 자격증과도 마찬가지다. 이중언어 능력의 토대를 갖춘 다문

화가정 자녀들이 미래사회의 자산인 이중언어를 자연스레 구사할
수 있도록 부모들의 관심과 정부의 세심한 정책이 필요하다.

디지털 노마드 시대, 자녀 교육하기

　　▶

　『로마인 이야기』의 저자 시오노 나나미는 로마제국이 흥했던 이
유를 그들의 개방성에서 찾았다. 열린 길을 통해 수없이 신선한 바람
을 맞으며 로마를 새롭게 했다는 말이다. 즉 개방과 포용을 통한 공
존이 한 국가의 흥망성쇠를 결정한다고 본 것이다. 그러한 점에서
필자는 대한민국의 다문화사회 진입은 선택이 아니라 역사와 시대
의 필연이라고 말하고 싶다. 어느 시대든 역사적으로 융성하고 강대
했던 나라는 다민족·다문화국가였으며 다른 문화에 개방적이었다.
　우리는 최첨단 정보통신 기술의 발달 덕분에 국제 교류 면에서
치열하게 경쟁하는 글로벌 시대에 살고 있다. 그리고 트위터, 페이스
북, 카카오톡, 라인, 텔레그램 같은 SNS의 확산 덕분에 국경을 넘어
태평양 건너 미국에서, 유럽에서, 일본에서 시시각각 소식을 전하고
교류할 수 있는 글로벌 커뮤니케이션 시대를 살아간다. 1980년대 일
본이 경제대국으로 전 세계를 누빌 때 뉴욕 심장부 요지에 일본 기업
의 광고판이 즐비하던 시절이 있었다. 요새는 바로 그 자리에서 '아
미'라는 글로벌 팬들이 홍보하는 한국의 유명 아이돌 상위 그룹 BTS
의 생일축하 광고, 신규앨범 광고까지 볼 수 있으니 감개무량하다.

미국의 콧대 높은 가전기업 월풀의 냉장고와 세탁기보다 삼성과 LG의 가전제품이 최첨단 이미지를 뽐내며 미국 중산층 가정의 필수품으로 선택되는 현실이니 격세지감을 느낀다. 이제는 실시간으로 미국 뉴스가 한국인의 핸드폰에 전송되고 유튜브를 통해 개인의 취미와 기업 홍보, 아티스트들의 예술, 각종 뉴스와 정치평론까지 손쉽게 공유할 수 있는 글로벌 커뮤니케이션 시대가 왔다.

그렇다면 다문화가정 자녀를 어떻게 글로벌 시대의 인재로 키울 수 있을까? 단순히 부모가 태어난 나라의 언어를 구사하는 것으로 해당 국가를 온전히 이해할 수는 없다. 그 나라의 문화를 수용하고, 나와 생각과 가치관이 다른 그들과 소통, 대화하며 열린 사고를 해야 글로벌 시대에 걸맞은 글로벌 마인드를 갖출 수 있다.

우리의 젊은 세대들이 가야 할 곳은 저 넓은 세계이다. 아직도 도전과 기회가 풍부한 지역이 많다. 그런 점에서 모국어를 자유자재로 구사하는 다문화가정 청소년들은 지역 전문가로 성장해도 좋을 것이다. 유아기와 초등학생 시기에 다문화가정 부모들은 자녀와 함께 세계지도를 펼쳐 다양한 나라들이 어디에 있는지 알아보고, 외국인과 마주치면 헬로, 신차오, 니하오, 곤니치와 같은 간단한 인사말을 나누도록 가르치자. 여러 나라의 맛있는 음식을 함께 만들어보거나 사 먹으면서 열린 사고와 다양성을 기르도록 유도하는 등 글로벌 교육을 할 필요가 있다.

교육부는 다양성 강화 차원에서 빈곤국가를 포함한 다양한 나라의 문화 콘텐츠를 수업에 활용하거나 알뜰시장 놀이 등으로 다른 나라 문화를 체험하는 다문화 수업을 장려한다. 정부와 지자체는 다문화 가정의 자녀가 중고등학생이 되면 월드비전 봉사단원 되기, 유니세프 대원 체험하기 등을 활용해 국제기구, 비정부단체의 활동을 체험하고 글로벌 마인드를 배우도록 장려할 필요가 있다. 눈높이와 관심, 재능에 맞추어 글로벌 활동에 참여하게 함으로써 훨씬 개방적이고 다양한 글로벌 노마드로 키울 수 있을 것이다.

글로벌 인재로의 성장 조건

그렇다면 다문화가정 자녀가 글로벌 시대에 걸맞은 글로벌 인재로 성장하기 위한 선행조건은 무엇일까? 첫째, 언어 구사능력이 원어민과 유사할 정도로 상당한 수준에 도달해야 한다. 글로벌 인재의 필수조건은 영어를 비롯해서 진출하려고 하는 국가의 현지 언어를 상당한 수준으로 구사하는 능력이다. 기업이 해외로 진출하면서 중국어, 스페인어, 러시아어 등 제2 외국어까지 구사할 수 있다면, 이는 금상첨화이다.

둘째, 글로벌 관점에서 사고할 수 있는 지적 수준을 갖추어야 한다. 역사와 세계사 지식, 지구촌의 현안 이슈, 관심을 갖고 있는 해당 국가에 대한 지식을 갖추는 것은 물론, 지속적 관심을 갖고 스스로 여러 자료를 찾아보고, 신문이나 잡지 등을 통해 현지 정보를 습득하는 것이 중요하다. 요즘은 페이스북, 트위터 등으로 외국인들과도 소통하며 친구가 된다. 언어를 자유자재로 구사할 수 있다면 의사소통 능력, 사고방식, 문화까지 배울 수 있으니 더할 나위 없이 유리할 것이다.

셋째, 자녀를 다문화에 대한 편견이나 선입견이 없는 열린 마음을 가진 인재로 키워야 한다. 피부색, 성별, 출신 국가 등 자칫 편견을 가져올 수 있는 요인들에 대해 열린 마음과 태도를 가진 인재가 글로벌 인재이다. 실례로 한국의 유명 아이돌 그룹 BTS의 글로벌한 팬모임 '아미'들은 세계 곳곳에서 자발적 팬덤문화를 만들어왔다. BTS의 미국과 영국 진출, 해외 가수로서 최초의 사우디아라비아 공연은 언어와 문화, 종교를 초월한 글로벌 팬들의 열정과 후원 덕분에 가능했다.

그렇다면 국가는 어떤 노력을 기울여야 하는가? 글로벌 코리아의 새로운 위상 정립을 위한 국가브랜드위원회가 출범한 지 오래이다. 지식정보 산업사회에서 국가 브랜드는 국가에 대한 호감도와 신뢰도 등을 총칭하는 개념으로 개별 국가의 품격, 이미지 등과 밀접한 관련이 있다. 우리 모두 국가 브랜드의 가치를 더 높이기 위해 노력해야 한다. 우리 사회의 경제적·사회적 개방은 가속화되고 있으나 시민의식은 글로벌 수준에 미치지 못한다. 글로벌 사회에 걸맞은 시민의식이 부족하다는 뜻이다. 배타적 단일민족주의에서 탈피해 다문화를 포용하는 능력과 아량을 더 길러야 할 것이다.

지금 세상은 물질의 시대에서 정신의 시대로, 경쟁의 시대에서 공존과 화합의 시대로 넘어가는 거대한 전환의 시점에 와 있다. 이러한 변화에 맞추어 제대로 적응해나가는 사람이 인류의 미래를 이끌어가는 참다운 글로벌 인재가 될 것이다. 20세기 후반, 우리의 선배들은 유창하지 못한 영어지만 배짱으로 무장한 채 세계를 누비고 다녔다. 글로벌 시대를 살아가는 우리 자녀들은 탄탄한 외국어 실력과 전문적 식견을 가지고 세계에 파고들어야 한다. 지구 전체가 운동장이자 놀이터라고 여기고 더 좋은 기회를 찾아 세계로 진출해야 한다. 그래서 동남아에서 한글을 가르치고, 아프리카 오지에서 인술을 펼치며, 남미에서 정의롭게 사업을 하는 젊은이들이 더 많아져야 한다. 고 김우중 대우그룹 회장의 말처럼 세계는 넓고, 할일은 많다.

이주 배경 청소년에게 대한민국은 어떤 나라인가

2020년 청소년 인구(9~24세)는 총인구의 16.5%에 해당하는 854만여 명이다. 2021년 전체 학생 수 5,332,044명 중에서 다문화 학생 수는 160,058명으로 3% 정도이다. 전년 대비 12,678명(8.6%) 증가했다. 결혼이주 배경(다문화) 청소년이란 '다문화가족지원법'에 따라 대한민국 국적자와 외국 국적자 간의 국제결혼으로 이루어진 가족에서 출생한 자녀를 의미한다. 국내 사업장에서 임금을 목적으로 근로를 제공하거나 제공하려는 사람의 자녀도 다문화 청소년에 속한다.

다문화 학생 부모의 국적은 베트남이 32.2%(51,532명)로 가장 많다. 그 다음이 중국(한국계 제외) 23.6%(37,805명), 필리핀 10.0% (15,935명), 중국(한국계) 8.2%(13,175명), 일본 5.2%(8,286명) 순이다. 국제결혼가정(국내 출생)의 다문화 학생은 전체 다문화 학생의 76.3%이다. 유형별 다문화 학생 수는 국제결혼가정(국내 출생)이 76.3%(122,093명)로 가장 많다. 외국인가정 17.8%(28,536명), 국제결혼가정(중도입국) 5.9%

(9,427명) 순이다.

다문화 출신의 상급학교 취학률은 점점 떨어지고 있다. 중·고교생은 3%p 정도 차이가 나고, 대학교 이상은 15%p 이상 차이가 난다. 반면 다문화 학생의 중학교 학업중단율(1.15%)은 전체 학생(0.63%) 대비 두 배가량 높다. 학교생활에서는 차별·학교폭력 경험이 감소하는 등 적응 정도가 개선되는 추세지만, 격차는 지속되고 있다. 다문화 학생의 경우, 고민이 생기면 친구·동료와의 교류보다는, 상대적으로 부모에 대한 의존도가 높다.

중도 입국 청소년은 만 18세 이상 비율(69%)이 높은 편이다. 중국 출신 재혼가정에서 중도 입국이 높기 때문이다. 중도 입국 청소년의 경우 입국해서 처음부터 다시 배워야 하는 과정에 있다. 한국어 부족, 기초학력 부족, 학습 결손 등으로 학업능력이 떨어지거나 학교 부적응 현상을 겪는다. 중도 입국 청소년을 대상으로 하는 진로교육, 직업교육 프로그램이 있지만, 한국에서 정착해 생활하려면 한국어와 한국 사회 전반에 대한 이해가 필요하다. 한국에서의 진학 및 학력 인정, 진로 및 취업 문제에 어려움을 느끼고 있다.

중도입국 자녀에 대한 맞춤형 지원을 섬세하게 다듬고 보완해야 한다. 교육부는 과거 한국어 능력을 향상시켜 학교 생활에 적응을 빨리하도록 지원(예비학교 확대, 기초학력 향상 지원 등)하는 데 집중했다. 제3차 기본계획에서는 청소년 성장지원 사업(자녀성장지원 프로그램, 이중언어 인재 양성 사업, 글로벌 브릿지 사업 등)을 추진하기로 했다. 성장배경이 특수한 중도 입국 자녀의 지원을 강화하기 위해 레인보우스쿨 확대 및 운영 방식 다양화, 취업사관학교 운영·취업 훈련과정을 확대하는 프로그램을 시행하고 있다. 레인보우스쿨이란 입국 초기 중도입국 청소년에게 한국 사회 기본 정보, 한국어 교육, 사회적 관계 향상 및 심리정서지원 프로그램, 정규교육과정 편입학 등을 지원한다. 전국 15개 광역시도에 총 23개 학교를 운영하고 있다.

중도 입국 청소년의 공교육 진입을 담당하는 전담 인력을 대폭 확대할 필요가 있다. 서울시교육청 다문화교육지원센터의 경우 장학사 1명과 다문화 코디네이터 3명이 운영 중이다. 서울시 다문화청소년을 위한 정책교육, 정보제공, 홍보, 기타 다문화가정상담 및 (주로 중도입국) 청소년교육을 수행하기에는 벅찬 현실이다.

교육부, 법무부, 여성가족부는 중도입국·외국인가정 자녀의 입국 초기 학교생활 및 사회적응 지원을 위해 다문화 예비학교 및 한국어 교육과정을 내실화하는 방안을 내놓았다. 중도 입국 자녀의 외국인 부 또는 모에 대한 체류기간 연장 등 각종 허가 시 자녀의 취학 여부를 확인하도록 제도 개선도 시행해야 한다. 부모의 재혼으로 중도 입국한 다문화 학생의 학교 부적응은 세심한 배려가 필요하다. 돌봄과 학습결손을 막기 위한 교육복지 지원이 강화되어야 한다.

차별 받는 이주 노동자

고용 알선책, 대한민국 정부

이주노동자 제도는 대한민국 정부가 기획 집행하고 있다. 전체를 책임지는 위치는 대한민국 정부라고 할 수 있다. 현 이주노동자는 85만 명이 일하고 있고, 불법으로 체류하는 기한 만료 노동자는 40만 명가량이다. 정부의 이주노동자 정책은 불법체류자를 양산하는 제도이기 때문에 개선이 반드시 필요하다.

2020년 12월, 캄보디아 출신 노동자 속헹 씨(31)는 숙소인 비닐하우스에서 추위에 떨다 숨진 채 발견됐다. 지난 2018년 이주노동자의 열악한 비닐하우스 주거문제를 다룬 다큐멘터리 〈비닐하우스는 집이 아니다〉가 서울인권영화제에 상영되어 현실을 알리기도 했다.

속헹 씨의 사망 사흘 뒤 정부는 농어업에 종사하는 외국인 근로자를 고용하는 경우 기숙사 시설을 강화하도록 했다. 비닐하우스를 이주노동자 숙소로 허가한 것은 정부 당국이었다. 속헹 씨의 죽음은 우리 사회에 아주 기본적인 인권의식의 부족함을 드러낸다. 그는 죽어서야 겨우 산재로 인정받았다. 그의 죽음은 저개발국가에서 돈을 벌기 위해 우리나라 농촌에 온 외국인 노동자들은 컨테이너나 비닐하우스에서 살아도 된다는 고용주의 안이한 태도에서 비롯된다. 이주노동자에게 따뜻하고 편안한 숙소를 제공하는 것은 주거권 보호와 관련된다.

1993년부터 외국인 산업연수생 제도가 시작됐다. 내국인이 기피하는 3D업종을 대상으로 이주노동자를 채용해 일을 시킬 수 있다. 농촌 인력은 농번기라는 바쁜 시기가 특정돼 있어, 단기 5개월 한정으로 일하는 프로그램도 만들었다. 외국인 산업연수생 제도는 국가만이 기획하고 책임지는 사업이다. 취업 브로커의 개입을 일절 금지한다. 만일 금전이 브로커에게 전달된 기록이 드러날 경우 해당 지자체에서는 다음 해부터 외국인 근로자를 채용할 수 없다. 일종의 페널티이다. 지방공무원들은 업무 추진에 어려움을 겪고 있다. 7급, 8급 공무원이 현지 사정도 모르는 상황에서 지자체와 직접 계약을 맺는 것은 현실적으로 불가능하다.

이주노동자의 작업장 이탈도 문제이다. 2020년 나주 미나리단지에서는 이주노동자 3분의 2가 이탈했다. 장기체류자 6명을 고용했지만 4명이 이탈한 것이다. 이주노동자가 이탈할 경우 관리 점수가 낮아지기 때문에 다음 해에는 이주노동자를 받기 어려워진다. 브로커의 개입을 금지하지만 현실에서는 브로커가 이주노동자 제도를 좌지우지하고 있다. 이주노동자가 5개월 단기로 입국하면서 브로커에게 1,000만 원 이상의 소개비를 지급하면 이주노동자에게 남는 것은 없다. 그래서 불법이더라도 오래 일할 수 있는 직장을 찾기 위해 작업장을 이탈하는 것이다.

미등록 이주노동자 40만 명의 불법 인력시장은 하나의 생태계로 자리 잡았다. 정부가 묵인하고 방조하는 사이에 불법이 판을 치고 있다. 불법 이주노동자는 SNS를 통해 얼마든지 구인구직이 가능한 상황이기에 불법 체류로 기한을 연장하여 경제활동을 하고 있는 것이다.

대한민국 이주노동자 제도는 원점으로 돌아가 다시 설계돼야 한다. 지금의 제도는 이주노동자, 농어업 사업주를 부지불식간에 범법자로 만든다. 법과 규정을 지키는 것이 사업주와 이주노동자, 모두에게 이익이라는 믿음을 갖도록 해야 한다. 김이찬 이주노동자 쉼터 '지구인의 정류장' 대표는 "모든 이주노동자 업무는 대한민국 정부가 맡고 있다. 정부가 독점적인 고용알선책이다"라고 지적하며 이주노동자에게 좀 더 전향적으로 다가갈 것을 주문했다.

이주노동자의 장기체류를 막는 고용허가제

▸

고용허가제(EPS)는 우리나라의 합법적인 노동비자 제도이다. 최초 3년이며 3회의 사업장 이동 기회가 있고, 1년 10개월씩 두 번의 연장 기회가 있다. 그러나 사업장 이동이나 연장 시 사업주의 동의를 얻지 못한 채 사업장을 변경하거나 제한 횟수를 넘기면 미등록 신분이 된다. 그래서 외국인 노동자들은 '사람이 불법이 아니라 제도가 불법을 만든다'며 고용허가제를 노예제도라고 비판한다.

우다 야라이 이주노동자조합 위원장은 "냉난방 설비가 없는 숙소도 사용되고 있습니다. 지금의 고용허가제는 노동자가 다른 직장에 가고 싶어도 갈 수 없습니다. 근로 기간을 연장하기 위해서는 사장님의 부당한 지시라도 따라야 하는 상황입니다. 모든 것을 고용주가 결정하기 때문입니다. 규정은 사업주가 사업장 변경 신청을 이행하지 않을 경우 노동자가 변경 신청할 수 있게 돼 있지만 사업주로부터 불이익을 당할 수 있어 신청할 수 없는 상황입니다"라고 고용허가제의 문제점을 지적했다.

2021년 8월, 광주전남이주노동자네트워크는 사업주 동의 없이 다른 사업장으로 이동할 수 없는 고용허가제의 개선을 요구하는 기자회견을 열었다. 그날 이주노동자 친셈 씨는 사업주에게 날씨가 덥다고 하면 옷을 벗으라고 하는 등 사업주가 이주노동자의 생활에 관심을 갖지 않았다고 했다. 김호철 익산노동자의집 사무국장은 이주노동자, 특히 섬에서 배를 탔던 노동자의 생활을 지적했다. "새벽 5시부터 오후 5시까지 일을 합니다. 생활은 가건물에서 공동생활을 하지만 정화조 설치가 어려워 화장실을 7명이 함께 쓰고 있습니다"라고 열악한 생활환경을 고발했다.

김이찬 '지구인의 정류장' 대표는 이주노동자의 주된 상담은 급여와 관련이 많다고 했다. 그는 "이주노동자가 가장 힘들어하는 것은 월급 체불입니다. 사업주 중에는 여권, 통장 등을 다 가지고 있는 사람이 있습니다. 1년에 한두 번 본국에 대신 송금해 주는 것이 다입니다. 이게 조선시대로 보면 머슴하고 다를 게 뭐 있습니까?"라고 했다.

한 캄보디아 노동자는 급여 3천만 원을 받지 못했다고 했다. 소속 농장주는 채솟값이 오르면 주겠다, 농지를 팔아 주겠다고 미루기만 했다. 보다 못해 신고했지만 농장주는 법원으로부터 벌금 600만 원만 선고됐다. 본국으로 돌아간 이주노동자는 아직까지도 체불임금을 받지 못했다. 고용노동부에 물어도 농장주가 책임질 사항으로 정부가 할 수 있는 일은 없다고 했다고 한다.

사업주가 비닐하우스에서 생활하도록 하거나 월급을 체불해도 이주노동자로서는 고용허가제라는 단단한 족쇄에 묶여 소심한 항의 한 번 할 수 없다. 애초부터 사업장을 고를 자유는 이주노동자에게는 없기 때문이다. 불법 체류를 선택하고 다른 사업장으로 이동하는 것이 현재로서는 유일한 방법이다. 몰지각한 사업주는 고용허가제 제도를 악용해 이주노동자를 현대판 노예처럼 부린다. 사업주의 권한이 막강하기 때문이다. 언제까지 이주노동자 제도를 사업주의 양심에 맡기려고 하는지 답답하기만 하다.

2021년 12월, 헌법재판소는 이주노동자가 일터를 바꾸려면 원칙적으로 사업주 동의를 받도록 한 고용허가제에 대해 7대 2 의견으로 합헌 결정을 내렸다. 헌재의 결정은 사업주가 이주노동자의 노동력을 안정적으로 확보하고, 이들을 효율적으로 관리하려면 이주노동자의 일터 제한이 필요하다는 의미이다.

농촌사회학자 정은정은 "현실적으로 농사를 지을 수 있는 한국인이 없다는 것이 문제이다. 정부가 더 이상 핑계를 대면 안 되고 적극적으로 나서야 된다. 이주노동자에 대한 처우 개선이 혁신적으로 이루어지지 않으면 조금 더 돈을 더 주는 나라, 조금 더 인권 보장이 되는 나라로 떠나게 된다. 이미 전 세계적으로 이주노동자에 대해 경쟁이 심화돼 있다"라고 지적했다.

아파도 병원에 갈 수 없는 미등록 외국인

이민자들이 한국 사회에서 부딪치는 현실적 어려움 중 하나는 의료서비스이다. 정부가 제공하는 미등록 이주민에 대한 공적 제도는 비교적 다양하다. '응급의료 서비스 지원제도', '외국인근로자 등 소외계층 의료서비스 지원사업', '어린이 국가예방접종 지원사업' 등이 있다. 정부는 국내에 체류하는 단기 외국인 근로자와 각종 의료보장제도(건강보험 등)에 의해서 의료혜택을 받을 수 없는 외국인에 대해서도 인도적 차원의 의료서비스를 제공하고 있다.

이주민을 대상으로 한 사회적 서비스의 주요 대상은 상당 부분 결혼이민자와 그 가족, 이주 배경 청소년 등 일부에 한정되어 있다. 2019년 기준 전체 외국인 중 외국인 근로자 비중이 가장 높게 나타나고 있음에도 불구하고 사회보장 범위에서는 사실상 소외되어 있다. 이주노동자는 장기적·영구적 이민이 아닌 일시적·단기적 체류자라는 이유 때문이다.

우리 사회에는 아파도 병원에 갈 수 없는 사람들이 있다. 외국에서 온 이주민 중 우리가 흔히 '불법체류자'라고 부르는 '유령 같은 사람들'이다. 사실상 사각지대에 방치되어 있다. 미등록 이주민들은 취업을 위해서 왔다 체류기간이 끝난 외국인 노동자들이다. 이들은 한국 사회에서 위험하고 더러운 일을 도맡아 하면서도 건강보험 적용을 받지 못해 아파도 제때 병원치료를 받지 못한다.

얼마 전 이주민건강권실현동행(동행)은 대구경북 미등록 이주민의 건강 실태에 관해 의미 있는 조사를 했다. 미등록 이주민들이 겪는 가장 큰 어려움은 아파도 병원에 가지 못하는 경우(43%)가 가장 많았다. 그들이 병원을 못 간 이유는 '병원비가 비싸서'가 압도적이다. 의료정보 부족으로 애로를 겪거나, 미등록 이주노동자들은 영어를 잘못하기 때문에 병의원에서 자신의 건강상태를 의사에게 설명하기 어렵고 소통하기 어려운 경우가 많았다. 특히 '일하다 다친 경험이 있다'는 미등록 이주 노동자들이 47%나 되었다. 심지어 '법으로 보장되어 있는 산재처리조차 하지 못하였다'는 노동자들이 85%였다. 이들은 일하다 다쳤음에도, 불법체류 때문에 산재 처리 혜택도 받지 못한다. '2년 내 건강검진을 받지 못했다'는 미등록 이주민도 52.6%에 달할 정도로 열악하다.

'동행'이 준비하고 있는 의료공제회는 미등록 이주민들이 월 1만 원의 공제회비를 내면 안심병원으로 MOU를 체결한 대구경북 지역 병의원들을 이용하도록 돕는 프로그램이다. 적정 의료 수가로 치료를 받고 10만 원 이상 병원비에 대해서는 의료공제회에서 일부 공제하는 방안을 준비하고 있다. 특히 중증 질환에 대해서는 값비싼 의료비를 실비 지원하는 방안도 모색하고 있다.

미등록 이주민이 생명 위급 시 또는 중증질환일 경우, 제대로 된 상급병원 치료가 가능하도록 정책적인 고려가 있어야 한다. 이주민 건강권 실현단체 '동행'은 미등록 이주민에게 상급 종합병원이 국제 수가(건강보험 수가의 3~5배)를 적용하지 못하도록 촉구하고 있다. 일본의 다문화 공생 정책처럼, 이주민과 내국인이 상호협력하며 살아가는 의료서비스 체계를 확립해야 한다. 미등록 외국인 노동자도 우리 사회의 일원이다. 그들에게도 적절한 수준의 사회서비스가 제공되어야 한다.

우리 마을의 새로운 이웃

▸

출장길에 택시를 타고 시골길을 달리는 동안, 창밖에는 우사와 돈사가 촘촘하게 들어서 있는 모습이 한눈에 들어왔다. 운전기사는 "요새 농촌에서 일하는 사람들은 모조리 외국인 노동자"라고 말해주었다. 외국인 노동자가 없으면, 농촌에서 일할 사람을 구하기 어렵다고 했다. "젊은이들이 농삿일, 축사일을 할라고 하나? 그러니 외국인 노동자를 수입 해야제"라고 했다. "외국인 청년들이 읍에 있는 마트를 먹여 살린당께." 택시기사는 "토요일, 일요일이면 농촌마을에서 시내로 쇼핑하러 가는 외국인 노동자들을 실어 나르느라 바쁘다"고 했다. 인구 68만 명이 넘는 충남 제1의 도시, 천안시 터미널 주변 복합쇼핑타운에는 주말마다 공장과 농장에서 일하는 아시아계 노동자, 중앙아시아계 멋쟁이 청년, 아랍권 여학생들이 쏟아져 나온다. 한국의 20대 청년 못지않게 멋도 부리고 대형마트에서 장을 본 뒤 택시를 타고 숙소로 돌아간다. 늦은 저녁 숙소로 돌아가는 그들의 손에는 어김없이 큰 꾸러미들이 들려있다. 변두리 지역 숙소까지 외국인 노동자들을 실어 나르는 택시기사들은 제법 수익이 짭짤하다. 지방 소도시로 가는 고속버스터미널에는 대형 트렁크를 들고 어디론가 떠나는 이주노동자를 심심찮게 볼 수 있다.

우리나라의 농어촌 지역 인구는 점점 줄고 있다. 농어촌을 지키는 사람들도 60대 이상의 고령자들이다. 요새 농촌에선 하루 일당 10만 원 이상을 주고도 일손 구하기 어렵다. 한국인의 밥상에 오르는 먹거리는 대부분 이주노동자의 손을 거친다. 우춘희 활동가는 농촌지역의 이주노동자들과 1,500일 동안 함께 일하면서 경험한 현장 이야기 『깻잎 투쟁기』를 펴냈다. 깻잎밭에서 일하고 연구하면서 4년 동안 관찰하고 경험했던 이야기이다. 이주민 노동자에 대한 열악한 처우를 알게 해주는 객관적인 관찰 기록이라는 점에 개인적으로 찬사를 하고 싶다.

우리나라의 농어업 분야 노동자 10명 중 4명은 이주노동자들이다. 채소나 과일 재배 농가에서는 이주노동자의 비중이 아주 크다. 농업은 자연재해를 만나면 수익률이 제로가 되는 산업이다. 본전도 건지지 못할 때가 있다. 깻잎은 여름, 겨울 번갈아 계속 재배할 수 있는 전천후 작물이다. 고용허가제에 따라 고용주는 이주노동자를 1년 내내 고용해야 한다. 농업은 농한기와 계절과 날씨 영향을 받기 때문에 고용을 지속하기 힘들다. 베테랑 농사꾼들도 이주노동자를 받아야겠다 싶으면 깻잎으로 작물을 바꾼다. 단위면적당 소득은 크지 않지만, 나쁘지도 않다. 그래서 깻잎은 고용허가제와 이주노동자의 관계를 상징적으로 보여주는 작물이 됐다.

깻잎노동자의 하루 일과는 속된 말로 '무지하게 빡세다.' 아침 6시 30분부터 오후 5시 30분까지 1인당 하루 15상자, 깻잎 15,000장을 따야 한다. '도도독' 깻잎 따는 소리는 이주노동자들에겐 돈이 들어오는 소리란다. 깻잎은 따는 속도가 생명이기 때문에 화장실 다녀올 틈도 없다고 한다. 점심은 30~40분에 뚝딱이다. 밥이 들어가는지 어쩐지 생각할 여유도 없이 초스피드로 식사를 마치고 화장실에 다녀와서 커피 한잔을 마시고 나면 깻잎따기 전쟁터로 들어가야 한다. 전라도 표현으로 이주노동자들 사이에 깻잎밭 노동은 "겁나게 징하게 고된 일"이다.

농장에서 깻잎을 따고 오후 6시가 넘으면 택시들이 농가에서 이주노동자들을 시내로 실어 나르는 진풍경이 펼쳐진다. 외국인 노동자들은 동남아시아의 식자재를 판매하는 아시아마트, 동남아시아 음식을 파는 식당에 가서 식사를 한다. 외국인 이주노동자들에게 사랑방 역할을 하는 곳은 결혼이주여성과 그 남편이 운영하는 베트남, 인도와 같은 아시안 식당이다. 젊은 외국인 노동자들이 늙어가는 우리 농촌지역의 구성원이 되어 소비자이자 근로자로서 농촌 경제에 활기를 불어넣고 있다. 대한민국 농촌사회는 외국인과 고령자들이 함께 살아가는 공동체사회로 변모하고 있다.

4_

탈북민의 한국 사회 정착기

자유와 기회를 찾아 온 사람들

북한은 하루가 멀다 하고 동해안으로 ICBM(대륙간 탄도 미사일)을 쏘아댄다. 미사일 방향이 동해안인 것을 보면 일본이나 미국을 겨냥하는 듯하다. 북한은 국제 교류가 작고 경제가 좋지 않은 국가인데 도대체 무슨 자금으로 미사일을 쏘는지 알다가도 모를 일이다. 그럴 돈이면 북한의 경제를 성장시키고 주민들을 먹이는 일에 쓰면 좋으련만 그들은 자신들의 안위를 지키는 유일한 방법을 핵무기와 미사일로 여기고 있다.

2003년 대구 하계유니버시아드 북한 응원단은 현수막에 걸린 김정일 국방위원장 사진이 비에 젖어 훼손되고 있다고 항의했다. 응원단원은 "장군님 상이 찌그러져 있으니까 우리가 가만히 있을 수가 있습니까?"라고 시정을 요구했다. 1998년 함경남도 무재봉에서는 김일성 일가의 찬양이 새겨진 구호나무(김일성 부자의 찬양 구호가 새겨진 나무)가 불에 탈 위험에 처하자 자신의 몸으로 그 나무를 감싸 안고 죽은 군인이 17명이었다. 또한, 2011년 한겨울 김정일의 장례식에서 평양 시민들은 "지도자 동지의 가는 길이 외롭고 춥다"며 수천 명이 자신의 코트를 벗어 바닥을 녹였다. 북한에서는 집에 불이 나도 김일성의 사진을 가장 먼저 챙겨야 한다. 김일성 사진이 불에 타는 것은 용납이 안 된다.

1990년대 중반 북한은 '고난의 행군'이라는 최악의 식량난을 겪었다. 무려 3백여만 명이 아사했다고 하니 아비규환이 따로 없다. 그들은 주민들을 굶주리게 하면서도 핵 무장은 멈추지 않았다. 고난의 행군을 겪으면서 북한 주민들은 먹거리를 찾아 중국으로 많이 건너갔다. 중국에서 생활하면서 보니 대한민국 경제가 일취월장하고 있다는 것을 알게 됐다. 그렇게 중국에 머물던 이들이 주로 남한행을 택했다. 대한민국 정부에서 지급하는 탈북 지원금을 브로커에게 미리 저당 잡히고 안내를 받아 대한민국으로 향한다.

현실적으로 북한 이탈주민은 대한민국 안보 면에서도 큰 도움을 주고 있다. 그런데 탈북민의 생활은 소수 몇몇을 제외하고는 기초수급 이상의 생활을 기대하기 어렵다. 그들이 게을러서가 아니다. 남북은 경제체제가 정반대이다. 배급을 받고, 직업도 당에서 정해주는 대로 하는 생활에 익숙해져 있다가, 자본주의 생활에 적응하는 것은 완전히 새로 태어날 것을 요구한다고 할 수 있다. 물건을 사는 일도, 돈을 벌어본 일이 없는 생활을 하다가 자본주의의 각박한 현실에 적응해야 한다. 북한식 사회주의 경제체제에서도 날고 긴다고 할 정도로 생활력이 강했던 북한이탈주민들도 남한사회에서 정착해서 중산층으로 살아가는 것은 쉽지 않은 도전이다. 북한 이탈주민들에게 빈부의 격차는 견디기 힘든 또 하나의 과제이다. 북한이탈주민의 생활은 정부의 다각적인 지원이 없다면 사회 문제로 남게 될 우려가 크다. 경제교육, 언어교육 등을 강화하여 탈북민이 우리 사회의 동료가 될 수 있도록 해야 한다.

탈북민, 한국 사람으로 살아가기

얼마 전 1990년대 러시아에서 한국으로 입국했던 탈북이주민을 만난 적이 있었다. 그는 북한에서도 신출귀몰한 장사수법으로 잘살던 사람이었다. 그가 북한에서 살면서 경험했던 북한사회의 모순, 현실, 출신 성분에 따른 삶의 격차는 탈북의 동기가 됐다.

1990년대 중반부터 한국에 입국한 탈북이주민들의 탈북 동기는 잘살고 싶다는 욕망이 가장 컸다. 그는 그런 일반적 탈북이주민이 아니었다. 타고난 장사꾼이었던 그는 탈북이주민 정책이 체계화되지 않아서 지난한 삶의 방황, 부적응을 겪어내야 했다. 그는 제2의 인생을 준비하며 새로운 도약을 꿈꾼다. 그가 한국에서 경험했던 삶의 이야기를 당장 풀어낼 수는 없지만, 문제점을 고민하기에 충분했다. 탁상공론식 행정은 이제 그만둬야 한다. 탈북이주민들이 한국 사회의 구성원으로서 행복을 느끼고 노력하면 무엇이든 이루어질 수 있다는 삶의 질을 느끼고 살 수 있도록 현실적인 정착지원이 필요하다.

2017년 통일부 자료에 따르면 탈북자 533명 가운데 의료, 교육, 법률, 군사, 정보통신 등 전문 분야에 취업한 사람은 10%에 불과하고 나머지는 대부분 막노동이나 식당일을 전전하고 있다. 이는 북한에서 '엘리트' 집단에 속했던 이탈주민의 상당수가 남한에서는 하위층으로 전락하고 있음을 의미한다. 상당수 탈북민들이 북한에서 하던 일과 전혀 다른 업종에 종사하고 있다. 여성들의 경우 대부분이 마트나 요양시설 등 급여가 낮은 업종에서 일하고 있다. 남성들 역시 단순 일용직에 종사하는 경우가 많다. 구조적인 취약성은 탈북민을 소득 낮고 경제적 지위 향상도 어려운 데로 내몰고 있다.

남한에 정착한 탈북이주민들이 빈곤의 늪에 빠지는 또 다른 이유는 탈북 과정에서 지불하는 '브로커 비용' 때문이다. 현실적으로 북한 주민들이 브로커의 도움 없이 혼자 힘으로 탈북하는 것은 힘들다. 이 때문에 대부분의 탈북민들은 브로커의 도움을 받고 그 대가로 거액의 비용을 지불한다. 문제는 탈북민들이 한국 사회에 입국한 후 정부로부터 받는 정착지원금이 대부분 브로커 비용으로 빠져나간다는 데 있다.

일부 탈북이주민들은 생활고와 법제도에 관한 이해 부족 등의 이유로 범죄 유혹에 빠진다. 2009년 48명이던 탈북 수감자 수는 2011년 51명, 2012년 68명, 2013년 86명으로 늘어났다. 2014년의 경우 상반기에만 97명이나 수감됐다. 탈북 유형도 시대에 따라 변화하고 있다. 2022년 상반기 통일부 자료에 따르면 2021년 한국에 입국한 탈북민은 63명에 그쳤다. 북한이 코로나19 방역 조치로 국경을 닫아

건 것이 결정적인 이유로 파악되고 있다. 탈북민 숫자뿐만 아니라 탈북의 동기에도 변화가 나타나고 있다. 2016년 탈북한 장모 씨는 먹고 사는 문제를 떠나 출신 성분의 한계와 자녀 교육 문제를 탈북의 주된 계기로 밝혔다. 그는 자녀들에게 제대로 된 교육과 더 나은 생활환경을 만들어 주고 싶었다고 했다.

2022년 1월, 충격적인 사건이 언론을 통해 알려졌다. 30대 남성 탈북민이 동부전선 최전방 철책을 넘어 북한으로 되돌아갔다. 철책 경계의 허점도 문제이지만, 남한 정착이 얼마나 어려운지를 알려주는 사건이었다. 탈북민이 대한민국 국민으로서 잘 정착하고 있는지, 정부는 그들의 자유와 행복을 위해 관심을 가져야 한다.

통일부 통계에 따르면 2012년 이후 탈북민 중 북한으로 돌아간 사람이 30명이라고 한다. 북한 매체 보도 등을 근거로 확인한 것이어서 실제로는 더 많을 것이다. 재입북 탈북민 중에는 북한의 공작에 의해 대남 비방 공세에 이용당한 경우도 있었고, 처음부터 대남 공작을 목적으로 한 위장 탈북민도 있었을 것이다. 대부분 남한 사회에서 적응하지 못하고 생활에 어려움을 겪다 다시 돌아간 사례들이다.

탈북민들은 하나원 교육과정을 마치고 나오면서 소정의 지원금을 받는 것 이외에는 취업과 주거 등 한국 땅에서의 생계를 자력으로 해결해야 한다. 경쟁 사회에 익숙하지 않은 탈북민들이 우리 사회의 가장 취약한 계층으로 굳어지고 있다. 정부 지원은 제자리걸음이다. 남북대화를 우선하는 정부일수록 탈북민 지원을 도외시하는 현상이 두드러진다. 2019년, 숨진 지 두 달 만에 발견된 탈북 모자 고독사

사건도 남한 사회를 충격으로 몰아넣었다. 우리 사회 전반의 냉대와 차별적 시선이 탈북민의 재입북을 부추기고 있다. 목숨을 걸고 사선을 넘어 남한에 온 사람들이 다시 그 길을 밟아 북한행을 선택하는 현실에 더 이상 눈을 감아선 안 된다. 우리 사회가 자본주의 체제의 무한경쟁 시스템에 익숙하지 않은 북한 이탈주민에게 새로운 삶의 기회를 주어야 한다는 점은 두말할 필요가 없을 것이다.

탈북이주민은 통일의 마중물이다

자유를 찾아 남한으로 내려 온 북한이탈주민은 3만3천여 명 정도 된다. 고령, 질병 등으로 사망한 사람을 빼면 현재는 2만7천여 명이 우리와 함께 생활하고 있다. 1990년대 중반 북한은 '고난의 행군'이라는 최악의 식량난을 겪게 됐다. 그 시절 목숨을 걸고 남한으로 건너 온 북한 주민들이 많았다. 주로 국경지대에 사는 사람들이 많았고, 대부분 여성이었다.

채널A 방송 〈이제 만나러 갑니다(이만갑)〉 프로그램은 북한에 대한 실정과 위태로운 탈북 과정 등을 소개해 주며 시청자들에게 북한과 통일에 대한 의식을 새롭게 해준다. 세련된 외모, 과감한 드레스 코드, 거침없는 말솜씨의 탈북 미녀들은 톡톡 튀는 생각과 좌충우돌 한국생활 적응기를 풀어내며 시청자들을 사로잡는 장수 프로그램이다. 신세대 탈북민들은 아무리 폐쇄된 독재체제라고 해도 남한의 밀레니얼

Z세대와 비슷한 생각과 도전을 하는 경우가 많았다. '이만갑'은 북한에 대한 편견, 선입견, 차가운 느낌을 친근하게 바꾸어 주었다.

탈북 미녀 중 센터에서 진행하는 신은하 씨는 프로그램 초기부터 참여하여 성공한 방송인으로 자리매김했다. 두만강 건너 중국 연변 자치주에서도 동네가 훤히 바라보이는 함경북도 무산이 고향인 그는 초등학교 때 부모님, 언니와 함께 네 식구가 남한으로 왔다. 부모님은 탈북을 결심하고 먼저 자매가 두만강을 건너게 했다. 장마철이라 물이 불어 있어서 지형을 잘 아는 남성 두 명이 돕기로 했다. 장마가 오래돼 바닥이 깊고 미끄러웠다. 언니는 도움을 받아 무탈하게 강을 건넜다. 신은하 씨가 문제였다. 초등학생이라도 키가 커서인지 도와주는 사람이 은하 씨 손을 놓쳐버렸다. 세찬 물결에 휩쓸리자 그는 은하 씨를 남겨두고 혼자서 강을 건넜다. 허우적거리던 은하 씨가 강 건너를 보자 언니가 안절부절못하며 이리 뛰고 저리 뛰고 있었다. 언니는 동생을 살려달라고 애걸복걸했지만 아저씨들은 물길에 쉽게 뛰어들지 못했다.

갑자기 언니를 도와준 아저씨가 다시 강물로 뛰어들었고 한참만에 가쁜 숨을 몰아쉬며 은하 씨를 안고 돌아왔다. 그때 그는 "은하, 목숨을 구해줬으니 부모님한테 삶은 달걀 10개는 얻어먹어야겠다"고 하며 너스레를 떨었다고 한다. 고난의 행군 시절은 누구나 할 것 없이 배가 고팠다. 삶은 달걀만이라도 실컷 먹고 싶은 것이 북한 주민의 소원이었다. 신은하 씨는 30년 전 일이지만 그분을 다시 볼 수만 있으면 가진 것을 다 주어도 아깝지 않겠다고 한다.

은하 씨 자매는 다행히 북에서 넘어온 부모님을 만났고, 중국 산에서의 생활을 시작했다. 흡사 닭장 같은 곳에서 지내며 산에서 나는 열매와 나물로 끼니를 이었다. 그래도 자유가 있어 행복한 생활이었다고 한다. 문제는 한 중국 여인이 찾아오면서부터 생겼다. 중국 여인은 자신의 40대 노총각 아들들을 은하 씨 자매와 결혼시키고 싶어했다. 은하 씨 어머니가 거절하자 다음날 중국 공안이 찾아왔고 결국 은하 씨 자매는 북한 수용소로 이송됐다. 북한 여군관은 탈북자들에게 땅만 보고 걷게 했다. 그는 "조국을 배신한 자 조국 하늘을 볼 자격도 없다"고 겁을 주며 수용소에 입감시켰다.

북한 수용소 생활은 생지옥과 같았다. 수용소에서 나오자 뼈만 앙상히 남았다. 은하 씨 부모는 다시 손을 써 자매를 중국으로 오게 했고, 중국에서 상봉한 가족들은 대한민국으로 향했다. 사선을 넘어서 남한에 온 사람이 어찌 은하 씨뿐이겠는가? 북한에 가족을 둔 채 자유를 찾아 온 북한이탈주민은 '먼저 온 통일'이라 불리며 통일에 크게 기여하고 있다.

네 가족이 하나원 교육을 마치고 배정받은 집에 오자 탈북 브로커가 문 앞에서 기다리고 있었다. 탈북 과정이 목숨을 건 일이라 비용이 안 들 수는 없으나 정착지원금을 브로커 비용으로 모두 지불하면 탈북 주민들은 낯선 곳에서 빈손으로 제2의 인생을 살아가야 한다.

은하 씨는 유명 방송인이 되어 통일 강의를 많이 하고 있다. 그는 소위 명문 대학, 경제적으로 윤택한 사람들에게 통일을 얘기하면 반드시 나오는 질문이 "왜 통일을 해야 하냐"고 묻는다고 했다. 그럴 때면 "우리 민족은 원래 같은 말을 사용하고, 같은 역사를 지닌 한민족이었습니다. 우리 민족이 뜻하지 않게 분단됐다면 다시 합쳐지는 게 당연한 것 아닌가요? 통일을 하는 데 무슨 이유가 필요한가요?"라고 하며 강의를 마무리한다고 했다.

현빈과 손예진의 〈사랑의 불시착〉

〈사랑의 불시착〉은 남한의 재벌 상속녀 윤세리(손예진 역)와 북한군 장교 리정혁(현빈 역)의 만남을 그린 드라마이다. 우리나라에서 관심을 끈 것은 물론이고, 일본과 대만에서도 시청률 1위를 차지했다. 불시착은 비행기가 정상적인 착륙지를 찾지 못해 일어나는 일이다. 〈사랑의 불시착〉이 현재의 남북관계를 고려했을 때 불가능한 상황을 묘사한 드라마라고 생각되지만 남북한 청년들이 연인이 되는 일은 종종 일어난다. 김민규 교수는 북한에서 파송한 러시아 외교관이었다. 탈북민 중 김일성대학을 나온 이는 사실 많지 않다. 김 교수는 김일성대를 졸업한 엘리트 외교관이었다. 문제가 된 건 러시아 외교관 근무 중 음악을 하는 남한 여성을 만나게 되면서부터이다. 사랑에는 국경이 없다고 했던가. 이 커플은 이념도 국경도 넘어섰다. 앞날이 보장된 국가 엘리트에서 사랑을 찾아 자유 대한에 귀순한 것이다. 지금은 가정을 꾸려 자녀들과 함께 행복하게 지내고 있다. 탈북 방송인 한서희 씨도 평양음악대학을 졸업하고 인민군 장교가 되어 북한

상류층 생활을 하다가 북한을 떠나 온 케이스이다. 한 씨는 '북한의 김태희'로 불릴 정도로 외모와 성악 실력이 출중했다. 그녀는 친오빠가 사랑하는 사람을 찾아 남한행을 택하면서 궁지에 몰리게 되자 일가족이 목숨을 걸고 탈북했다.

대한민국 분단은 같은 말을 쓰는 한민족임에도 체제가 다르다는 이유로, 사상이 다르다는 이유로 서로 오갈 수 없게 됐다. 그래도 사람들이 사는 세상이기에 간혹 남녀 간의 사랑이 결실을 맺는 경우가 있다. 남북한 사람들이 자유 왕래하면서 연애도 하고, 결혼도 하는 국가가 되었으면 한다. 요즘 유튜브에는 국제적으로 사랑을 찾아온 과정들을 업로드하는 경우가 많다. 결혼 상대 국가도 다양하다. 미국, 일본, 영국, 러시아, 체코, 튀르키예, 루마니아 등등 전 세계 국가 중 교류가 가능한 곳은 거의 포함돼 있다.

아쉬운 것은 대한민국 청년들이 세계 많은 나라와 교류하고 장거리 연애 끝에 결혼에 성공하는데 가장 가까운 나라, 심지어 언어도 같고, 역사와 문화도 같은 북한 청년만큼은 만나는 것도, 사귀는 것도 모두 금지돼 있다는 현실이다. 심야에 대한민국 지도는 북한 지역의 불빛이 사라져 있어 섬이라 표현된다. 남북 분단으로 남한은 섬나라가 되었고, 북한은 동서 해안이 분리된 나라가 됐다. 남북통일은 남한의 청년들이 대륙 진출의 큰 꿈을 꿀 수 있고, 북한의 청년들이 대양에서 세계로 진출할 수 있는 큰 꿈을 펼칠 수 있도록 해줄 것이다.

우리는 '인구절벽', '이주민 사회 조성'이라는 한 번도 겪어보지 못한 불투명한 미래를 목전에 두고 있다. 이주민을 받아들일 때면 먼저 생각해 볼 사람들이 있다. 북녘의 동포들이다. 남북한의 청년들이 교류하여 결혼을 하고 아이를 많이 낳을 수 있다면, 북한의 우수 인력들이 대한민국 산업 생태계의 공백을 메워 줄 수 있다면 많은 걱정들이 일거에 사라질 수 있다. 북한이탈주민들은 우리가 북한과 공생할 수 있는가를 시험해 볼 수 있는 좋은 계기가 됐다. 또한, 본격적인 인적교류와 산업교류가 진행될 때 발생될 문제들을 사전에 점검하여 시행착오를 줄이는 기회가 될 수 있다.

5

한류와 이민사회 변화

21세기 문화지형을 바꾼 한류

▸

2022년 6월, 글로벌 아이돌 방탄소년단이 백악관의 초대를 받았다. 바이든 행정부가 아시아계 이민자의 인종차별 문제에 대한 인식을 바꾸려는 의도에 따라 백악관에 초대했다. 미국에서 한류문화의 위상을 거듭 확인시켜주는 자리였다. 1990년대생을 명쾌하게 분석한 책 『K를 생각한다』의 저자는 BTS(방탄소년단)를 비롯한 K-Pop, 〈오징어 게임〉 등 K-콘텐츠가 전 세계적으로 선풍적인 인기를 끌면서 단군 이래 최고의 한국 문화 전성기를 보내고 있지만, 역설적으로 가장 혼란스럽다고 진단했다. 한국 사회가 처한 현실은 낭만적이지도, 낙관적이지도 않다. 오히려 고속 경제성장 과정에서 곪아있던 문제들이 한꺼번에 터져 나오면서 새로운 관점의 전환이 필요한 상황이다.

한류 4.0시대(한류의 단계는 표시한 대로 4.0시대이다. 드라마(한류 1.0)에서 시작된 한류가 K-팝으로 2.0시대를 맞게 됐다. 일본에서 쇠퇴하는 시점과 거의 동시에 열린 중국 시장과 융합 한류의 3.0시대를 지나 요즘은 4.0시대를 맞고 있다.)를 맞이하여 한국 문화와 국격을 연계한 이미지 메이킹에 매달리고 있다. '이날치'는 상징적이다. 국악과 힙합, 춤을 결합한 퓨전밴드의 한국관광공사 홍보 동영상은 어마어마한 조회수와 인기폭발로 유명세를 떨쳤다. 드라마와 K-Pop에서 출발한 한류 열풍은 소설, 미술, 예술의 장르까지 확산되기에는 아직 힘에 부친다.

　BTS가 세계적 열풍을 주도한 것은 단순히 기획사의 작품성만이 아니다. SNS와 유튜브 등을 통해 팬들과 직접 소통하고 Z세대의 고민과 딜레마를 대변하는 가사와 음악이 인종, 문화, 국가를 초월하여 공감대를 형성하면서 각국에 퍼진 팬덤층이 미국과 유럽, 일본과 중국, 중동, 남미에 BTS를 알리는 데 앞장서면서 성공하게 됐다. 한류 문화를 통해 한국을 알게 된 외국인들은 한국에 관심을 갖고 한국 유학을 하거나 한국 체류를 희망하는 부수효과로 이어지고 있다.

　장기체류하는 외국인들은 한류를 있는 그대로 알릴 수 있는 친한파이다. 중국 정부가 공자학당을 통해 이미지를 세탁하고 홍보하는 것이나, 일본이 사사카와 재단을 통해 소리 없이 공공외교를 지원하거나, 일본의 이익을 옹호해주는 그림자 세력을 조용히 만들어왔다는 사실을 알아야 한다. 독일도 독일문화원을 통해서 전범국가의 이미지를 씻어내기 위해 노력했던 사례들이 있다.

　장기체류 비자는 우수인재 유치라는 목표에만 매몰되지 말고 친한파 외국인에게도 확대되어야 한다. 우수인재 유치정책이 성공하려면, 우수하고 발전가능성 있는 외국인을 유입하고, 외국인이 자립·성장할 수 있는 사회환경을 조성해야 한다. 그들이 전문직 비자 또는 장기

체류 자격을 얻거나 귀화를 통해 한국인으로서 한국 사회에서 능력을 발휘하고 코리안드림을 이룬다면, 한국 사회에 기여하는 친한파는 더욱 늘어날 것이다.

인구 유입이 필요한 상황

▸

2022년 정부는 출산율 제고에 매달리지 않고 낮은 출산율에 적응하는 방식으로 정책 전환할 것을 시사했다. 한국, 중국, 일본 등은 저출산 고령화가 시기만 다를 뿐 비슷한 양상이 나타나고 있다. 산아 제한 후 출산율이 내림세인 것도 같다. 정부가 산아 제한을 하는 이유는 무엇일까? 오로지 개인과 가정의 행복을 위해서일까? 물론 그 부분도 있지만 출산 후 성인이 될 때까지 정부의 지원이 필수적이다. 그리고 인구의 증가는 교통, 주거, 환경의 문제를 야기하기에 정부 입장에서는 가능한 한 출산이 많은 것을 반기지 않는다. 산업화가 안착되면 출산율은 내려가는 것이 상식이다. 그런데 정책적으로 산아 제한을 할 경우는 다시 인구 증가로 돌아서기가 쉽지 않다.

G2로 불리던 미국과 중국의 패권 경쟁에 중대한 변수가 생겼다. 동북아시아의 대표국인 한국, 일본에 이어 중국도 인구절벽의 조짐이 나타났다. 2022년 12월, 세계 인구 조사결과에서는 인도의 인구가 중국의 인구를 넘어섰다고 한다.

중국은 농업사회에서 산업화로 넘어가는 과정 중에 인구가 폭증했다. 1950년대 초반 5억 5천만의 인구는 1980년대 초 10억 명에 육박했고 2022년 현재는 세계에서 가장 인구가 많은 14억 명에 이르고 있다. 중국은 폭발적인 인구 증가를 대비하기 위해 1970년대 후반, 계획생육정책(한 자녀 정책)을 실시했다. 그런데 중국도 우리와 같이 정책이 힘을 발휘해 인구가 줄었지만, 줄어도 너무 줄었다. 우리와 비슷한 양상이다. 여성의 사회 참여가 증가하면서 결혼 연령이 늦어졌고, 출산은 젊은 부부에게 선택이 됐다. 2020년 기준 출산율은 1.15명에 불과한 수준이다.

중국까지 인구감소로 전환되면 20세기 후반부터 세계 경제를 선도해 온 동북아시아의 한국, 중국, 일본 모두 인구 유입이 필요한 상황이 된다. 인구 유입이 경쟁 체제를 갖게 되는 것이다. 한편으로는 인도, 인도네시아, 베트남, 필리핀 등은 강한 경제 성장 추세가 예상되기에 그동안 이주노동자를 유치했던 국가들의 인구를 더 이상 받을 수 없는 상황도 충분히 일어날 수 있다.

그동안 우리나라 이주민은 북한이탈주민, 결혼이주여성 등이 주를 이루었다. 북한이탈주민은 2020년 229명, 2021년 63명 등 유입수가 대폭 감소하고 있다. 농촌 인구가 감소함에 따라 국제결혼도 감소하게 되어 결혼이주여성의 유입도 주춤하다. 이주노동자도 코로나로 인해 급감하게 됐다.

미국이 부족한 출산율을 극복하기 위해 고급 인력의 이민을 받아들여 국가 성장을 이루어 나가는 것처럼 인구절벽 상황인 대한민국은 사회에 활력을 불어넣어 줄 이민 자원이 필수적이다. 하지만 내국인의 차별과 잘못된 사회 인식 및 이주민에 대한 처우는 이주민들을 대한민국에서 떠나게 만들고 있다. 이주민들이 한결같이 얘기하는 것은 내국인의 차별적 언사와 언어폭력이 도가 지나쳐 견디기 힘들다는 것이다.

인구 부족 국가가 증가할수록 이민 당국이 이민자들을 선발하는 것이 아닌 이주민들이 자신들의 처우와 급료를 고려해 이민지를 선택하는 경우가 늘어날 것이다. 우리 사회가 상호존중을 바탕으로 한 이민사회를 서둘러 조성해야 유능한 이민 자원을 선 확보할 수 있다.

순혈주의에서 다문화주의로

TV 예능 프로그램에 출연하는 외국인들은 한국 사회의 장점, 편리함, 특별함을 홍보한다. 그들이 한국을 좋아해서 그렇다고 보지만, 더러는 먹고 살기 위해 국뽕 방송에 합류하고 있을 것이다. 지상파와 종편 방송사들은 경쟁적으로 외국인 출연자들을 고용한다. 한국의 첨단 기술문명, 한류문화, 경제발전 등을 칭찬하도록 유도한다. 시청자들이 세계 속의 한국이 이만큼 발전했다고 자부심을 갖도록 한다. 방송사들은 이런 '국뽕 방송'이 초래하는 부정적 효과를 알면서도 시청률을 올리는 수단으로 이용한다. 시청률 확보는 종편사들의 생명줄이다. 국뽕에 취하도록 만드는 것은 비단 방송사만이 아니다. 구독자수도 100만 명이 넘는 국뽕 유튜버도 등장했다. 물론, 시청자들이 국뽕과 현실을 분간 못할 만큼 수준 낮은 시청자들은 거의 없을 것이다.

　외국인 유튜버를 활용한 한류 홍보전략과 유사한 형태는 이미 일본에서도 오래전부터 유행해 온 기법이다. 이는 자국의 우월성을 홍보하기 위해서 외국인의 시선으로 특정국가와 사회, 문화를 체험하게 하는 낡은 홍보방법이다. 그래서 일본은 외국인을 활용하여 자국의 이미지를 세탁하고 일본 사회의 우월성을 포장한다. 일본의 일부 머리 좋은 지식인들은 자신들이 저지른 전쟁범죄를 인식하고 있다. 따라서 과거 국가적 범죄를 세탁하는 이중전략을 구사하는 데 능수능란하다. 시청자들이 세계 2위 경제대국 일본이라는 착시효과에 빠지도록 만든다. 이러한 방식은 일본 시민 스스로 자신들의 민낯, 어두운 부분을 외면하게 하고 사회 변화를 역동적으로 이끌지 못하도록 만든다.

　많은 시민들은 외국인들이 방송에서 말하는 홍보내용 그대로 인식하고 객관적으로 한국인 스스로 한국 사회를 바라보지 못하게 된다. 공영방송의 다문화가정 프로그램도 외국인 결혼이민여성과 그 자녀, 가족갈등, 사회적응 과정 위주로 방송되다 보니, 심층적인 문제점을 생각하는 데는 한계를 보인다. 특히 EBS 다문화가족 다큐에 등장하는 제3세계 국가에서 국제결혼을 목적으로 이주한 여성 출연자의 경우, 상당수가 '다문화가정 = 저소득층'이라는 인식을 심어준다. 사랑의 열매 방송에 출연하는 다문화가정 자녀의 희귀 난치병 환자도 저소득층이 많았다.

영국의 이코노미스트 다니엘 튜더는 한국 사회를 가로막는 요인으로 한국인 특유의 순혈주의를 꼬집었다. 그는 순혈주의에 매몰되지 말고 다문화사회로의 준비를 해야 한다고 지적했다. 그만큼 단일민족주의 신화와 순혈주의 신화에 매몰된 한국 사회가 이민자, 외국인에 대해서 폐쇄적이라는 것을 빗대어 평가한 것이다. 한국보다 먼저 이민자를 받아들인 서구사회는 이민정책 실패로 인해 사회갈등과 대립에 많은 비용을 지불해 왔다. 그러한 실패 사례를 반면교사삼아 합리적이고 지혜로운 다문화사회를 정립해야 하지만, 사회적분위기가 아직 무르익지 않은 것 같다.

우리도 이주민의 후손이었다

▶

《중앙일보》는 토종 한국인의 뿌리에 관한 매우 흥미로운 기사를보도했다. 지금까지도 국제외교 문제에서 독도, 위안부, 한일군사정보보호협정(지소미아[GSOMIA]) 문제와 고고도 미사일방어(사드[THAAD])이슈 등으로 한·일, 한·중간 현실 갈등이 각각 이어지고 있지만, 실제한국인·중국인·일본인의 혈통은 단일민족과는 거리가 먼 한국·중국·일본, 그리고 제3국과 몽골의 혼혈로 나타났다는 것이다. 해당기사에 따르면 신라의 대학자 최치원의 32대손으로서 경주 최씨 가문인 기자의 DNA에는 '한국 47.89%, 일본 25.14%, 중국 26.97%'가존재했다. 결론적으로 이 기사는 일반적 인식과 달리 한국인의 DNA

를 분석하면 거의 예외 없이 한·중·일 3개국의 유전자가 들어 있다는 점을 강조한다.

한국인의 DNA를 분석하면 대부분 한국을 중심으로 중국과 일본 혈통이 섞여 있고, 구성비가 작기는 하지만 몽골 등 북방민족 혈통도 들어 있다. 결국 한국·중국·일본인들의 조상을 거슬러 올라가다 보면 큰 줄기에서 만난다. 고려 시대 몽골의 침입과 조선시대 임진왜란의 영향도 일부 존재할 것이다. 세포 속 미토콘드리아 DNA는 모계를 통해서만 유전되고, Y염색체는 그 특성상 부계로만 유전되기 때문에 이 두 가지를 분석하면 모계와 부계 조상이 어디인지 알 수 있다. 타고난 유전자는 실제 성장과정에서 30% 정도만 영향을 미치며, 나머지는 자라온 환경이나 식습관 등에 의해 얼마든지 바뀔 수 있다. 기존의 통념이었던 단일 민족주의는 현대과학의 미토콘드리아, 유전자 분석을 통해 산산이 부서지고 말았다. 단일민족주의는 일제강점기 동안 민족의 정체성을 수립하고 국론을 통합하는 과정에서 만들어졌다는 것이 학계의 정설이다. 이러한 단일민족주의는, 일제에 대항하기 위한 한국인의 정신적 지주로서의 민족 정체성을 강화하는 원동력으로 활용된 정치적 이데올로기였다고 보는 편이 합리적일 것이다.

한국 최초의 국가인 고조선의 건국신화는 단군신화이며, 국조 단군은 한국인의 시조이다. 한국인이라는 순혈주의와 민족주의의 뿌리에는 단군신화가 있다. 환인의 아들이자 단군의 아버지 환웅은 웅녀와 결혼해 단군을 낳았다. 국사편찬위원장을 역임한 이태진 교수

는 환웅과 천부인 3개를 가지고 온 풍백, 우사, 운사를 '이주민 집단'
으로, 웅녀를 고조선 지역의 '토착민'으로 보았다. 그러한 관점에 기
대어 필자는 '환웅'이 '한민족 최초의 결혼이민자'일 수도 있다는 다
소 발칙한 상상을 해보았다.

고려인의 정착지, 광주광역시 월곡동

고려인, 우리에게는 낯선 단어이다. 고려가 조선으로 바뀐 지 천
년이 넘었는데, 지금도 고려라는 말이 통용된다. 대한민국의 영어 이
름이 고려를 뜻하는 코리아인 것을 보면 해외에서는 아직도 고려가
익숙한 이름인 것 같다. 일제강점기, 친일을 하면 백 년을 편히 먹고
살고, 독립운동을 하면 멸족을 당한다는 말이 없는 말이 아닌 것을
보면 마음이 아프다.

120여 개 민족이 사는 중앙아시아에서 고려인은 그 지역에 홀로
남은 민족이다. 강제이주 되었지만 스탈린 정권이 쇠퇴하자 다른 민
족들은 자신들이 살던 나라로 돌아갔다. 그러나 고려인들은 돌아갈
나라가 없었다. 일본에 국권을 빼앗겼기 때문이다. 중앙아시아 소수
민족 중에서 고려인들은 결속력이 뛰어난 민족으로 정평이 나 있다.
카자흐스탄 국립과학아카데미의 고려인 이반 박 교수는 몇 안 되는
명예교수이다. 이반 박 교수는 이름난 석학으로 소수민족 가운데 그
위치에 오른 유일한 사람이다.

소련은 소수민족들의 빠른 동화를 위해 강제 이주 후 한글 사용을 금지시켰다. 고려인 묘지를 보면 처음에는 한글뿐이다가 러시아어와 병용하고, 그 후에는 러시아어만 쓰이게 됐다. 이반 박 교수는 어느 날 생각을 하는데 러시아어로 생각을 하고 있더란다. 이러다가는 나까지 러시아 사람이 되는구나 싶어 서글펐다고 한다. 고려인 중에는 독립운동가 후손이 많다. 일본의 압제에서 벗어나 소련 연해주에서 독립의 활로를 열겠다는 심정으로 이주한 사람들이 대부분이다. 인구 부족에 시달리는 대한민국이 가장 먼저 받아들여 할 사람은 고려인들이다. 이역만리에서도 한민족의 자긍심을 잃지 않고 살아 온 그들을 따뜻한 마음으로 맞아들이고 성공적으로 정착할 수 있도록 살펴 주어야 한다.

고려인 신조야 대표는 2002년 광주광역시 월곡동에 터를 잡았다. 처음 대한민국에 도착해서는 불법체류 공장노동자로 일하며 생계를 꾸렸다. 5년 동안 자립 시스템을 만든 뒤 뒤이어 정착하는 고려인들에게 삶의 터전을 하나씩 만들어주었다. 그래서 그는 7,000명 고려인들에게 대모로 불린다. 모범적인 이주민 단지 구축에 시에서도 지원이 끊이지 않고 있고, 지역 대기업, 중소기업의 협찬물품도 쏟아진다. 지금 월곡동 고려인들은 광주고려인 어린이집, 고려인마을협동조합, 고려FM라디오 방송국 등을 자체 운영하며 행복하게 생활하고 있다. 신 대표 혼자서 시작한 고려인 마을이 20여 년이 지난 2022년에는 7천여 명이 거주하는 고려인 동포 마을공동체가 됐다.

얼마 전 우크라이나 국적의 카레이스키 알비나(14)와 동생 막심(10)

은 엄마 김 나탈리아(39)와 함께 입국했다. 우크라이나 남부 도시 미콜라이우에 러시아군의 폭격이 계속되면서 생명에 위협을 느낀 이들은 국경을 넘어 몰도바로 탈출했다. 아빠 김 빅토르(42)는 한국으로 건너와 광주 평동공단에서 일하고 있었다. 이후 2022년 1월까지 '광주 고려인마을'은 국가의 지원 없이 모금운동을 통해 900여 명에게 항공권과 입국 후 정착금과 임대보증금, 월세, 긴급의료비, 취업, 학교편입학, 출입국 비자 연장 등을 지원해주었다. 러-우크라이나 전쟁이 일어난 뒤 국내에 들어온 우크라이나 난민은 대부분 이런 경로를 통해 한국 땅을 밟았다. 우크라이나 난민을 지원하는 민간단체가 자체적으로 추산한 입국 대기자는 1,000명이 넘는다. 러-우크라이나 전쟁이 발발하자 우리 정부는 국내 연고가 확인된 고려인 난민들에 한해 3개월짜리 특별체류비자로 입국을 허락했다. 우크라이나에 거주하는 고려인들은 동반 가족 자격(F1비자)으로 한국에 머물고 있다. 대한민국에 입국한 고려인 대부분은 탈출하는 과정이 순탄치 않았다. 19세 박스베틀라나는 탈출하면서 미사일 폭격 현장에 있다가 청력을 상실했고, 안에브라시아(63)는 허리를 다쳤다. 무엇보다도 이들에 대해서 건강보험의 예외적 적용을 적극적으로 고려할 필요가 있다.

고려인 3세 알비나와 막심 같은 아동·청소년 난민의 삶은 사각지대에 놓여 있다. 막심과 알비나는 학교에 입학했지만, 우크라이나어를 통역할 강사가 없어 번역기에 의존해 학교 선생님과 소통하고 있다. 준비되지 않은 상태에서 국내 학교에 배정되면서 한국어 교육 프로그램과 통역 문제부터 시급한 과제가 되었다. 광주 지역 초·중·고 312

개교에 재학 중인 다문화 학생은 3,500여 명이다. 러시아 및 중앙아시아 출신 고려인은 500여 명 정도인데, 이들은 월곡동 인근 학교를 다니면서 일괄 지자체 예산지원을 받는다. 이들 중 70여 명은 대안교육 위탁기관인 새날학교에서 공부한다. 우크라이나 난민이자 카레이스키 3세 막심처럼 홀로 학교를 다니는 사례는 최초이다.

6

선진 이민강국으로 가는 길

한국을 사랑한 외국인들

▸

　대한민국의 성공 신화 뒤에는 개화기부터 현재에 이르기까지 우리나라에 선진문물을 전해주고, 자신을 헌신했던 외국인들이 있었다. 특히 개화기 서구 문물을 전해준 이방인들은 기독교 신자들이 대부분이었다. '프랭크 윌리엄 스코필드'와 '호머 베자릴 헐버트', 대한매일신보사를 창간한 '어니스트 토마스 베델'은 일제의 서슬 퍼런 감시의 눈길을 두려워하지 않고 독립운동에 앞장선 사람들이다. 그들은 이방인으로서 한국인보다 한국을 더 사랑하고 일생을 한국을 위해 다방면에서 헌신하며 큰 족적을 남겼다. 그들의 삶은 한국인들의 존경과 사랑을 받고 있다.

　3·1 운동을 전 세계에 알린 프랭크 윌리엄 스코필드 박사는 외국인으로서 국립묘지에 안장되었다. 스코필드는 연희전문학교(연세대)의 세균학 교수로 초빙을 받고 우리나라에 입국했다. 그는 1910년 일본의 국권침탈 과정에서 일본 식민통치의 혹독함과 무단통치 동

안 벌어졌던 한국인의 고통을 목격했다. 1919년 세브란스의학전문학교에 재학 중이던 학생 이갑성이 스코필드 박사를 찾아와서 부탁했다. 그는 "3월 1일 한국의 독립을 위한 전국적인 평화시위 계획이 진행된다"는 것과 "외부세계에 연결하는 고리로서 3·1운동 핵심 지도부가 스코필드 박사를 선택했다"는 사실을 알려주었다. 이렇게 스코필드 박사는 이갑성의 제의를 받고 3·1운동을 이끈 33인의 지도자와 함께 34번째 푸른 눈의 민족대표로 인정을 받았다. 스코필드 박사는 3·1운동 대표들이 스코필드 박사의 숙소에서 비밀집회를 가질 수 있게 도왔고 3·1운동 상황을 촬영해 세계에 알렸다.

스코필드 박사는 일제의 잔악함을 전 세계에 알린 인물이다. 그는 당시 수원군 향남면 제암리 교회에서 일본군 중위가 주도한 끔찍한 학살만행에 분개하여 일본 경찰의 삼엄한 경계와 감시를 뚫고 사건 현장을 세밀하게 조사하고 사진촬영을 하여 전 세계에 폭로했다. 그는 수촌리에서도 일본군이 주민들을 총검으로 학살했던 참상을 기록과 사진으로 남겼다. 유관순 열사 면회 당시 고문 사실을 알게 되자 조선총독부 정무총감 미즈노에게 달려가 고문방지 약속을 받아내기도 했다. 스코필드 박사는 생명 위협을 받을 정도로 조선총독부에 협박당해 캐나다로 떠나게 되었다. 1958년 8월 14일 국빈으로 귀국했고 남은 일생을 한국을 위해 바치고 영면하였다. 그의 유해는 국립묘지 애국지사 묘역에 안장되었다.

구한말부터 우리나라에 학교를 세워서 근대식 교육을 했던 '호레이스 그랜트 언더우드'와 우리나라 근대 여성교육의 선구자 '메리

플레처 스크랜튼'은 근대식 교육을 전해주었다. '헨리 거하드 아펜젤러', 현대 의학을 전수해주고 병원 건축에 초석이 되어 준 '루이스 헨리 세브란스'는 대한민국 의학사에 큰 기여를 했다. 유진벨(Eugene Bell; 1868~1925, 한국명 배유지) 선교사의 후손들은 유진벨 재단을 세우고 북한 주민을 위한 식량지원사업과 결핵퇴치사업을 벌였다. 북한 의료기관 70곳에서 25여만 명의 결핵 환자를 치료했다. 오스트리아 출신으로 소록도에서 평생 한센병 환자를 돌보다간 백의의 천사 '마리안느와 마가렛', 한국과 한국인을 사랑했던 작가 '펄 사이든스트리커 벅', 한국인 고아를 사랑하고 독립운동을 지원했던 '소다 가이치', 제주도를 사랑한 '패트릭 제임스 맥그린치', 전쟁고아들을 훌륭한 성인으로 길러낸 목포공생원을 설립한 일본인 치즈코 여사 등이 있다. 아사카와 다쿠미는 일제강점기 일본의 무분별한 개발과 수탈적 임업에 저항하며 조선의 산천을 지키고 가꾸었던 사람이다. 한국의 산과 문화를 사랑했고, 죽은 뒤에는 유언에 따라 한국에 묻혔다. 그래서 아사카와의 이름 앞에는 '죽어서 조선의 흙이 된 일본인'이라는 수식어가 붙는다. '소다 가이치' 또한 '한국 고아의 아버지'라 불리며 한국에서 헌신하다 양화진에 묻힌 일본인이다. 패트릭 제임스 맥그린치는 아일랜드 출신으로 반세기 전, 성 이시돌 목장을 설립해 제주 목축의 기반을 마련한 푸른 눈의 신부이다.

난민 수용에 대한 인식률은?

방송인 안드레이는 외국에 갔을 때 "어느 나라 사람이냐?"는 질문을 받을 때 "나는 대한민국 사람입니다"라고 답변한다고 한다. 안드레이는 귀화를 선택했어도 슬라브 민족의 인종적, 문화적 정체성을 버릴 수는 없다는 사실을 인정한다. 그렇지만 '대한민국 사람' 안드레이는 한국인과 결이 같은 세계관과 국가관, 한국적인 공감 능력을 갖고 있다. 한국 사회의 부조리에는 분노하기도 하고 한국 사회의 따뜻함에는 인간적인 공감을 느끼기도 하는 백인의 한국인이다.

2021년 8월 26일에는 온 국민의 가슴 뿌듯한 사건이 벌어졌다. 아프간에서 한국 정부를 도운 현지인과 가족 378명이 한국 땅을 밟은 것이다. 탈레반의 아프간 재장악 후 생명의 위협을 느끼는 이들을 적극 탈출시킨 결과이다. 정부는 이들에게 일단 난민이 아닌 '특별기여자' 자격을 부여해 단기방문(C-3) 비자로 입국시켰다. 향후 장기체류가 가능한 방문동거(F-1) 비자와 취업이 자유로운 거주(F-2) 비자를 발급해 국내 생활을 도울 예정이다. 이들을 특별기여자로 규정한 만큼 그에 상응하는 대우를 하는 것은 당연하다. 이들이 받게 될 F-2 비자는 최대 5년간 체류할 수 있어 제한 없이 취업이나 학업이 가능하다. 이들을 데려오는 것으로 모든 것이 끝난 게 아니다. 아프간 난민들이 한국에서 제대로 살 수 있도록 지원해야 한다. 생계비나 생활 정착지원금, 교육 등에서 더 많은 배려를 해야 한다. 특히 이들 입국자 중 5세 미만 아이들이 전체의 4분의 1이 넘는다. 10세 이하가 절반에 이른다. 이들을 돕기 위한 더욱 각별한 배려가 필요하다.

우리 현대사에서 분쟁 지역의 외국인을 대규모로 국내에 데려온 것은 처음이다. 시민들이 이들의 입국 과정에서 보여준 성숙한 대응도 의미 있는 경험이다. 하지만 한국인의 난민 수용에 대한 인식은 여전히 낮다. 주요 20개국(G20) 중 끝에서 두 번째로 낮은 난민 인정률을 보면 아직 갈 길이 멀다. 일부 외국인에 대한 차별과 혐오를 보면 과연 선진국이라고 부를 수 있을지 의문이다. 아프간 난민 수용을 통해 이민자에 대한 한국 사회의 인식이 바뀌는 계기가 되어야 한다.

국민의 눈높이와 사회적 합의

경제협력개발기구(OECD)에 따르면 총인구 대비 외국인 비율이 5%가 넘으면 다문화·다인종 국가로 분류한다. 한국에 거주하는 외국인 주민의 수는 약 215만 명(행정안전부 '2020 지방자치단체 외국인 주민 현황 통계')이다. 우리나라 총인구 대비 4.1%에 이른다. 대한민국은 이제 단일민족 국가가 아닌, 다문화 국가가 되어가고 있다. 2021년 통계청 자료에 따르면 외국인 중 대한민국 국적을 취득한 귀화 내국인은 20만 9,663명이다. 1957년 최초로 귀화한 이래 64년 만에 20만 배 넘게 증가한 셈이다. 다문화가정의 증가로 귀화하는 외국인은 더욱 늘 것으로 예측된다. 국적 취득이란 '한 나라의 국민의 자격을 얻는 일'로 정의된다. 국적 취득 관련 서류들을 준비하는 절차를 거쳐야 하고 비용이 들며 어려운 귀화시험도 통과해야 한다. 외국인이 귀화를 원하는 이유는 '더 나은 삶을 위해서', '더 편리한 생활을 위해서', '취업과 자녀 문제를 해결하기 위해', '외국인 아닌 내국인 신분을 얻고 싶어서' 등등 다양하다.

문제는 대한민국 국적을 취득한 뒤에도 외국인 신분 시절 겪은 법적 또는 사회적 불편이 계속 이어진다는 점이다. 자연히 '귀화자도 내국인으로 인정받을 수 있을까', '내국인과 똑같이 동등한 대우를 받을 수 있을까' '정말 귀화하면 진정한 한국 사람이 될 수 있을까' 등등을 걱정한다. 한 귀화여성은 A회사의 채용 공고 '지원 자격: 내국인'을 보고 입사 지원을 했다. 면접에서 들은 첫마디는 "혹시 외국분이신가요"라는 질문이었다. '귀화자'라고 했지만 내국인만 채용한다고 하며 불합격 통보를 했다.

한국에 귀화한 지 꽤 되었지만 지금도 "어디서 왔어요?", "외국인이죠?", "한국인 아니죠?", "어느 나라 사람이세요?", "베트남? 필리핀? 아니면 캄보디아예요?" 같은 질문을 자주 받는다. 이미 귀화했고, 따라서 '한국인'이라고 해도 믿는 사람은 거의 없다. 새로운 국적 취득이 못마땅한 건지 "그렇다면 너 진짜 애국심이 없구나"라는 비난을 받은 적도 있다. 취재를 하면서 자주 질문을 받는다. "외국인이 한국 국적을 취득했다면 한국인인가요, 아니면 여전히 외국인으로 인식하나요?" 바로 "외국인이지", "귀화자라도 일단 생긴 모양, 피부색을 보면 외국인으로 인식하게 된다" 등등의 답변이 되돌아온다. 결국 '외모가 한국 사람과 비슷하지 않아서'라는 것이다. 물론 모두가 그렇지는 않다. 출입국관리 공무원처럼 외국인, 귀화자에 대해 잘 아는 한국인도 있다. 채용 시 외국인을 우대하거나 아예 블라인드 채용을 하는 기업도 많다. 하지만 불공정한 사례가 여전히 많다.

다양성을 인정해야 할 때

우리 사회는 빠르게 다문화사회로 진입하고 있지만, 다문화에 대한 인식은 아직 제자리에 머물고 있다. 인간적으로나 사회적으로 내국인 자격의 유무와 관련 없이, 귀화자에 대한 인식을 개선해야 한다. 먼저 사회 구성원들의 다양성을 인정하고, 다문화 구성원을 바라보는 시선을 바꿔야 한다. 현재 다문화가족 정책은 글로벌 인재로의 육성 추세에 따라 확장하고 있다. 이민자를 신부, 여성, 며느리로 한정하는 정책이나 이민자의 자격을 노동자, 글로벌 인재로 특정하고 인권과 복지에 치중하는 것은 내국인(한국인)에 대한 형평성, 사회적 명분이 없는 역차별이라는 비판을 받게 되고 반이민 정서를 초래할 수 있다.

여성과 가족, 인권과 복지, 동화와 다문화 프레임에 기초한 단편적 접근방법은 이민정책이라는 거시적 담론과 틀 안에서 조정되고 재검토해야 한다. 이민자들이 한국 사회의 구성원으로서 정착하기 위해서는 사각지대가 없이 촘촘하게 파악하고 지원하는 방안을 고민해야 한다. 반이민 정서를 해소하려면 국민이 이해할 수 있는 사회적 합의가 선행되어야 한다. 다시 말해 국민 눈높이에 맞춘 정책결정과 집행부터 시작해야 한다. 독일은 동화정책을 포기하고 개방적 포용정책으로 전환했다. 동화주의의 일환으로 민족정체성과 국가정체성 형성을 고취하는 방식은 시대착오적이다. 대중매체를 통한 다문화 인식 개선은 계도하는 성격이기에 현실에 맞지 않는다. 공감하는 국민도 거의 없을 것이다. 다문화 인식의 계도와 강화, 확장은 오히려 이민자에 대한 부정적인 인식을 심을 우려가 있다. 다문화 수용성을 높인다고 하여 국민의 다문화 의식수준을 평가하는 것은 개념에 불과하다. 시민 대상 교육은 국가정책으로 집행할 사안이 아니다. 오히려 교육대상은 학생, 교사, 공공기관과 관련 단체 종사자, 여론주도층이 주도하도록 하는 것도 바람직하다. 교육내용은 이민사회의 필요성, 이민사회의 명암, 국가의 노력, 이민사회에 대한 이해와 이민 관점의 습득으로 체계화하는 것이 바람직하다.

이주민도 사회구성원이라는 인식

예능 프로그램에 자주 출연하고 광고에도 얼굴을 내비치는 콩고 출신 조나단과 누이동생 파트리샤를 보면, 어릴 때 이민 온 아이들은 그 사회의 구성원으로 자연스럽게 성장한다는 생각이 든다. 피부색과 머리스타일만 다를 뿐이다. 조나단 남매에게는 한국인의 정서와 사고방식, 마인드가 고스란히 느껴진다. 조나단이 여동생의 늦은 귀가를 걱정하거나 남자친구를 감시하는 모습은 보통 한국인 가정에서 오빠가 여동생을 신경 쓰는 모습과 별반 다르지 않다. 토닥거리면서도 형제애가 느껴지는 이 현실 남매의 케미는 다문화사회에 진입한 한국 사회에 대해 다양한 관점에서 생각을 하게 한다.

현재 우리에게 무엇보다 필요한 것은 이민자와 체류자도 사회구성원이라는 인식이다. 이민자와 외국인 근로자, 다문화가정을 이해하고 사회구성원으로 기꺼이 받아들일 수 있어야 한다. 그들이 사회와 통합되지 않고 계속 이방인으로 존재한다면 그 손해는 결국 우리가 값비싼 대가를 치를 수밖에 없다. 대다수 국가들은 자국민으로만 구성되어 있지 않다. 주요국의 인구 대비 이주민의 비중은 미국의 경우 13.7%, 영국은 13.4%, 스위스는 29.6% 정도로 추산된다. 우리나라의 경우 체류 외국인의 총인구 대비 비중은 4.6%를 넘어섰다. 대부분의 복지국가는 자국 국적자뿐만 아니라, 외국 국적자, 무국적자, 다중 국적자 등 다양한 구성원이 상호 의존하고 있다. 국제이주의 증가는 국민, 시민을 전제로 한 복지국가에게 새로운 과제가 된 지 오래이다. 이주민의 증가는 복지 지향국가에 새로운 과제를 안기고 있다. 이런 점을 고려할 때 복지국가와 사회적 권리에 대한 한국민의 고정 관념은 바뀌어야 한다.

우리나라 같은 배타적 분위기에서 이주민에게 사회권을 부여하는 것은 가능한가? 이주민의 사회권 토대는 인간존엄성에 근거한다. 사회권이란 보편적 인권보장을 위해 수립되어 온 다양한 인권 관련 협약 권고 및 기준이다.

사회구성원인 이주민을 사회적 위험으로부터 보호하는 것은 국가의 윤리적 책무이다. 이주민은 현재 혹은 잠재적 '노동력'으로서 국가의 생산성 유지 및 발전에 기여한다. 이런 측면에서 사회보장의 대상이 될 수 있다. 현재 우리 정부가 외국인 근로자, 결혼이주민에게 복지 혜택을 나름 제공하고는 있다. 이주민은 '인구'의 유지 및 재생산에 직간접적으로 기여하기 때문이다. 이는 사회보장제도의 목적에 부합하는 대상으로 근거가 충분하다. 이주민의 사회권은 국내법과 함께 국제법이나 '상호주의'와 같은 보완적 근거를 필요로 한다. 이주민의 경우 공민권이나 정치권의 획득이 선행되지 않더라도(국적 취득 전이라도) 사회권이 부여될 수 있다. 많은 국가들이 이민 유형에 따라 거주권, 노동권, 사회권 등 권리를 차등 부여하고 있다.

한국 사회는 복지국가의 비약적 발전과 이민자의 급속한 유입 증가를 동시에 경험하고 있는 특이한 케이스이다. 국제 이민자의 급속한 유입 및 정착 증가는 단일 문화민족주의 신화를 유지해 온 우리나라는 처음 겪어보는 중대한 사회 변화이다.

많은 국가에서 국가재정을 통해 운영하는 공공부조에 대한 권리는 원칙적으로 자국민으로 제한한다. 한국도 미성년자녀 양육 등 긴급하고 특별한 사유가 있는 경우를 제외하고, 외국인의 공공부조 접근을 제한한다. 우리나라는 '다문화사회'라는 목표에도 불구하고, 사회권을 포함한 시민권의 부여 없이 시혜적 정책을 펼친다는 비판을 받아왔다. 한국 내 이민자의 권리는 출입국 정책과 이민 유형에 따라 계층 구조가 형성되어 간다. 핵심 권리인 거주권과 노동권, 참정권 등의 사회권의 측면에서 최상위는 결혼이민자가 누린다. 그 다음이 영주권자와 전문취업자, 해외동포가 상대적으로 높은 권리를 갖고 있다. 시민으로 편입될 기회도 배타적으로 배분된다. 민족적 관련성이 없는 비전문 취업자와 단순노동자 등은 소외되고 있다.

스웨덴의 고민

민주적 제도와 인권보호가 법제화된 나라에서는 이주민의 권리도 확대되는 추세이다. 우리나라는 생산 인구 확보를 위해 이민자를 계속 받아들여야 하지만, 이민자 증가로 발생하는 사회적 비용도 증가 일로에 있다. 이민자 일부는 기술 수준이나 성별, 국적에 상관없이 정착할 것이고, 가족을 구성해 연쇄적인 이민을 가져올 것이다. 지금까지 이민자를 통제하는 데 있었다면, 미래 이민정책은 미리 내다보고 문제점을 예방하는 쪽으로 바뀌어야 한다. 이주민의 사회적 권리 적용의 구체적 방법과 내용은 사회적 합의를 통해 도출해야 한다.

한국 사회에서 모델로 삼는 수준 높은 복지국가인 스웨덴도 이민 문제로 고민하고 있다. 무상복지의 도입, 국민연금 등 복지제도의 개혁, 난민과 이민자 유입으로 인한 사회갈등, 과도한 세금과 주거비 부담 등을 안고 있다. 스웨덴은 국가예산으로 공공의료시스템을 운영하고 있다. 응급상황에서도 기본적인 대기시간만 5~10시간에 달할 정도로 고비용과 저효율이다. 스웨덴은 이민자들을 가장 많이 받은 나라이고, 성평등정책도 다른 어떤 나라보다 앞서 있다. 노동소득의 격차가 크지 않고, 학벌에 따른 차별이 거의 없다. 그렇지만 평등정책으로 삶의 질이 높을 것만 같은 복지 선진국 스웨덴도 경제력 격차는 크다고 할 수 있다. 재산세와 상속세가 폐지되어 세금 없이 막대한 자산을 후대에 물려줄 수 있는 부유층 가문이 있다. 할아버지의 부동산 대출이 손자에게까지 대물림되는 중하위 계층도 있다. 포용적 복지를 실현하는 것은 이처럼 어렵다.

사회적 권리의 대상을 자국민으로만 제한하면, 이주민들이 사회적 배제와 차별에 지속적으로 노출될 우려가 있다. 이 경우 이민 유입 증가는 몇몇 서구사회가 경험한 것처럼 사회적 분열로 귀결될 것이다. 우리나라의 재한 외국인 정책은 '노동력을 가진 배우자'에게만 입국을 허용했다. 이들에게도 포용적 복지국가를 지향하려면 노동권과 시민권이 확대되어야 한다. 자국민이 아니더라도 합법적으로 거주하는 '주민'이라는 자격만으로도 사회권을 받을 수 있는 가능성을 열어두는 것이 타당하다.

투자자본이 쇄도하는 대한민국

짐 로저스는 세계에서 가장 투자할 가치가 있는 국가로 대한민국을 주시하고 있다. 남한의 자본과 기술력, 북한의 유능한 인력이 만들어내는 하모니는 가히 따라올 수 있는 나라가 없다는 것이다. 남북통일이 성취된다면 중국과 러시아는 철도, 도로를 연결하여 근접성을 높이고자 할 것이다. 일본은 해저터널을 통해서 대륙으로부터의 고립을 피하고자 할 것이다. 남북한은 동북아시아의 대륙과 해양을 연결하는 지리적 이점을 활용함으로써 막대한 부가가치를 창출할 수 있다.

투자 이민에는 부동산 투자 이민과 공익사업 투자 이민으로 구분된다. 법무부장관 고시지역 내 기준금액 이상 부동산에 투자할 수 있으며 투자자 혜택은 거주(F-2) 자격 허용, 5년 투자유지 시 영주(F-5)취득을 허용한다. 투자 이민 장려는 외국인 투자 유치를 통한 국내 경기 활성화를 도모하겠다는 목적이다. 공익사업 투자 이민 유치실적은 2016년도에 239억 원 정도에 불과했다. 반면 부동산 투자 이민은 동년도에 1,500억 원을 넘었다. 법무부는 부동산 투자 이민제의 지역 선정 절차를 개선할 예정이다. 부동산 투자 이민제 대상지역 신청 요건을 강화하고, 예비심사 및 실태조사 대상 요건도 강화할 예정이다.

특히 법무부는 고용창출형 투자자 혜택을 확대할 예정이다. 국민 일자리를 창출하는 외국인 투자기업에 대하여 투자자 및 가족에 대한 거주, 영주 자격 부여 등 이민정책적 혜택을 확대할 예정이다. 공익사업은 총 616건, 2,992억 원의 공익펀드 투자가 유치됐다. 2021년 9월 기준으로 예치 잔액 2,179억 원을 274개 업체에 투자 중이다. 펀드 수익 적립누계는 76.8억 원을 적립, 수익 전액을 재투자했다.

외국인의 우리나라 부동산 투자 이민의 대다수는 검은 머리 외국인(외국 국적 한국인)이거나 중국인의 투자로 보인다. 2021년까지 중국인은 100% 은행대출로 부동산 투자가 가능했다. 많은 중국인들이 자기 돈 한 푼 들이지 않고 서울 시내 아파트를 우리나라의 은행대출금으로 사들이는 현상이 벌어졌다. 중국인의 아파트 쇼핑을 규제하지 못했다는 비난이 폭주했다. 중국인들의 선진국 부동산 사냥은 전 세계적인 골칫거리이다. 부산 해운대 아이파크 아파트의 절반은 러시아 킹크랩 부자들이 사들였다는 말도 나돌았다. 동일본 대지진 이후 일본인들은 해운대 아파트를 사들였다. 외국인들의 부동산 투자가 예사롭지 않다. 역차별이라는 국민의 비판도 높다.

법무부는 창업 이민을 활성화하려 하고 있다. 우수한 기술력을 가진 외국인이 학력 요건을 충족하지 못하는 경우에도 주무 중앙부처의 장이 인정하여 추천하는 경우 창업비자를 발급할 예정이다. 창업비자란 지식재산권 보유, 발명·창업대전 1~3위 입상 등 우수한 기술력을 바탕으로 국내에서 창업하고자 하는 외국인에게 창업 비자를 발급하는 제도이다. 경제 활성화 및 일자리 창출에 기여하는 목적으로 발급하는 것이다.

D8-4(창업비자)와 오아시스 비자는 좀 다르다. 오아시스 비자는 2년 이내에 결과가 보이는 플랫폼, 특별한 아이디어, 기술만을 보고 체류 허가를 내준다. 아이디어를 가진 외국인을 발굴해서 사업화를 한 다음에 특허를 내 창업하도록 지원한다. 사업화 과정에서 가장 사업성이 좋은 아이템을 골라낸다. 암묵적으로 우수인재만 한국 사회에서 체류할 수 있다는 방식으로 진행된다.

우리나라에 체류하는 외국인 중에서 성공할 수 있는 확률이 높은 그룹은 국비장학금 유학생이다. 대학을 졸업하고 기업을 다니면서 한국 사회의 경제사회시스템을 배운 후 창업을 하거나 무역업을 하는 사람들이다. D9비자(무역비자)를 발급받고 한국 상품을 외국에 수출해서 수백억대 이상의 매출을 이룬 유학생 출신 사업가도 있다. 인도 유학생 출신 유명 방송인 럭키는 인도산 참깨 수입으로 큰돈을 번 사업가이다. 우리나라에서 케밥 체인점으로 부를 쌓아올린 튀르키예 출신 사업가도 국비장학생 출신이다. 실제로 우리나라에서 성공한 이민자들은 유학생 출신이 대부분이다.

3장

• • • • •

선진 강국의 다양한 이민정책

미국: 글로벌 인재의 집결지

이민자가 가장 선호하는 나라, 미국

미국은 인종적·문화적·민족적으로 다양한 이민자의 나라이다. 아메리칸 인디언과 같은 원주민, 푸에르토리코 등 자치권을 갖는 준국가-국민집단, 앵글로색슨 계의 서유럽과 북유럽에서 이주한 이민자 집단, 과거 제국주의 시대 아프리카 등지에서 강제로 끌려온 흑인 집단, 1965년 이민법 개정 이후 남미와 아시아 등에서 이주해 온 새 이민자 집단 등등 다양한 인종과 문화가 복합되어 있다.

미국은 공식적으로 다문화란 용어를 쓰지 않는 나라이지만, 다양한 모델들이 혼재된 자유방임 다문화사회이다. 이민자들의 불법적 범죄적 행위에 대한 단속, 불법 입국에 대한 감시 등에 보다 중점을 둔다. 연방정부 차원에서 이민자들의 통합과 정착 등에 관한 노력은 이루어지지 않는다. 미국 내 소수 이민자들은 스스로 미국 사회에 적응해 나가야 한다.

20세기 중반, 미국의 이민정책은 '용광로(melting pot)' 모델로 대체되었다. 모든 이주자들은 새로운 미국인으로 다시 태어나게 되며, 그 과정에서 자유, 시민의 책무로 특징지어지는 미국식의 독특한 문화가 탄생한다. 유럽의 좋은 전통들을 혼합했지만, 유럽적 색채와도 구분되는 독특하고 역동적인 문화적 특성이 만들어진 것이다.

1970년대는 문화적 다원주의를 추구하는 다문화 정책이 등장하였다. 이에 따라 이민정책의 방향도 개인과 집단 수준에서 소수자의 문화적 다양성과 차이를 인정하는 쪽으로 전환되었다. 이는 1960년대 흑인들의 인권운동, 1965년 개방된 이민정책의 도입, 1960년대 여성해방운동과 같은 정체성 정치의 등장, 소수 집단 우대조치(affirmative action) 등이 영향을 미쳤다. 용광로 모델은 전 세계 우수 인재들을 블랙홀처럼 빨아들였다. 초강대국 미국의 등극에 기여하는 토양이 된 것이다. 이에 대한 반작용이 없었던 것은 아니다.

1990년대 후반에 닷컴 붐이 일자, 미국 의회는 미국 경쟁력 및 노동력 향상법을 통과시켜서 H-1B 비자 쿼터를 늘려주었다. 그 결과로 미국의 ICT 분야와 관련된 공학자, 과학자, 컴퓨터 프로그래머들을 유치할 수 있었다. H-1B 비자는 고숙련 인재들이 미국에서 가족과 함께 장기거주를 하고 시민권을 얻을 수 있는 합법적인 방법이 되었다.

실리콘밸리와 같은 지식 클러스터로 대표되는 미국의 산업계는 전 세계 과학기술 분야 인재들이 가장 취업하고 싶은 곳이다. 미국이 초강대국으로 성장하게 된 비결은 우수한 해외인재의 유치에 있었다. 미국이라는 나라는 해외에서 유학 온 인재들이 잔류하는 비율이 높다. 공학과 과학 분야의 박사학위를 받은 사람들의 5년 잔류율은 3명 중 2명꼴이다. 미국에서 학위를 받은 후에 일자리를 얻으면서 정착하는 것이다.

멜팅팟melting pot의 위력

▶

디지털 노마드 시대 글로벌 인재들은 더 나은 조건을 찾아 이동한다. 국가 발전을 선도하는 힘은 소수의 엘리트에서 나온다는 것은 상식이다. 세계에서 가장 앞서 갔던 유럽 국가들이나 현재의 미국에서도 엘리트의 능력과 집단지성이 국가 발전의 기초가 됐다. 경제성장의 원동력은 인공지능, 로봇, 빅데이터, 블록체인, 핀테크와 같은 4차 산업혁명으로 인한 최첨단 과학기술에서 나온다고 해도 과언은 아니다. 미래는 지식정보사회이다. 새로운 성장동력을 먼저 발굴하기 위해 선진국들은 오늘도 두 눈을 부릅뜨고 과학과 기술을 육성하는 동시에 인재양성과 인재영입에 사활을 걸고 달려들고 있다. 바야흐로 글로벌 인재쟁탈 시대이다.

과학자와 엔지니어는 혁신과 창조를 만들어내는 '지식 클러스터'의 핵심이다. 과학기술 분야에서 전 세계를 선도하는 국가는 단연코 미국이다. 미국은 어떻게 전 세계 인재들을 흡수하여 세계 초강대국이 될 수 있었을까? 그 해답은 제2차 세계대전 이후 미국의 과학과 기술 분야에 대한 과감한 투자뿐만이 아니라 개방적인 이민정책에서 찾을 수 있다.

미 국립과학재단(NSF)의 데이터에 의하면, 2018년을 기준해서 미국은 41,071명의 S&E 박사학위, 중국은 39,768명의 박사 학위자를 보유하고 있다. 미국 내 STEM(과학-기술-공학-수학) 전공 부문 노동력은 전체 근로자의 23%를 차지한다. 놀라운 점은 미국 내 STEM 전공 인력은 해외 출신 근로자에 크게 의존하고 있다는 점이다. 이들은 미국 전체의 20% 정도를 차지한다. 이 중 50%가 아시아계이다. 일본, 중국, 한국, 싱가포르, 홍콩, 인도 등의 아시아권 인재들이 미국으로 몰려갔다는 사실이다.

글로벌 인재들이 미국으로 몰려갈 수밖에 없는 환경이 조성되어 있다. 오늘날 미국이 초강대국의 번영을 누리는 이유는 50년 이상 대학, 기업, 국립연구소에 막대한 자금을 투자했기 때문이다. 특허 수치는 각국의 경제가 투입물(자원 및 재능)과 지식 산출물(출판물)을, 경제적 가치가 있는 유용하고 상업적인 발명품으로 전환할 수 있는 능력을 보여주는데, GDP 10억 달러당 일본은 3.7개로 고부가가치 특허의 최대 생산국이며, 미국은 2위이다.

미국이 글로벌 R&D 부문의 리더란 사실에는 변함이 없다. 미국은 총 R&D 지출, 과학 출판물, 연구원 수에서 1위, 2위를 차지하는 나라이다. 미국의 국력은 과학기술 분야의 특허와 세계 최고로 뛰어난 연구인력과 기술인력에서 나온다.

미국은 단순히 재정적 투자를 늘려 인재를 유치하는 전략을 취하지 않는다. 해외에서 들어온 인재들에게 경제적인 성취와 더불어 시민권 취득에 대한 열망을 갖도록 도와준다. 1990년 제정된 이민법은 공학자, 수학자, 물리학자, 의료전문가, 컴퓨터 전문가와 같은 고숙련 이민자에게 H-1B 범주로 최대 6년까지 연장할 수 있도록 규정했다. H-1B 비자는 인재들이 합법적으로 장기간 거주하면서 시민권을 얻는 발판이 되었고, 고숙련 노동자들과 가족이 영구적으로 정착하는 비율이 증가하게 되었다.

또한 '선택 실무 훈련(OPT, Optional Practical Training)'을 통해 학생 비자(H-1)를 받은 외국 유학생들이 학업을 마치기 전후 최대 12개월 동안 전공 분야에서 일할 수 있게 했다. 조지 부시 행정부는 2008년 STEM 분야 학생들이 선택 실무 훈련을 통해 최대 29개월간 일할 수 있게 했다. 2016년 오바마 행정부는 선택 실무 훈련기간을 최대 36개월로 연장했다. 다른 선진국과 차이점은 선택 실무 훈련에 참여할 수 있는 외국 학생들의 숫자가 제한이 없다는 점이다. 2012~2015년 사이에 선택 실무 훈련 승인을 받은 사람의 절반인 49%가 STEM 전공으로 졸업했다. 그렇지만 선택 실무 훈련기간이 지나면 비자 규정을 어긴 것으로 간주하여 미국을 떠나야 한다.

2017년 4월에는 행정명령을 통해 매년 추첨방식을 통해 배정하던 H-1B 비자 발급방식을 '가장 숙련되거나 가장 높은 급여를 받는 지원자들'이 비자를 받는 방식으로 바꾸도록 권고했다. STEM 비자를 가장 많이 발급받은 회사들이 인도의 아웃소싱 회사들이었다는 이유를 들었다. 트럼프는 '미국 우선주의' 깃발을 들고 H-1B 비자 쿼터를 줄였다. 트럼프는 이 비자 제도가 미국에 필요한 고숙련 노동

자가 아니라 저숙련 노동자들의 미국 입국에 활용되어 미국인의 일
자리를 뺏어간다고 비판했다. 트럼프 행정부는 미국 기업의 해외유
출을 방지하고 외국기업을 유치하여 일자리 창출에 열을 올렸다.

미국 행정부의 아메리칸 퍼스트

트럼프 행정부는 '미국 우선주의(America First)'를 표방했다. 미국
노동자, 엄밀히 말해 백인 노동자들에게 일자리를 우선적으로 제공
하고, 이민자와의 경쟁에서 백인을 보호한다는 명분이었다. 불법체
류자 추방, 멕시코 국경 장벽 설치, 무슬림 입국 금지 등 대부분 이민
규제정책이었다. 트럼프는 2017년 1월 말 테러 위험을 들어서 이란,
이라크, 시리아, 예멘, 리비아, 수단, 소말리아 등 이슬람권 7개 국가
에 대해 미국 입국과 비자 발급을 90일 동안 중단하고, 난민의 미국
입국을 120일 동안 금지하는 행정명령에 서명했다. 이민자가 세운
나라인 미국의 건국이념에 어긋나는 인종·종교 차별이자 외국인 혐
오라는 비난이 쏟아졌다.

　트럼프 행정부는 2017년 9월 5일 불법 이민자 부모를 따라 어린
나이에 미국에 정착한 '불법 체류(undocumented)' 청년들에게 갱신
가능한 거주허가증을 내주고 한시적으로 합법적 이민자 지위를 부
여했던 '불법 체류 청년 추방유예(Deferred Action for Childhood
Arrivals, DACA)' 프로그램을 폐지한다고 발표했다. 그러나 일부 법안

은 사법부의 견제로 실행하지 못했다. 미국의 유색인 차별은 노예제도 폐지로 인해 흑인에 의해서 백인의 지위가 위협당할 수 있다는 '반흑인 인종차별주의(Anti-Black Racism)'에 근거한다. 미국 사회 백인들은 자신들의 지위가 위협받을 시에는 백인 우선 정책을 휘둘렀다. 트럼프도 그런 부류에 편승해 대통령직을 수행했다.

최근 연방 정부 차원의 공식적 다문화정책이 없는 대신 주정부 단위의 실질적인 다문화정책으로 변화하고 있다. 정체성, 다양성, 정치 참여, 인종 불평등과 같은 다양한 이슈들을 토대로 현장 대응을 하는 게 주류이다.

바이든 행정부의 이민정책은 다양성을 강화하는 포용적인 방향으로 전환하고 있다. 코로나19가 확산하기 전만 해도 미국 내 이민문제는 주로 멕시코 및 중미에서 유입되는 불법 이민자를 중심으로 형성되었다. 미국과 중국의 패권전쟁 속에서 코로나19 바이러스가 중국에서 비롯되었다는 믿음을 갖는 미국인들이 아시아계 이민자들에 대한 차별과 반이민 정서가 확산되고 있다. 결과적으로 미국의 대중국 정책은 서구와 비서구 간의 문명 갈등으로 비화할 가능성을 배제할 수 없다.

이민자가 쇄도한 미국이지만, 나름의 문제점을 노출하고 있다. 예컨대 미국도 2030년이 되면 베이비 부머(baby boomers) 세대가 65세 이상 노년층이 된다. 이 그룹이 총인구에서 차지하는 비율이 21%가 되는 것이다. 2035년에는 노인 인구가 청소년(18세 미만) 인구를 앞지른다. 인종에 관계없이 미국의 모든 노인 중 40%는 사회보장 혜택이 없으면 빈곤상태에 빠진다.

2050년에는 60세 이상 라티노 비율이 두 배 이상 늘어나 미국 인구의 17%를 차지할 것으로 전망된다. 이에 따라서 장기요양 인프라와 그 수요를 충족시킬 국가 능력에 대한 우려가 제기되고 있다. 미국이 당면한 과제는 메디케어, 메디케이드를 대체할 적절한 의료시스템을 재설계하는 것이다. 미국 의료 서비스 시스템의 붕괴 원인은 적절한 의료보험이 적용되지 않은 경우가 많고, 다른 선진국의 의료 시스템과 비교해도 낙후된 건강 관련 시스템 때문이다.

전 세계에서 가장 우수한 교육기관과 산업 인프라로 수많은 인재를 자석처럼 끌어들였던 미국이 트럼프의 '미국 우선주의'로 인해 걸림돌이 된다는 비판이 나왔다. 그럼에도 전 세계의 인재들은 여전히 미국행을 원한다. 아무리 미국의 비자 정책이 엄격하고 까다롭게 진입장벽을 높여도 미국에서 체류하려는 인재들이 줄을 섰다는 현실에는 변함이 없다.

캐나다: 포괄적 다문화사회 건설

인종의 모자이크

▶

캐나다는 북미 대륙의 북쪽에 위치한 연방국으로, 러시아에 이어 세계에서 두 번째로 넓은 면적을 자랑한다. 하지만 국토의 북쪽 절반은 툰드라 지대여서 인구밀집지역은 미국과의 국경선 주위에 늘어서 있다. 천혜의 자연환경 덕분에 고속도로를 달리다 보면, 곰이나 순록과 같은 동물을 만날 수도 있다. 캠핑족들이나 사냥·낚시와 같은 야외활동이 취미인 사람들에게는 천국과도 같은 곳이다. 1년 중에 캐나다를 관광하기에 가장 좋은 시기는 단풍의 향연이 펼쳐지는 10월이다. 딱히 춥지도 않고 덥지도 않은 선선한 날씨에 강수량도 적어 맑은 날이 많다. 이 나라의 국기에도 등장하는 메이플 시럽은 설탕단풍으로 풍미가 좋다. 빵에 뿌려 먹거나 커피에 설탕 대신 넣어 먹어도 좋다. 우리나라에서도 쉽게 구할 수 있는, 세계적으로 가장 유명한 캐나다 특산품이다.

캐나다는 이민자들의 나라다. 1971년 세계 최초로 다문화주의를 공식 선언했다. 이후 이민법과 다문화주의법 등을 제정해 정체성에 의해 차별받지 않는 문화를 국가 정책으로 지원하고 있다. 이렇듯 다문화주의를 이민자 정책의 근본 철학으로 삼고 전세계의 독특한 문화와 공존하고 있다. 캐나다인들은 자국을 '세계 각국에서 온 국민들이 각 나라의 문화를 합쳐서 함께 만들어가는 나라'라고 인식한다. 이웃인 미국이 각국의 이민자가 미국의 문화를 받아들이며 '인종의 용광로'를 형성했다면, 캐나다는 이민자들이 각자의 문화와 개성을 고수하면서 사회에 일조하는 '인종의 모자이크'라고 할 수 있다. 또한 여느 보수주의자들처럼 이민자들이 자국 국민의 직장을 뺏는다고 생각하지 않고, 오히려 유능한 인력이 들어와 자국의 경쟁력을 높여 준다고 생각한다.

작년 11월의 신문 기사에 따르면, 캐나다 연방정부는 극심한 노동력 부족에 대응하기 위해서 2025년까지 해마다 50만 명의 이민자를 받아들이기로 한 새 이민정책을 발표했다. 올해부터 2025년도까지 이민 계층별 계획안을 발표하면서, 이 계획으로 향후 기업들이 일손을 구하거나 중요 부문의 숙련 노동자를 영입하는 데 큰 도움이 될 것이라고 밝혔다.

캐나다 경제는 현재 노동시장의 인력부족이 극심해서 기업과 노동자들 역시 불확실성을 겪고 있는 것으로 나타났다. 이번의 야심찬 이민 영입 계획은 사회적·경제적 어려움을 해결하고 수십 년 앞의 미래를 내다보는 내용이라고 정부는 주장하고 있다. 이 같은 정책으로 그 동안 공동화가 우려되던 소도시와 마을, 농촌지역과 오지에까지 신규 이민들이 자리 잡게 될 것으로 정부는 희망하고 있다.

3단계 다문화정책 실천

　▸

　캐나다의 다문화정책은 가장 모범적으로 평가받는다. 캐나다는 공식적으로 다문화주의를 천명하고 있는 나라이다. '차이를 가지고 함께 사는(living together with differences)' 다문화사회의 모델 케이스 이다. 1970년대부터 캐나다 정부는 다문화정책을 혁신한다. 이런 노력으로 캐나다 정부의 이민정책은 이민자 통합 측면에서 긍정 평가를 받았다.

　캐나다 역시 미국처럼 건국 초기부터 다양한 민족과 인종이 이주해서 이루어진 이민 국가이다. 캐나다의 건국은 미국과 마찬가지로 원주민(인디언)의 영토 약탈로 시작되었다. 건국 과정에서는 소수 인종(주로 중국과 중남미 이민자)을 차별하고 배제하는 정책을 실행했다. 초기에는 영국계와 프랑스계가 주류를 이루다가, 산업사회로 발전하면서 유럽과 아시아 등지로부터 노동력의 유입이 이루어졌다. 유럽계 백인 이민자들 집단은 주류 집단에 쉽게 적응하고 편입될 수 있었다.

　그러나 소수민족, 유색인종 이민자에게 캐나다 정착은 결코 쉽지 않았다. 2차대전 당시에는 일본계 캐나다인을 박해하였으며, 1950년대까지 흑인들에 대한 노예화 및 분리 정책이 지속되었다. 유대인에 대한 차별도 매우 심했다. 심지어 20세기 중반까지도 백인 우월주의 이데올로기가 지배했다. 백인 우월주의가 팽배했던 캐나다가 어떻게 가장 모범적인 다문화국가로 변신했을까? 그 궁금증의 해답은 3단계에 걸친 다문화주의 정책에서 찾을 수 있다.

앞에서도 언급했듯이 1971년 캐나다는 공식적으로 다문화주의를 천명하고 3단계로 정책을 실행했다. 1970년대 '1단계 인종 다문화주의'에서는 문화적 차원을 강조했다. 핵심은 인종적 편견에 대해 어떻게 대처할 것인가였다. 해결 방법은 인종 차별 배제와 관용, 배려의 사회적 분위기를 만들어 나가는 것이었다.

1980년대부터 1990년대 초반까지 '2단계 평등 다문화주의'의 핵심은 인종 차별 배제 정책이었다. 우선 제도적 장벽의 제거였다. 1995년 이후 '3단계 시민 다문화주의'에서 골자는 소외의 배제였다. 해결 방법은 포함과 참여를 통한 다문화 분위기의 확산이었다. 각 단계별 다문화주의 포인트는 '차이를 가지고 같이 살아가는' 공생의 가능성을 추구하는 것이었다. 시대적·정치적 환경이 변화해도 단계별로 목표를 달성하는 수단만 달라졌다.

정권이 바뀌어도 일관된 정책 추진

캐나다 다문화주의 특징은 자유주의에 기반한 '포괄적 다문화주의'이다. 포괄적 다문화주의란 사회 정의, 정체성, 시민적 참여를 장려함으로써 포괄성 실현을 추구함을 뜻한다. 문화적 차이에 대한 관용정신을 배양하고, 편견을 줄이며, 차별적 제도적 장치를 제거하는 것이다. 서비스에 대한 접근성에 있어서도 인종 간·문화 간 평등을 보장하고, 제도를 고치면서 집단 간의 만남을 향상시키고, 시민권을 강조한다. 보편주의 원칙에 따라 모든 사람이 동등하게 대우받는다. 상황에 따라서는 문화 간 차이를 고려할 필요성도 인정하도록 했다.

이처럼 캐나다의 다문화정책은 '포괄적인 사회 건설'이라는 의제를 중심으로 발전해왔다. 캐나다의 모든 시민들은 출신 인종과는 상관없이 '법 앞에서의 평등'과 '평등한 기회'를 보장받는다. 이는 우리의 다문화정책에 적지 않은 시사점을 줄 수 있다.

자유주의적 모델에 기반한 포괄적 다문화주의는 한계와 약점이 있다. 포괄성과 통합에 대한 강조는 기존 질서의 유지를 선호한다는 의미이다. 캐나다는 문화적 차이들을 인정하되, 그 차이들이 정치화되는 것을 극도로 경계한다. 이유는 문화적 차이들이 탈정치화되면서, 지배적 이데올로기를 강화해 주는 결과를 초래할 수 있기 때문이다.

이런 한계점에도 불구하고 캐나다의 포괄적 다문화주의는 헌법이 보장한 평등권과 인간의 존엄성, 생명권을 담은 정책을 입안하는 과정에서 이민자들의 인권과 복지, 정착에 중요한 시사점을 주었다. 이민정책은 인간존엄성과 사회통합에 정책을 맞춰야지 정치적 관점에 좌우되어서는 안 된다는 데 필자는 주저 없이 동의한다.

캐나다는 향후 신규 이민자 100만 명 수용을 목표로 한다. 2019년 33만 명, 2020년 34만 명, 2021년 35만 명 등 지속적으로 확대했다.

캐나다의 이민자 그룹은 경제이민, 가족이민, 난민으로 구분된다. 저출산 고령화 시대를 맞아 노동력 부족에 대응하기 위해 경제 이민 비율을 2020년까지 전체 신규 이민자 중 60%까지 확대했다. 노동인구가 지속적으로 부족한 시장은 보건, 과학, 특수기능직, 교통, 중장비기사 등이다.

캐나다의 이민정책에서 눈여겨볼 대목은 지속적인 대규모 이민자 유입과 더불어 국가발전 전략으로 이민을 적극 활용했다는 점이다. 정부가 바뀌어도 일관된 정책을 추진하는 것이다. 고학력 이민자들이 유입되어도, 이들이 노동시장에서 자신들의 역량을 충분히 활용하고 있지 못하거나, 이러한 정도가 점차 심화되고 있다는 문제점도 노출되었다.

캐나다가 당면한 과제는 주정부와 고용주들의 수요자 중심의 요구를, 우수한 인적자본을 가진 이민자를 선별 수용하려는 공급자 중심의 이민정책의 큰 틀에 얼마나 잘 균형을 맞춰나갈 것인지 여기에 성패가 달려 있다. 지속적인 대규모 이민자 유입과 국가발전의 전략으로 이민을 적극 활용하기 위해서 일관된 이민정책을 추진하고 있다는 점에서 '예외적 사례(Canadian exceptionalism)'이다.

이민정책연구원의 자료에 따르면, 캐나다의 이민 및 재외동포 귀환 정책에 주목할 필요가 있다. 온라인 이민지원 시스템을 도입해 영주권을 신속하게 발급하고, 캐나다의 대학 졸업 후 1년 이상 근무할 경우에 영주권을 부여하는 경력이민제도, 외국 벤처 창업주 대상으로 영주권을 발급하는 창업이민제도 등을 도입하고 있다는 점이다.

3_

프랑스: 무슬림과의 공존

국립이민역사박물관 개관

▸

유럽축구의 5대 리그에는 영국의 프리미어 리그는 기본이고, 프랑스의 리그 앙도 여기에 포함된다. 세밀하고 예술적인 축구를 구사하기에 '아트 사커'로도 정평이 나 있다. 지난 카타르 월드컵에서 음바페로 대표되는 프랑스 팀은 막강한 화력을 구사하며 준우승을 차지했다. 프랑스 인구의 80% 이상이 백인이지만, 국대의 주전은 유색인종이 많기에 대단히 이색적이다.

19세기 초반까지만 해도 프랑스는 유럽에서 인구밀도가 매우 높은 국가였다. 19세기 중반 무렵부터 그 규모가 급감하면서 이웃 나라들로부터 이민자들이 들어오기 시작했다. 1851년 40만 명의 외국인 수가 1890년에는 1백만 명이 넘게 되었다. 공업화에 따른 공장 노동자가 필요했고, 이농에 따라 농업 노동자 또한 필요하기 때문이었다.

비교적 이민 역사도 길고, 이주민들을 대상으로 한 사회통합의 역사가 길다. 또한 비교적 훌륭하게 사회통합을 이뤄내고 있다는 평가를 받아오고 있는 국가 중 하나이다. 특히 최근에 유럽에서 난민 문제 등으로 많은 나라들이 이민정책에 대해 정책방향을 선회하고 있지만, 프랑스의 경우 비교적 이주민의 사회통합에 대해 여전히 긍정적인 입장을 가지고 있다고 할 수 있다.

프랑스 정부는 2007년에 국립이민역사관을 개관했고, 그 안에는 이민역사문화박물관(Musée de l'histoire et des cultures de l'immigration)이 들어섰다. 역사관의 개관은 정부 차원에서의 프랑스 사회의 다문화성에 대한 공식적 인정과 체계적 지원을 의미한다. 다시 말해 프랑스가 하나의 단일인종이나 단일민족으로 구성된 것이 아니라 다양한 출신의 이민자들에 의해 만들어졌으며, 이 다양한 구성원의 공헌에 의해 프랑스와 프랑스 역사가 이루어졌음을 공식적으로 인정한다는 것을 의미한다. 이민자들의 문화와 예술을 비롯해 관련 자료를 수집하고 보존할 뿐만 아니라 연극 공연, 전시, 영화 상영, 음악회, 강연회 등을 개최하여 일반인들이 이러한 자료에 쉽게 접근할 수 있도록 한다.

무슬림 갈등에 몸살 앓는 나라

프랑스는 유럽에서도 오랜 이민의 역사를 가진 대표적 나라이다. 프랑스의 이민정책 변천사와 실패 경험은 미래를 지향하는 우리에게도 여러 면에서 시사점을 제공한다, 2018년 기준, 프랑스 전체 인구 6,500만 명 중에서 이민자는 9.7%(670만 명) 수준이다. 이 가운데, 410만 명이 외국 국적자이고, 240만 명이 프랑스 시민권자이다. 그런데 프랑스 또한 2045년 기점으로 인구 감소로 접어든다.

프랑스는 18~19세기에 출산율 저하로 인한 노동력 부족 현상을 겪으면서 국가 주도로 외국인 노동자를 받아들이기 시작했다. 1차 세계대전 이후 노동력 부족에 허덕이던 프랑스는 벨기에, 스페인, 폴란드 등으로부터 대규모의 이민 노동자를 받아들였다. 유럽계 이민자들은 비교적 유사한 인종적 배경과 문화적 전통을 가지고 있기에 프랑스 사회로의 동화에서 큰 어려움을 겪지 않았다. 이 때문에 초기 유럽계 이민자들을 위한 프랑스 정부의 공식 정책은 따로 존재하지 않았다.

2차 세계대전 이후 1945년부터 1980년 사이에 프랑스는 북아프리카로부터 대량의 이민자를 받아들였다. 프랑스의 식민지였던 알제리를 비롯한 튀니지, 모로코 등의 무슬림계가 대거 프랑스에 유입되었다. 프랑스는 국가 재건을 위해 1945년 11월 2일 국가이민청을 설치했다. 그리고 1년, 5년, 10년짜리 체류증을 만들었다. 가족 재결합을 통한 지속가능한 이민정책의 실행, 외국인의 체류기간 연장을 통한 새로운 권리 취득 등을 강조했다. 2차대전의 폐허를 딛고 재건에 착수한 1945년부터 1975년까지 경제발전에 필요한 인력수급을 위해 이민을 장려한 것이다.

그러나 1974년 7월 5일부터 이민정책이 대전환된다. 지스카르 데스탱 정부는 가족 재결합을 제외한 모든 이민을 중단하고 귀국장려

금까지 주면서 이민자의 귀국을 종용했다. 반면에 이민 유입은 엄격히 제한하면서도 합법적 이민자에게는 문을 열었다. 그들의 사회적 지위를 개선해 줌으로써 프랑스 사회에 적극적으로 통합시키는 정책을 취하였다.

1980년대부터는 이민문제가 중요한 정치 현안으로 떠올랐다. 진보세력이 정치 전면에 등장하면서였다. 1981년 미테랑 대통령은 '사회통합'과 '반차별'을 기치로 내세우며, 이민자에게 보다 유리한 조치들을 시행하였다. 좌파연합 정부는 불법체류자들을 합법화해 주고, 이민자의 체류조건을 완화하는 등 귀국장려정책을 폐지했다. 1990년대 소련의 해체, 동유럽 사회주의 국가들이 붕괴되면서 동유럽국가 출신 이민자들도 증가하고 있는 추세이다. 그 이후 좌파, 우파 정권에 따라 다소의 변화는 있었지만, 이러한 반차별, 사회통합을 목표로 하는 정책 기조는 2000년대까지 유지되었다.

프랑스에서 무슬림 문제는 '뜨거운 감자'이다. 현재 이민자 중 400만 명가량이 무슬림 이민자이며, 최근 이민자 대부분도 무슬림이다. '신이민자' 집단이라고 불리는 이들 무슬림 이민자를 통합하는 문제는 프랑스가 안고 있는 고민거리이다. 무슬림 이민자들은 프랑스 사회에 동화되기를 거부하고, 그들만의 종교적·문화적·사회적 정체성을 유지하고 있다. 프랑스혁명 이후 정교분리 원칙은 무슬림 이민자들의 유입으로 인해 심각한 도전을 받게 되었다. 서로 다른 인종적·종교적·문화적 배경을 가진 이들을 프랑스 사회에 통합하는 일은 쉬운 게 아니었다.

이방인의 게토, 방리유 93지역

파리의 샹젤리제 거리는 에르메스, 샤넬, 루이뷔통 등 명품 매장과 전통 건물들이 즐비하다. 샹젤리제에서 지하철을 타고 북동쪽으로 20분 정도 이동하면 빈곤지역인 파리 19구의 골목길에 도착한다. 이곳은 프랑스어와 아랍어가 병기된 간판, 북아프리카 음식을 파는 식당과 무슬림의 전통방식인 '할랄' 방식으로 도축된 고기를 파는 정육점이 줄지어 있는 이방인의 동네이다. 이 허름한 거리에는 챙 없는 모자를 쓴 남성들과 히잡 차림의 여성과 유색인종들이 활보하고 있다.

이곳을 처음 와본 외국인 관광객이 골목길 사이를 헤집고 들어가면 가난에 찌든 장소임을 금세 느낀다. 골목 안에는 서울의 재개발지역을 연상케 하는 낡아빠진 고층 임대아파트들이 서 있다. 보도블록이 흔들리는 곳도 있고, 창틀이 심하게 뒤틀린 채 방치되어 있기도 하다. 방리유 중 한 곳인 생드니의 한 카페에서는 아랍풍의 노래가 연신 흘러나온다. 이곳에선 프랑스어 대신 아랍어로 이야기를 나누거나 통화를 하는 사람들을 흔하게 만난다. 가난한 무슬림 아이들, 백인과는 달리 짙고 어두운 피부색을 가진 사람들, 마치 19세기의 하층 프롤레타리아 계급을 대변하듯 빈곤층 사람들이 살아가는 동네이다. 화려한 파리의 샹젤리제 거리와는 완전히 딴판이다. 그래서인지 사람들은 이곳을 파리라 부르지 않고, '파남(Paname)'이라고 한다.

이방인의 게토 93지역(게토는 소수 인종이나 소수 민족, 또는 소수 종교 집단이 거주하는 도시 안의 한 구역을 가리키는 말이다.)이 전 세계에 알려진 계기는 2005년 10월 27일이었다. 클리쉬-수-브(Clichy- sous-Bois) 위험지대인 몽페르메이유(Montfermeil)에서 폭동이 발생했다. 사건의 발단은 아프리카 이민자 2세 소년 두 명이 경찰의 불심검문을 피해 송전소 담을 넘다가 변압기에 떨어져 감전사했다. 이 사건으로 두 명이 죽고 한 명이 크게 다쳤다. 폭동은 인근 마을로 점차 확대되었고, 이후 몇 주 동안, 폭도들이 자동차와 건물에 방화했다. 두 소년의 죽음은 프랑스혁명과 계몽주의가 탄생한 톨레랑스(관용)의 나라 프랑스에서 '주변인'으로 살아가는 아프리카 이주민의 실상과 어두운 프랑스의 민낯을 드러냈다. 폭동은 파리를 넘어 프랑스 전역과 벨기에, 오스트리아 등으로 번졌다. 당시 프랑스에서는 폭동 3주 만에 차량 1만여 대와 건물 수백 채가 불탔고, 수백여 명의 부상자도 발생했다. 프랑스 중앙정부의 개입으로 사태가 일단락되었지만, 2005년도 파리 게토에서 벌어진 무슬림 폭동은 이민자 사회통합 모델의 실패를 보여주었다. 이후 프랑스 정부는 무슬림 불법체류자와 시위에 대해 강력한 처벌을 제대로 하지 못했다.

무슬림 이민자 문제는 프랑스의 업보일까?

이 사건 이후 프랑스 정부는 방리유 지역에 수억 유로를 투자했다. 도시빈민들이 다닥다닥 붙어 살았던 낡고 허름한 고층 아파트들은 철거되면서 보다 더 인간적인 주거 건물로 대체되었으며 많은 정원과 공원이 조성되었다. 그리고 많은 이슬람 사원들이 새로 건축되었다. 하지만 아직도 93지역 안으로 이동하는 것은 달갑지 않다. 파리는 15km 떨어져 있지만, 방리유 사람들이 파리에 가려면 여전히 1시간 반이나 걸린다.

2005년 이후 방리유 청년들은 변하기 시작했다. 그날의 비극을 체험한 청년들은 기초의회와 지자체 의원으로 활동 중이다. 그들 스스로 방리유를 살만한 곳으로 만들려고 노력하고 있다. 방리유라는 무슬림 이민자 게토에서 유일한 앵글로색슨계 백인 스페인 이민자의 후손 오르티즈는 이 지역을 소재 삼아 단편영화를 연출했다. 서울의 조선족 게토 대림동처럼, 방리유는 프랑스 원주민이 떠나자 이민자들의 게토가 되었다. 이민자들이 일상적으로 피부에 와닿을 정도로 느끼는 사회적 편견과 차별은 그들의 분노를 부채질하고, 점점 더 주류사회에서 이탈시키고 고립되게 만들었다.

테러 이후 프랑스 시민들의 무슬림 이민자를 향한 시선은 더욱 차가워졌다. 이민자에 대한 차별이 극단주의가 싹틀 수 있는 조건을 만들고, 극단주의는 다시 편견을 낳는 악순환이 반복되고 있다. 프랑스 국민의 보이지 않는 차별과 편견은 이민자와 갈등의 골을 더욱 깊게 하고 있다. 프랑스의 무슬림계 이민자들의 문제는 남의 나라의 일이 아니다. 이민자 문제와 사회통합이 얼마나 어려운지 재확인하는 사례이다.

2005년 파리에서 발생한 무슬림 소요 사태는 동화주의 정책의 한계와 톨레랑스의 허상을 여실히 보여준다. 프랑스 사회의 무슬림 문제는 제국주의 시절 프랑스가 뿌려놓은 업보라는 평가도 있다. 무슬림계 이민자들은 표면적으로 동화되었다고 하더라도 현실적으로는 사회적 분리와 보이지 않는 배제로 인해 사회적 이질감이 증폭된 상태였다.

최근 프랑스 정부의 이민자 프로그램은 나름대로 설득력을 갖고 있다. 새로 유입된 이민자들에게 프랑스 공화국의 가치를 받아들이도록 하는 '공화국 통합 모델'에 근거하여 사회통합을 지원하는 각종 프로그램을 실시한다. 프랑스 이민청은 이민자들에게 프랑스의 언어와 역사 및 법제도에 대한 이해, 평등과 권리 등 인권 교육, 시민으로서의 참여 및 시민적 역량 강화, 직업 및 사회교육, 문화 이해 등 다양한 프로그램을 실행하고 있다. 현재 프랑스는 소수의 정체성을 인정하고, '다를 권리'를 존중하는 양방향적인 다문화주의가 필요하다는 입장으로 이동 중이다.

영국 · 독일 · 네덜란드의 이민정책

영연방 다문화주의의 굴곡

▶

19세기와 20세기에 대영제국의 영토가 절정에 달했을 때, 제국의 어딘가는 낮이었기에 '해가 지지 않는 나라'라는 슬로건이 붙어 다녔던 영국은 식민지들의 독립으로 제국이 해체된 지금도 해외 영토들이 일부 남아 있기 때문에 이 말은 틀리지 않다. 2차대전 이후에는 미국과 독일 등에 따라잡히면서 예전 막강했던 경제적 영향력은 다소 줄었다고 하지만, 문학의 셰익스피어와 음악의 비틀스만 보더라도 문화강국으로서의 이미지는 여전히 유효한 나라이다.

영국은 영연방을 구성한 강성 열강답게 가장 많은 이민의 물결을 경험했다. 아일랜드의 대기근으로 100만 명 정도가 잉글랜드로 이주했으며, 19세기에는 대략 3만여 명의 독일 출신자들이 잉글랜드와 웨일스에 몰려왔다. 1891년까지 독일 이민 공동체는 영국에서 러시아인, 유대인에 이어 세 번째로 규모가 컸다. 특히 제2차 세계대전 말기에는 자국으로 돌아갈 수 없는 12만 명의 폴란드 참전 용사들이 영국에 영구히 남았고, 2차대전 이후 영국의 옛 식민지 국가들이 모여 있는 카리브해와 인도 및 아시아인이 새로운 삶을 찾아 영국으로 모였다.

전후 복구과정을 거쳐 영국 경제가 다시 성장하는 과정에서 1970년대 초까지 주요 이민자들은 영국의 속령에 거주하던 사람들이었다. 1980년대를 전후해서 영국이 유럽경제공동체(EEC)에 가입한 이후부터는 서유럽과 남유럽 등의 백인들이 유입되기 시작했다. 소련 붕괴 이후에는 동유럽 국가 출신 이민자 수가 증가하였다. 2011년에 영국 내 EU 회원국 출신 이민자들은 대략 13%에 달했다. 영국 정부의 통계에 따르면, 2015년 기준 영국 출생아의 27%가 이민자의 부모로부터 태어났다. 그러니까 영국인 100명 가운데 4분의 1 이상이 이민자 출신인 것이다. 이렇듯 영국 유입 이민자는 지속적인 증가추세에 있으나, 2015년 시리아 난민 위기와 유럽 내에서 발생하는 이민자 문제로 인해 이민자 유입에 반대하는 여론 또한 증폭되고 있다. 브렉시트(Brexit)로 영국이 유럽연합(EU)을 탈퇴하면서 더욱 보수적인 이민정책을 펼칠 것으로 보인다.

영국은 1950년대 부족한 국내 노동력을 보충하기 위해 영연방 국가들로부터 남성 노동자들을 받아들였다. 1970년대는 이들 노동자들의 가족 재결합을 위한 이민 허용이 이뤄졌고, 1980년대는 전문직 노동력과 난민의 대거 유입이 뒤따랐다. 2000년대 들어서도 이주민 수는 증가추세로, 2021년 옥스퍼드대 이민연구소에 따르면 인도(9.3%), 폴란드(7.1%), 파키스탄(4.7%) 출신 등의 순이었다.

1950년대부터 1970년대까지 영국은 이민족 동화주의 모델에 기초하고 있다. 예컨대 동남아시아와 아프리카로부터 이주해온 노동자들을 영국 사회에 동화시키려 하였다. 문제는 이주민의 규모가 증가하면서 이 정책은 실패했다. 1970년대 들어서 영국은 동화주의를 포기하고 다문화주의에 기초한 정책으로 전환하였다. 영국의 초기 다문화정책은 이주민들에 대한 인종차별주의 극복에 중점을 두었다. 복지국가로서 차별을 없애고 평등을 실현할 책임이 있다는 논리에 따라 노동당 정권 하에서 인종차별주의 정책이 강화되었다. 이와 달리 보수당이 집권하면 다문화주의와 인종차별 배제 정책이 희박해지는 행보를 보였다.

정치적 현실과 맞닿은 다문화주의

1990년대까지 영국의 다문화정책은 소수 이주민 집단들이 자신들의 문화적 정체성을 유지할 수 있도록 허용하는 다원주의적 다문화주의(pluralist culturalism)를 지향했으나, 실제로는 다원주의적 단일문화주의(pluralist mono-culturalism)에 가까웠다. 소수 이민자 집단이 분리된 공동체 안에서 자신들의 문화적 다양성을 유지했다는 면에서 다원주의적이지만, 백인계 영국 문화가 뚜렷한 주류를 형성하는 상황에서 이민자 공동체는 주변부에 머무는 차원이다.

결국 소수 이민자 집단들은 영국 주류 사회에 동화되거나 통합되기보다는 분리되어 자신들의 공동체를 유지하는 쪽으로 뭉쳐졌다. 그 결과 서로 다른 문화에 대한 이해가 향상된 것이 아니라, 이질적인 문화에 대해 무관심이 증폭되었다. 결과적으로 통합적인 비전이나 이데올로기 없이 여러 개의 사회가 평행적으로 존재하는 결과(parallel societies)를 초래하였다. 우리나라가 이민정책을 수립하는 과정에서 반면교사로 삼고 고민해야 할 대목이다.

2000년대 들어 다원주의적 다문화주의에 대한 불만이 불거졌다. 그 시작은 2001년 여름, 무슬림 청년들에 의해 발생한 폭동이 기폭제가 되었다. 보수 정당과 정치인들은 문제의 원인으로 다문화주의를 지적하였으며, 노동당 정부도 기존의 다원주의적 모델에서 영국의 정체성과 통합을 강조하는 방향으로 정책을 수정하였다. 과거 동화주의가 소수 집단 문화의 주류 문화로의 일방적인 흡수를 의미한다면, 영국 정부의 새로운 정책 방향은 좀 더 진보적이다. 즉 소수 집단 문화를 인정하면서 새로운 영국의 정체성을 건설하는 통합을 목표로 한다. 이 같은 다문화주의는 이미 영국의 정치적 현실에 어느 정도 뿌리내리고 있다.

현재의 이민법이나 이민정책은 경제적 이해나 인권 등 오랜 시간에 거쳐 축적된 가치체계를 토대로 수립되었다. 해가 지지 않는 나라 영국의 과거 식민지 통치 경험은 현 영국 이민정책에 많은 아이디어를 제공한다. 파키스탄 출신 런던 시장의 배출, 영국 내각에 아랍계 출신 장관이 입성한 것도 다양성과 다문화적 특성을 존중하지 않고서는 사회통합이 어렵다는 정책적 판단에 따른 결과물이다. 영국 사회 전체에서 이민족을 보는 전향적 관점의 변화였다. 2022년 10월, 새 영국총리로 등극한 수낙은 인도 출신 이민자 출신이다.

포용적 이민정책으로 전환한 독일

▶

1989년 베를린 장벽 붕괴에 따라 동독의 공산정권이 해체된 이후 1990년에 독일의 통일이 이뤄졌다. 통일 이후 독일은 유럽연합의 핵심 회원국이자 경제대국으로 성장했다. 국토가 유럽의 한복판에 자리하고 있어서 접경국가가 많은 독일은 1970년대 이후 인구의 자연감소가 시작되자 억지 출산에 따른 부작용보다는 이질적인 사람이라도 능력 있는 인구가 많은 게 낫다고 판단해서 이민 인구를 지속적으로 받아들이고 있다. 이처럼 독일은 유럽국가 중에서는 가장 많은 이민자를 받아들였다. 고령화와 저출산 등 인구 구조의 변화로 인해 인력 부족을 메우기 위해 고심하고 있다. 2021년 기준 독일 총인구 가운데 2,230만 명이 이민자 출신이다. 독일 인구의 27.2% 수준으로 4명 중 1명꼴이다. 이 가운데, 인구의 53%인 1,180만 명이 독일 시민권을 획득했다. 1,180만 명 중 절반 이상이 태어날 때부터 독일 시민권을 가지고 있으며 이는 전체 독일 인구의 8.2%에 해당한다. 독일 내 외국인 중 대다수는 튀르키예, 러시아, 동유럽 국가 등 유럽에서 온 이민자들이다. 아시아와 아프리카 이주민의 비중은 상대적으로 낮다.

원래 독일은 순혈주의를 고수하는 나라였다. 1950년대의 정책은 '독일은 이민자들 나라가 아니다'라는 전통적인 순혈주의를 고수하는 보수적인 나라였다. 다른 유럽 국가와 마찬가지로 1950년대 말, 노동 인구가 부족해졌다. '손님 노동자(Guest Worker)' 정책을 펴서 한국의 광부와 간호사 등 외국인 노동자를 초청했다. 이주 노동자에게는 영주권과 국적을 부여하지 않고 시한부 체류허가만 허용했다. 고용기간이 끝난 뒤 되돌려 보내는 유형이었다. 외국인 노동자에게는 정주가 허용하지 않고 순환원칙에 따라 한시적인 고용만 허용하는 고용허가제와 귀환정책이다. 그렇지만 많은 외국인 노동자들은 본국으로 돌아가지 않고 독일에 정주했다.

1960년대와 70년대 외국인의 유입 증가, 가족재결합이라는 새로운 형태의 이민이 증가하면서 독일 내 외국인의 비중은 지속적으로 증가했다. 따라서 원치 않았던 다문화사회에 직면하게 됐다. 순혈주의를 고집하던 독일 정부는 사회통합을 위해 외국인들의 독일사회로의 동화를 정책 목표로 삼았다.

1980년대 중반 이후 동유럽국가로부터의 난민과 이주, 독일계 동유럽 국민의 귀환이 급증하였다. EU 확대도 독일 내 이민자 유입을 부채질했다. 독일은 높은 수준의 경제력과 사회복지 정책을 유지하고 있기 때문에 이민자들이 가장 선호하는 나라였다. 독일 정부의 공식정책과는 상관없이 독일로의 이주현상은 계속 증가하고 있는 상황이다. 1991년 외국인 법의 개정은 독일의 이민과 관련된 법적, 제도적 측면의 개선과 함께 다양한 언어적·인종적·문화적 차원의 존중과 문화적 가치의 동등성을 전제로 '다문화사회를 위한 문화권 상호간의 이해'라는 발상의 전환을 시작하였다. 이는 다양한 문화적 배경을 가진 개인이나 집단과의 상호교류와 이해 증진을 통해 문화적 차이와 갈등을 해결하려는 독일식 대응이다.

이주민과의 교류 활성화

2000년대 유럽연합이 옛 공산권 유럽국가 국민들을 대거 받아들이면서 이주 노동이 자유로워지자, 독일은 다인종·다민족·다문화를 뼈대로 삼은 다문화정책으로 전환하였다. 그러나 예상외로 사회적 통합이 이뤄지지 않았다. 당시 메르켈 총리는 2010년 다문화주의를 실패라고 인정했다. 2016년 독일에서는 사망자가 출생자보다 11만 6,000명이나 웃돌면서 인구가 줄어들 처지에 놓였다. 하지만 전년보다 34만 6,000명이 늘어났다. 80만 명의 시리아 난민이 동유럽을 지나 서유럽으로 들어갔고, 독일이 이들을 대거 받아들였기 때문이다.

2000년대 이후는 심각한 인구문제에 직면하여 포용적 이민정책을 통해 이민법을 개정해 왔다. 현재까지 국적 부여 조건에서 독일은 이중 국적 허용에 제한적인 요소가 많아 포괄적 사회통합 접근에 한계를 나타내고 있다. 하지만 미국, 캐나다 등 다문화주의 국가들의 정책 입장을 무조건 수용하기보다는 포용적 이민정책의 관점에서 주류사회의 사회결속 및 경제발전을 위한 입장 선택으로 일부분의 성과를 나타내고 있다.

독일은 현재 이민 및 난민 유입을 통해 유럽 내 경제 및 인구 대국이 되었다. 포용적 이민정책은 평등 확보와 더불어 주류화, 다양성 정책 추구 관점을 통해 공동체 내 집단 간 이질화를 극복하고 공통의 유대를 촉진하는 방향으로 흘러가고 있다. 2000년대 들어서 동화정책의 한계에 봉착한 독일 정부는 이중언어교육을 실시하거나, 교육과정에서 타자와 타문화에 대한 이해를 증진시키는 포용정책으로 확 바꾸었다. 이중 국적을 허용하고, 이주민과 주류 집단 간 상호교류가 활성화하면서 공동체 발전 방향을 모색하는 성숙한 시민 정신이 형성됐다.

독일은 포용적 이민정책을 실시하면서 평등을 확보하고 공동체 내 집단 간 이질화를 극복하며 공통 유대를 만들어가고 있다. 독일의 포용정책은 우리나라의 이민정책 수립과정에서 취할 점이 많다. 독일의 사례는 혈통에 기반한 순혈 민족주의를 중시하는 우리 한국 사회에 소중한 시사점을 제공한다.

네덜란드의 이민자 사회통합정책

▶

유럽의 많은 언어에서 네덜란드는 홀란트라고도 하는데 이를 한자의 음차 표기로 화란(和蘭)이라고 했다. 우리는 보통 네덜란드 하면 대표적인 상징물로 풍차를 떠올린다. 예로부터 풍부한 풍력을 활용해 곡식을 빻기도 하고, 간척지의 바닷물을 빼내기 위한 배수용 수차로 활용되었다. 지금도 암스테르담이나 로테르담 근교에 가면 초록빛 벌판에 늘어서 빙글빙글 도는 풍차를 볼 수 있다.

네덜란드는 유럽의 많은 국가들 중에서도 특히 외국인에 대해 개방적이라는 평가를 받고 있다. 1천7백만 명의 네덜란드 인구 중 이주민들이 차지하는 비율은 20% 정도이다. 비유럽 출신들(180만 명)이 유럽 출신(150만 명)보다 더 많은 비중을 차지한다. 네덜란드의 외국인 이주는 2차대전이 끝난 후 탈식민지화한 인도네시아 등으로부터 시작되었다. 이후 스페인이나 이탈리아, 튀르키예 등의 국가에서 다수의 이주노동자들이 일자리를 찾아 네덜란드로 이동하면서 대규모의 이주민들이 유입되었다.

난민에 대해서 비교적 관대했던 네덜란드는 1990년대부터 현재에 이르기까지 많은 난민이주민들을 수용하여 왔으며, 2016년에 네덜란드에 정착한 난민들의 숫자가 5만 명에 이르렀다. 이로써 네덜란드 정부는 이주민들의 사회통합에 대한 관심이 역시 높아졌다. 이주민들에게는 의무를 강조했으며, 비용 역시 유료화하여 사회통합을 독려하고 있었다. 또한 사회통합 프로그램 참여가 소극적일 때는 이주민들에게 제재를 하고 있으며, 이주민 개개인의 책임을 강조하고 있다.

우리나라보다 훨씬 앞서 다문화사회로 진입한 네덜란드의 이민자 사회통합정책은 상당한 시사점을 줄 수 있다. 네덜란드는 소수문화집단에 대한 온정적 성격의 다문화주의 통합정책에서 탈피했다. 대신 기본 가치를 우선적으로 수용함과 동시에 네덜란드어 습득을 강조하는 '동화주의적' 정책으로 전환했다. 우리와는 사회적 배경이나 인식이 다르지만, 그들의 정책을 보면 우리가 어떤 방향으로 설정해야 할지 힌트를 얻을 수 있다. 네덜란드의 최근 이민자 사회통합 정책원칙을 요약하면 다음과 같다.

네덜란드어 습득 강조

먼저 입국 단계에서 네덜란드어 습득 및 가치관 수용 등을 기준으로 사회통합에의 능력과 의지를 시험한다. 입국 이후에는 두 가지 원칙이 적용된다. 현지 적응의 책임을 '사회'에서 '개인'으로 이동시킨다는 원칙이다. 현지 사회에 잘 융화되기 위해 필요한 언어, 문화, 직업능력 등에 대한 이해도를 각자의 책임 아래 이루어 내야 한다. 이 노력은 사회보장과 직업알선 등의 혜택과 연계된다.

이후, 거주 외국인에 대한 정책은 '출신별 특별정책'에서 점차적으로 '일반정책'으로 이행한다는 원칙이다. 다시 말해 언어와 생활능력 그리고 가치관의 수용 등에서 테스트를 통과하여 네덜란드에 거주허가를 받은 외국인은 특별보호 및 특혜의 대상이 아니다. 일반국민과 똑같은 대상이 된다. 이를 통해 우리에게 주는 시사점을 찾아보면 다음과 같다.

첫째, 이민자에 대한 네덜란드의 정책은 외국인에 대한 특별지원을 없애는 방향으로 선회했지만, 네덜란드의 정책에 대한 유럽 사회의 평판은 좋다. 브뤼셀 영국문화원, 외국정책센터, EU이민정책 그룹이 개발한 이민자 통합정책 지수 평가에서 네덜란드는 31개국 중 5위를 차지했다. 하지만, 입국 전 의무화된 네덜란드어 시험은 응시료가 한번에 350유로나 되어 많은 부담을 준다. 그러나 현실적으로 재분배가 이루어진다는 점에서 부담이 아닐 수도 있다. 꼭 필요한 언어 습득은 이민자들의 자발적인 적응을 북돋고, 고립을 방지하는 데 효과적이라는 평가다.

둘째, 언어 습득과 가치관 수용에 대한 각 개인의 노력을 기준으로 이주민을 걸러내는 장치는 유용하다. 언어 습득은 다문화 시대를 대비하는 우리가 적극적으로 참고하면 유익할 것이다. 향후 우리 사회는 결혼이민자와 외국인 근로자 등 체류 외국인의 증가와 이들의 정주화, 가족재결합 요구 등의 문제가 심화될 것이다. 특히 결혼 이주의 경우, 사전 언어 습득은 한국 입국 이후 불거지는 갖가지 가정에서의 내부 문제를 걸러내는 유용한 정책 수단이 될 수 있다.

셋째, 이민자 그룹에 대한 '특별지원정책'으로부터 '일반정책'으로의 선회도 검토할 만하다. 재한 외국인 중 다문화 가족, 특히 여성 결혼이민자의 지원에 치우친 우리나라 외국인 통합정책을 검토할 필요가 있다. 다문화 예산지원의 경우, 결혼이민자에게 대부분 배정돼 있어서 쏠림 현상을 보인다. 뿐만 아니라 여성 결혼이민자에 대한 생애 전 단계에 걸친 촘촘한 맞춤형 보장 및 지원은 같은 외국인 주민간의 형평성 문제를 야기할 수 있다.

넷째, 급속한 이민 유입으로 야기되는 사회적 문제는 결코 외국인에 대한 특별지원이나, 그들의 문화적 정체성의 보호로 해결되지 않을 것임을 보여준다. 물론 네덜란드가 보여준 문제해결의 방식, 즉 소수 집단의 문화적 정체성 유지를 위한 특별지원을 중지하고 네덜란드적 가치를 확립하는 방향으로 전환한 방식은 앞으로 계속적으로 그 효과성을 검증해야 할 것이다. 네덜란드만이 유독 이런 방식을 채택한 것이 아니다. 최근 서구 각국의 흐름을 가장 두드러지게 보여주는 사례이다. 네덜란드의 이민정책의 여정은 '한국적 가치'가 무엇인가에 대한 본격적인 모색이 필요함을 시사한다.

일본과 말레이시아의 이민정책

이민자에게 폐쇄적이었던 일본 다문화

▶

이민자에게 관대한 미국·캐나다와는 달리 일본은 자국 문화의 특수성이나 민족의 순수성을 강조하는 공동체주의적 모델국가이다. 혈통주의를 근거로 국민을 인정하는 범위가 엄격하고, 이민자를 고유문화나 정체성에 대한 위협으로 간주하여 폐쇄적이고 차별적이고 배제적인 정책을 유지한다. 일본인들은 해외로 나가기도 싫어하고, 외국인이 일본으로 들어와서 사는 것도 싫어한다. 쉽게 말하면, 외국인과 같이 살고 싶지 않다는 것이 정확한 표현이리라.

일본 정부는 이민이라는 용어를 공식적으로 사용하지 않는다. 일본의 이민정책의 목표는 외국인의 출입을 엄격히 관리, 통제하고 그들의 영주를 억제하는 것에 초점을 맞추고 있다. 선진 산업국가 중에서 출산율 하락문제, 고령화 문제, 노동력 부족 문제를 이민 없이 해결하려는 거의 유일한 국가이다.

인구 1억 2700만 명이라는 탄탄한 내수시장을 바탕으로 인구유지 정책을 시행 중이다. 2차대전 이후 일본은 미국과 함께 세계경제의 한 축을 담당했다. 그러나 변화와 개혁을 두려워하고, 전통과 느림의 미학을 추구하는 아날로그 사회이다 보니 일본 기업의 경쟁력은 뒤처질 수밖에 없다. 인구 1천만 명이 넘는 거대도시 동경에는 긴자와 시부야, 신주쿠의 화려함과는 거리가 먼 곳이 많다. 에도시대에 지어진 오래된 절들과 묘지가 곳곳에 있는 닛포리 근처 센다기 골목에는 낡은 슬레이트 지붕을 얹은 허름한 주택들을 흔하게 볼 수 있다. 타임머신을 타고 1990년대 초반으로 돌아간 것처럼 느껴지는 아날로그적인 정서를 느낄 수 있다.

일본의 이민자 수는 2015년 이후부터 증가하기 시작하여 2021년 276만 명에 달한다. 일본에서 가장 많은 외국인은 중국인으로 66만 7천 명(27.8%)이다. 이어 한국인이나 조선 국적으로 37만 5천 명(15.6%), 베트남 32만 1천 명(13.4%) 순이다.

일본에서 사는 외국인 주민 중 국적별로 가장 많은 것은 한국 및 조선 국적의 재일교포이다. 1910년 조선을 강제로 병합한 뒤, 제2차 세계대전이 끝날 때까지 많은 노동자가 일본으로 건너갔다. 재일교포들은 2차대전이 종결되었지만, 가난한 한국 땅으로 돌아가지 않고 60만 명이 일본 땅에 정착하여 살았다. 종전 이후 이들은 일본 국적을 상실하여 외국인이 되었다. 특별영주자 자격을 얻은 사람이 많다. 재일교포, 대만인, 중국을 '올드 커머'로 부른다. 상대적으로 뉴커머란 1980년대 후반부터 일본에 입국하여 제조업에 종사하거나 음식업이나 유흥산업에 취업하여 일본인과 국제결혼을 하여 일본에 체류한 외국인을 말한다.

지자체 주도의 정책 시행

1991년에 이르러서야 특별영주자 자격이 신설되어 재일한국인에게도 안정적 체류자격이 부여되었고, 사회보장도 확대 적용되었다. 1992년에는 악명 높은 지문날인제가 폐지되었다. 1970년대부터 시작된 일본의 지방자치제는 중앙정부보다 선도적이다. 지자체가 이민자에 대한 적극적인 권익신장, 정착지원, 통합시책을 선도적으로 시행하였다. 비영리단체들도 서비스 제공에 있어서 중요한 역할을 하였다. 1980년대 일본 농촌에서 '며느리 부족'이 사회문제로 대두되었는데, 지방정부도 아시아 국가 출신 배우자를 받아들이는 정책을 해결책으로 내세웠다.

1990년대에 뉴커머들의 정주화가 뿌리를 내리면서 다문화가 일반화되고 있다. 1993년 가와사키시에서 '다문화 공생'이라는 용어를 최초로 사용하였으나 1995년 고베 대지진 당시 일본어를 할 줄 모르는 외국인의 피해가 컸다. 지진의 비극을 겪고 나서 시민들 사이에서 '외국인들도 같이 살아나가야 한다'며 자성의 목소리가 나오게 되었다. 대지진 때문에 재해를 입은 외국인에 대한 지원활동을 계기로 고베 시는 '다문화 공생센터'를 개소하였다.

일본 다문화정책의 특징은 지자체가 주도한다. 지역별로 그 지역에 어떤 부류의 외국인이 많으냐에 따라 다문화정책도 완전히 다르게 나타난다. 지방정부 차원에서도 외국인과 일본인이 함께 공생하

기 위한 다양한 시책을 실시하고 있다. 2001년 하마마쓰 시가 '하마마쓰 선언'을 발표하였다. 하마마쓰 내 비영리단체 '위시(WISH·Wide International Support in Hamamatsu)'는 미리 일본 초등학교를 다녀보고 실제로 입학했을 때 심리적 거리감을 줄이기 위해서 다문화 자녀를 대상으로, 입학 전 예행연습을 해볼 수 있는 '삐약삐약(ぴよぴよ) 클래스'를 운영한다. 지역 내 유명 기업이 다문화 관련 단체를 지원한다. 위시는 결혼이주여성의 일자리 창출 사업도 지원하고 있다. 하마마쓰의 다문화 정책의 목표는 일본인과 함께 협동하고, 차세대를 육성하고, 대형 재난 대책을 세우는 것이다. 또한 2009년부터 '미취학 제로작전'이라는 사업을 실시한 결과, 대다수 미취학 아동이 학교에 입학하게 되었다.

'도요타' 본사가 위치하여 자동차 공업이 발달한 나고야 시는 20~30년 전부터 근로자, 결혼이민자 등 외국인이 많이 유입된 지역이다. 나고야가 추구하는 다문화 공생정책은 주목할 만하다. 외국인이 문제없이 일본인과 함께 어우러지고, 다문화 자녀가 일본 사회의 일원으로 성장하도록 도와야 한다는 현실적 인식을 반영한 것이다. 나고야의 1차 다문화공생추진플랜 5개년 계획(2012~2016년)은 다문화가족에 언어와 지진 대피 요령 등의 교육을 지원하고 주거·일자리 등 생활환경을 개선하는 것이다.

노동 인력 부족에 따른 아우성

2차 다문화공생추진플랜(2017~2021년)은 사회정착에 머물지 않고 다문화가족이 지역사회에 녹아들어 네트워크를 형성할 수 있도록 돕는 것이다. 나고야 시는 다문화가족 관련 비영리단체 활동을 적극 지원하고 있다. '다문화 공생'을 목적으로 하는 비영리단체가 30곳을 넘는다. 다문화 자녀가 학교에 입학하면 학교 측은 관할 교육원을 통해 다문화가족 학부모와 심층 상담을 진행한다. 교사는 학부모와의 심층 상담을 통해 해당 다문화 자녀의 수준에 적합한 일본어 수업을 제공한다. 초급 단계부터 중급 단계, 교과서에 나오는 학습언어를 배우는 고급 단계까지 세 단계로 구성된다. 첫 3개월은 관할 교육원 내에서 집중교육이 기본적으로 이뤄진다.

일본 내각부는 2009년 1월 공생사회정책 담당 정책총괄관 산하에 일본계 외국인 지원시책 추진에 필요한 기획, 입안, 조정 업무를 담당하는 〈정주 외국인시책 추진실〉을 설치했다. 일본의 경우 17개 정부 부처에서 외국인 노동자와 이민 문제를 담당하며 부서별 동기, 목표, 수단을 가지고 정책에 관여한다.

과거 일본 정부는 '기능실습생'이라는 명분으로 건설현장, 자동차 공장, 농촌 지역에 투입한 노동자들을 귀국시키는 정책을 시행했다. 외국 근로자나 외국 유학생은 단기 체류자이거나 소모적인 일회성 노동자에 불과했다. 한국, 중국, 베트남 등의 생활수준이 높아지고 임금수준도 일본의 임금수준에 가까워졌기 때문에 이민자의 일본 유입이 줄고 있다.

일본은 2012년부터 이민자의 정착을 염두에 두고 전문기술자, 경영자 등을 포함한 '고도 인재' 유치를 추진해 왔다. 하지만 까다로운 조건으로 인해 실적은 미미하다. 뉴커머의 대다수는 공식적으로는 노동자가 아닌 단순노동자들이다.

2019년 외국인 비자 자격별 추이를 살펴보면, 영주자가 38% (110만 5,665명)로 가장 많다. 유학 12%(34만 5,791명), 기술·국제 업무와 같은 전문직 이민은 9%(27만 1,999명)에 불과하다. 기능 실습2호는 7%(21만 965명)로 나타났다. 기능 실습 1호, 2호 비자를 합하면 37만 5,373명으로, 유학비자보다 3만 명 정도가 많다. 일본의 노동력 부족으로 인해 기능실습 비자로 오는 외국인 근로자들이 많다는 뜻이다.

일본은 노동 인력 부족으로 아우성이다. 인구고령화 또는 간병인 등 간호 인력의 수요에 비해 늘어나는 노인 인구와 치매 인구 때문에 노인요양보호센터마다 일할 사람이 부족하다. 요양보호사가 일자리를 골라서 선택할 정도로 인력 부족으로 쩔쩔매고 있다. 이에 따라 IT전문 인력 등 우수 인재에 대해 각종 우대정책을 실시하며 인재 확보에 나섰다. 일본 기업들 사이에서 우수 인재 확보 쟁탈전이 벌어지고 있지만, 단순 노동자도 구하지 못할 정도로 인력난을 겪고 있다.

일본의 다문화 공생 개념과 시행 사례를 몇 가지로 짚어본다.

시행 사례 네 가지

첫째, 커뮤니케이션 지원을 들 수 있다. 지역 정보를 제공하기 위해서 다양한 언어로 미디어에 의한 행정 생활 정보제공, 외국인 상담 창구 설치와 전문가 양성, NPO와의 제휴, 지역 외국인을 상담원으로 활용하거나 일본어 및 일본 사회에 관한 학습 등이다.

둘째, 생활 지원 시스템이다. 주거 관련 제도, 교육제도, 노동제도, 의료 보건 복지서비스, 방재에 대한 정보 제공 등이 포함된다.

셋째, 지역사회에 대한 다문화 공생의식을 계몽하고, 대외 접촉을 늘리는 방식이다. 교류 이벤트 등을 통해 사회참여와 네트워크를 만들어 조직을 지원하고, 관련 심의회 및 위원회에 외국인 참여를 권장하는 것이다. 아울러 외국인이 지역사회(자치회, 상가, PTA) 모임에 참여하도록 촉진하고, 이를 통해 지역사회에 공헌한 외국인 표창 제도를 마련하는 것 등이다.

넷째, 다문화 공생 정책을 위한 지자체 차원의 행정적 지원이다. 담당 부서를 설치하여, 지역 내의 수직적인 명령체계를 탈피한다. 의사소통을 위한 다양한 언어 자원을 제공하고 기본적인 생활 환경을 보장하는 것 등도 여기에 포함된다.

한편, 지난 2021년 7월에 도쿄에서는 '2020 도쿄 올림픽'이라는 타이틀로 올림픽이 진행되었다. 각국 선수단이 입장한 뒤 시작된 공연에서 스기나미 주니어 합창단에 소속된 다양한 인종의 아이들이 거대한 직육면체 상자들로 도쿄 올림픽의 엠블럼을 만들었고, 이후 베냉 국적의 흑인 여가수를 시작으로 스페인의 중견 싱어송 라이터, 미국의 흑인 아티스트, 호주의 유명 싱어송 라이터가 존 레논의 이매진(Imagine)을 이어서 부르다 후반부에 합창하는 장면이 특히 이채로웠다. 마지막은 성화 채화 장면이었다. 다문화가정 자녀인 일본 최고의 여자 테니스 선수 오사카 나오미가 후지산을 형상화한 성화대에 불을 붙이며 도쿄 올림픽의 본격적인 막이 올랐다. 자연스럽게 다문화와 공생을 보여준 사례라 하겠다.

동남아시아의 객가인과 말레이시아 화교사회

이민자 집단 중에서 전 세계적으로 영향력을 발휘하는 그룹은 유대인과 화교 집단이다. 우리나라로 들어온 이민자 중 가장 많은 인구 집단이 중국계 이민자, 즉 화교이다. 동남아시아의 화교경제권을 형성하고 중국의 경제발전에 기여한 '차이니즈 디아스포라'는 동남아 각국 경제에서 빼놓을 수 없다. 따라서 화교와 현지인과의 갈등과 융화 과정을 관찰할 필요가 있다. 이를테면 말레이시아의 화교 사회는 우리에게 상당한 시사점을 줄 수 있다.

1567년, 명 왕조가 상인들의 개인 무역을 허용한 이후 동남아로 이주하는 중국인들의 수는 점차 늘게 된다. 영화 〈캐리비언의 해적〉에 동남아시아로 진출한 화교의 모습이 재미나게 묘사될 정도로 화교들의 동남아 진출은 활발했다. 말레이시아 기반의 화교는 인종적으로 '중국인'이다. 동시에 '말레이시아 국민'이라는 국가정체성도 갖고 있다. 중국인들은 말레이 현지인과 결혼하여 '페라나칸(Peranakan)'이라는 공동체를 형성했다. 이들 집단은 다인종, 다언어, 다종교 사회를 나타내는 '동남아시아 다문화의 상징'이다. 말레이 사회에 깊숙이 동화되어 중국과 말레이 문화를 결합시킨 독특한 형태의 문화를 만들어 냈다. 객가(客家, 한족의 일파이다. 영어 Hakka의 발음에서 따와서 '하카'라고도 하는데 객가어 발음은 '학가'(Hàg gá)이다.) 방언과 말레이어를 섞은 페라나칸 방언을 사용했다. 음식과 복식에서도 중국식 전통에 말레이시아의 특성을 가미한 양식이다.

17세기 이후 유럽의 아시아 식민지 개척으로 인해 화교는 동남아 지역에서 엄청난 세력을 구축할 수 있었다. 영국의 식민통치 이전부터 말레이반도는 해상무역의 주요한 교역로였다. 당시 말라카 해협에는 중국의 상인과 관리, 불교 순례자들의 방문으로 푸젠성 출신 상인이 2천여 명 정도 거주하고 있었다. 중국 광저우 지역 일대의 광부방, 해남도 출신의 해남방, 광동과 푸젠, 장시성 객가방까지 5개 지역 출신들을 '5대 방(幇)'이라 부른다. 이들은 각자 서로 다른 방언을 사용하였다. 출신 지역을 기반으로 형성된 정체성을 토대로 공동체를 조직하고 생업과 사업에 종사했다. 18세기 후반에는 숙달된 기술과 풍부한 사업 노하우를 보유한 사업체를 운영하는 화교 가문들이 나타나기 시작했다.

화교자치구 조성

19세기 중엽 말레이 반도를 지배한 영국은 이주민의 입국 심사를 완화하고 주석 광산에서 일할 중국인 노동자들을 받아들였다. 화교 경제 규모가 커지고 식민지 당국이 통제하기 어려울 정도로 인구가 증가하자 화교자치구를 조성했다. 영국 식민당국은 화교지역과 현지인 거주지를 분리했다. 이는 경제력을 가진 화교들이 원주민과 결탁하여 영국 식민통치에 저항할 것을 우려했기 때문이다.

제1차 세계대전 이후 유럽인들의 동남아 투자와 기업 활동이 일시 감소하자 상대적으로 화인 기업은 성장의 날개를 달게 되었다. 화교 사회는 더욱 번성했고, 상공업과 금융 등으로 사업 영역을 확대하였다. 1920년대 초에 들어서면서 중국인 이주노동자의 수는 절정에 달했다. 대략 900만 명의 중국인이 동남아시아에 거주하게 된다. 2차 세계대전 이후 말레이시아와 싱가포르를 제외한 나머지 동남아 국가들은 화교들을 거주국 사회 내로 동화시키는 정책을 시행한다.

1957년 8월 31일, 영국으로부터 독립한 말레이시아는 토착민인 말레이인에게는 정치적 권력을 부여하고, 화교에게는 경제활동의 자유를 부여했다. 화교들은 경제적 자유를 이용하여 주로 무역업에 종사하면서 재산을 모았다. 그러자 현지인과 화교 간에 빈부격차가 드러나기 시작했다. 1969년 말레이계 주민이 화교들을 상대로 폭동을 일으킨 것은 빈부 격차에 대한 불만 때문이었다. 중국계와 말레이계 주민 사이의 충돌로 촉발된 5.13 폭동은 말레이 정부의 화교 우대 정책과 중국어 공용어 문제가 발단이었다. 말레이시아 역사상 가장 큰 민족 유혈사태로 기록됐다.

이로 인해 1970년 말레이시아 정부는 화교 억제정책에 착수한다. 화교 자본의 영향력을 견제하기 위해 '신경제정책'을 수립했다. 1975년 제정된 '산업조정법'은 효율적 정책 시행의 압권이다. 즉 말레이시아 내 모든 기업은 오너의 인종에 무관하게 주식의 30%를 말레이계에 할당하도록 했다. 이는 말레이계 기업의 고용과 투자 확대를 유도하게 되었고, 차츰 종족별·산업별 격차가 완화되기 시작했다.

중국 경제성장의 마중물

1991년 당시 마하티르 총리는 '말레이시아 비전 2020'을 발표하여 화교의 강제 동화정책을 폐기하기에 이르렀다. 화교 차별과 배제의 과거를 반성하면서 각종 규제를 해제해 나가기 시작했다. 20세기 중반 이후부터 말레이인과 화교의 경제 융합정책에 따라 경제를 중심으로 종족을 구분하는 경계가 모호해졌고, 말레이시아 화교 사회는 상업 및 금융 영역에서 현지인과의 경계를 줄여가고 있다.

말레이시아의 화교 3세는 독자적인 전통과 문화를 보존하는 독특한 국민 정체성을 보유하는 동시에 다문화 정체성을 유지한다. 말레이시아 화교 사회와 주류 사회와의 공존은 각각 고유성을 유지한다는 접근법이 아니라 인종, 언어, 문화적 이질감을 극복하고 원주민과 이민자들 간의 상호이해에 공감해야 한다는 교훈을 주었다.

한편, 화교 세력의 억압 정책은 화교들로 하여금 해외로 눈을 돌리고 중국 경제로 투자하는 결과로 이어졌다. 동남아시아 화교 자본은 개혁개방정책 이후 중국 경제성장의 마중물이 되었다. 동남아 국가의 국적을 취득한 화교들은 중국 투자전략에서 중국의 경제발전을 견인한 결정적인 역할을 했다. 이에 더하여 중국 정부는 화교 자본에 우호적인 법과 제도를 통해 그들의 투자와 기여를 유인하였으며 본국에 대한 충성심을 이용했다. 세계화 흐름과 21세기 위대한 '중국몽'의 달성과정에서 화교자본의 역할은 여전히 중요하게 작용할 것이다.

4 장

• • • • • •

대한민국 이민지원청과 사회통합

반이민정서 극복과 상호문화주의

외국인 혐오인가, 이슬람 사원 반대

▸

대한민국은 그동안 무비판적으로 해외 이민제도를 도입해 왔다. 선진 이민국가들의 실패한 이민정책에 대한 깊은 성찰을 도외시한 채 노동력과 경제성장, 인구 감소에 대한 대책으로 다문화사회의 이론과 제도를 피상적으로 받아들여 왔다.

최근 이슬람에 대한 반감이 도를 넘고 있다. 일부 몰지각한 언론이나 인기몰이 유튜버들이 이를 확대재생산하고 있다. 한국인의 이슬람에 대한 혐오 정서는 상당하다. 심심찮게 벌어지는 유럽사회에서의 테러는 정통 이슬람 교리와는 무관하다. 극단적인 무장 테러집단의 소행일 따름이다. 무슬림은 테러리스트라는 등식이 성립되어서는 안 된다.

국가인권위원회는 대구 북구 이슬람 사원 공사가 주민들의 반대로 중단된 사건과 관련해 이슬람 사원 건축 공사가 재개될 수 있도록 필요한 조치를 취하는 것이 바람직하다는 의견을 표명했다. 아울러 무슬림에 대한 혐오 표현 등 인권침해의 우려가 있는 광고물에 대하여 필요한 조치를 취하라고 대구 북구청에 권고했다. 대구지역 이슬람 학생들의 종교 활동을 돕는 단체인 '다룰이만 경북엔드 이슬라믹 센터'는 대구 북구청의 허가를 받아 2020년부터 경북대 인근에서 이슬람사원 건립 공사를 시작했다. 그러나 지역 주민들과 보수 개신교 등의 거센 반대가 이어졌고, 공사 현장 주변에 사원 건립 반대와 이슬람 혐오 내용을 담은 현수막 등이 내걸렸다. 대법원은 최종심에서 이슬람 쪽 주장에 힘을 실어 주는 판결을 내놨다. 하지만 주민 반발은 여전하다.

일부 주민들과 보수 개신교 측은 재판 결과에 승복하지 않고 이슬람 사원 건립을 반대하고 있다. "주민을 죽이는 이슬람 사원 건축 결사 반대한다", "거짓말로 시작한 이슬람 사원 건축 두 번은 속지 않는다", "테러의 온상 이슬람 사원 절대 반대" 등이 적힌 현수막도 내걸었다. 아쉬운 것은 대법원의 판결이 이미 내려졌음에도 공사현장 앞에서 이슬람교에서 금기시하는 돼지고기 바베큐파티, 수육 잔치 등을 벌이며 이슬람교와 교인들을 자극하고 있다는 점이다. 마음에 들지 않는 일은 항의할 수 있지만, 정도와 수준을 지켜야 한다. 외국인 혐오, 특정 종교 혐오로 오인받을 수 있는 행동은 자제하는 것이 옳다. 대한민국은 종교의 자유를 헌법으로 보장하는 다종교 국가이다. 국내 이슬람 교인은 약 11만 명이다. 그중 한국인 교인은 4만 명가량이다. 근거 없는 선입견으로 특정 종교를 혐오하는 태도는 다종교 사회에 반하는 것이다.

종교시설 중 수많은 교회가 주거밀집지역에 있다. 교인들이 주거지역의 교회에 모여 예배를 드리고 찬송가도 부른다. 그런데 유독 이슬람 사원만은 주거밀집지역 반경 1.5㎞ 내에 있어서는 안 된다고 주장한다. 이슬람 측은 "다른 문화에 대한 불안감 등 주민의 의견을 존중한다. 주민들과 이야기해서 잘 해결하고 싶다"라는 담담한 입장을 내놓고 있다. 주민들의 반발을 이유로 인천 남구가 완공을 앞둔 이슬람 사원의 건축허가를 취소했다가 법원 판결로 뒤집어지는 사건도 있었다. 국제인권기준에서 말하는 종교의 자유는 신도들의 예배와 집회의 자유, 그리고 신앙 목적으로 장소를 설치하고 유지할 자유가 포함되어 있다.

영화 '범죄도시'가 만든 외국인 범죄자 신드롬

"니, 내가 누군지 아니!"라는 영화 속 명대사가 한때 유행한 적이 있었다. 2017년, 마동석과 윤계상 주연의 영화 '범죄도시'에서 장첸 역의 윤계상이 자주 썼던 대사이다. 생소한 중국 동포의 억양으로 그 대사를 할 때면 상대는 극도의 겁을 먹게 된다. 나름 재밌게 본 영화이지만 한편으로는 중국 동포들에 대한 잘못된 선입관으로 피해를 보는 것은 아닌지 걱정이 됐다. 같은 해 강하늘, 박서준 주연의 '청년경찰'에서도 중국 동포들은 잔인한 범죄자로 묘사됐다. 또한, 영화 속 배경인 영등포구 대림동은 범죄가 항상 일어나는 지역으로 오해받을 수 있었다. 관객들의 호응을 위해 특정 지역의 말투 등이 소재로 쓰일 수는 있지만 함께 살아오고 있고, 앞으로도 함께 지내야 할 이주민들을 범죄인으로 묘사하는 것은 신중에 신중을 기해야 한다. 법원도 그 점을 고려해 중국 동포들에게 사과하라는 화해 권고 결정을 내린 바 있다.

외국인 범죄 수가 증가하는 것은 외국인 체류자 수가 증가하기 때문이다. 다른 이유가 전혀 없다. 언론은 그 부분을 간과한 채 외국인 범죄율을 호도한다. 2016년 국내 인구 5,080만 1,405명 중 범죄 건수는 198만 449건으로 3.9%였다. 그해 외국인 범죄율은 204만 9,441명의 외국인 중 범죄 건수가 4만 3,764건으로 2.14%에 불과했다. 외국인의 범죄율은 국내 인구에 비해 현저히 낮았다.

인권 선진국은 언론 보도에 있어서 '다문화 수용성 가이드라인'을 제시한다. 외국인 등 소수자들의 사건을 기사로 쓸 때는 그 기사로 인해 다른 소수자들이 피해를 보지 않도록 하는 보도기준이다. 소수 몇 명의 잘못 때문에 전체가 매도당하는 일이 있어서는 안 되기 때문이다. 국내의 경우는 몇 해 전 윤리적 보도를 지향하고 선정적 보도를 자제하기 위한 가이드라인이 만들어졌다. 방송통신위원회는 '문화 다양성을 고려한 방송 제작 가이드라인'을 만들었다. 여기에는 언론인들의 다문화사회에 대한 이해, 이주민의 인권 존중, 이주민에 대한 부정적 보도 자제, 정확한 통역, 이주민들의 사생활 보도 등의 기준이 담겨 있다. 현장 기자 특히, 뉴스 선택 및 처리 과정에 책임이 있는 데스크는 이 가이드라인을 관련 보도에 적용해야 한다.

범죄의 경우, 내외국인 가릴 것 없이 철저히 처벌하자는 데는 이론이 있을 수 없다. 그러나 외국인 범죄를 지나치게 부각하고, 인터넷 클릭 수를 올리기 위해 선정적인 보도를 할 경우 인권 침해 우려가 있다. 재한 외국인들 특히 외국인 노동자들은 중소기업의 인력난을 해결하고자 정부의 허가를 얻어서 입국한 사람들이다. 이들은 연간 10조 원의 경제 생산 유발효과를 내고 있다.

재한 외국인 미등록자는 40여 만 명이다. 비자 기간은 끝났지만 돈을 더 벌어서 갈 요량으로 미등록 상태에서 체류하고 있는 외국인들이다. 이들을 범죄시하고 검거에 열을 올린다면, 부작용이 만만찮을 것이다. 법은 엄격히 적용하되, 유연한 대응이 절실하다. 이 점은 대한민국에 거주하는 외국인들의 공통된 의견이었다.

2020년 청소년 통계에 의하면 '외국인으로 인해 범죄율이 상승한다'는 응답은 16.2%에 불과했고, 46.6%는 상승하지 않는다고 답했다. '외국인의 유입으로 경제적 손실이 있다'는 응답은 11.4%에 불과했고, 48.6%는 경제적 손실이 없다고 응답했다. 외국인 범죄율에 대한 착시 현상은 이민자를 바라보는 한국 사회의 편견적 시각 때문이다. 공정하고 편견 없는 이민자 보도가 필요할 때이다.

온라인에서 기승을 부리는 반다문화주의

이민자 문제가 부각된 것은 2022년 대선이었다. 다문화주의와 반

다문화주의의 충돌이 수면위로 떠올랐다. 반다문화주의란 정부의 다문화정책을 반대하는 여론이나 정서, 운동 등을 두루 말한다. 선진 이민국의 반이민정서가 대한민국에서도 확산되고 있다. 2010년 무렵부터 온라인을 통해 외국인 혐오증, 인종차별주의 등이 제기되기 시작했다. 대한민국 반다문화정서는 결혼이민자, 귀화자, 외국인을 구분하지 않는다. 외국인 혐오, 인종차별이 뒤섞여 있다. 현재 반다문화 여론은 인터넷을 기반으로 한다.

우리나라에서 반다문화주의는 일자리 문제나 치안 문제 같은 현실적인 문제에서 추상적 사상 문제로 진화하는 '거대 담론화 과정'에 진입했다. 비뚤어진 민족 개념에 기반한 반다문화정서는 사회 안정을 위협하는 요인이 될 수 있다. 반다문화 커뮤니티는 동남아계 이주노동자와 이슬람계를 표적으로 삼는다.

아직 대한민국에는 유럽의 신나치주의자나 스킨헤드(skinhead) 같은 극단적 인종차별 집단이나 프랑스의 반이민 극우 정당은 존재하지 않는다. 이민 선진국에서는 이 부분이 골칫거리이다. 반이민정서와 자국 중심주의가 정치적 이슈로 부상하면서 이민문제는 사회갈등과 분열의 토양이 되었다. 2005년 프랑스에서 발생했던 인종폭동을 시작으로 호주 시드니에서는 소요사태가 일어났다. 덴마크와 네덜란드, 호주는 이민 반대 정당이 등장했다. 2000년대 들어 네덜란드는 다문화정책이 후퇴했지만 대다수 유럽 국가에서는 다문화주의와 상생 개념이 주류를 이루고 있다. 대한민국도 이민자 2세의 성장과 가족 이민의 증가로 사회적 갈등이 발생할 여지가 있다. 높은 청년 실업률로 인해 이민자를 취업 경쟁자로 인식하는 반이민정서도 우려할 부분이다.

다문화 반대론자들의 주장은 다음과 같다. 첫째, 다문화사회가 무엇을 의미하는지 법 규정이 모호하다. '다문화'라는 용어가 남발되고 있다는 것이다. 다문화정책의 본질은 저출산·고령화에 대응하는 경제 정책이다. 비판자들은 외국인의 장점을 부각시켜 '다민족 이상주의'를 전파하고 있다고 비판한다. 둘째, 다문화사회로의 변화는 사회 갈등을 야기한다. 다문화사회의 위험성은 서로 다른 종족, 종교, 문화가 충돌할 게 뻔하다고 지레 겁을 준다. 한국 사람들이 생각하는 반이슬람정서에는 탈레반과 같은 극단주의에 대한 우려가 깊다. 셋째, 외국인을 잠재적 범죄자로 본다. 국가안보의 위협, 치안을 불안하게 요인이 외국인이라는 것이다. 이는 실체가 없는 '카더라~'일 뿐이다. 넷째, 반다문화 단체들은 복지 지출을 '다문화 퍼주기'라고 호도한다. 반다문화주의자들은 다문화 지원 예산의 중복·과잉 편성 같은 문제점을 지적한다. 그러면서 내국인이 역차별당하고 있다는 논리를 편다.

반다문화를 부추기는 요인 중에는 외국인 범죄, 복지 부담, 일자리 잠식 등이 꼽힌다. 우리나라에 체류하는 200만 명의 외국인은 건설업 등 거의 90%가 단순 업무에 종사하고 있다. 한국 노동자가 꺼리는 3D업종은 산업연수생으로 입국한 단기노동자들이 담당하고 있다. 지방 산업단지, 대기업 협력업체의 생산인력은 대부분 이주노동자들이다. 건설 산업 현장도 마찬가지이다. 사실은 청년들이 어렵

고 힘들고 더럽다고 기피하는 일을 이주노동자들이 맡고 있다. 반다
문화 실태를 실증적으로 연구한 실적은 드물다. 최근 발표된 다문화
수용성 조사를 보면, 대다수 한국인은 해외 이민자에 대해 무척 우호
적이었다.

이주민의 꿈을 존중하는 상호문화주의

▸

농촌 남성을 만나 전남의 한 섬으로 시집온 캄보디아 여성의 딸,
중학생 A양은 2020년 이중언어말하기대회 전남 대표로 출전해 교육
부장관상을 받았다. 학생은 가족과 생활할 때는 한국어로 대화를 하
지만, 엄마와 단 둘이 있을 때는 캄보디아어를 사용한다고 했다. 아
버지 나라의 한국어와 어머니 나라의 캄보디아어를 유창하게 구사
하는 인재였다.

A양은 세계 여러 나라 사람들이 자신이 만든 옷을 입고 다니는
모습을 상상하며, 패션디자이너의 꿈을 키우고 있다. 패션디자이너
가 되면 가장 먼저 부모님께 아름다운 한국 전통의상을 만들어 드리
고 싶다고 한다. 이후 캄보디아를 포함해 가난하게 사는 아이들에게
예쁜 옷을 만들어 기부하고 싶다고 했다.

아프간 특별기여자 자녀로 한국에 와서 인천에 거주하는 초등학
생 B군은 "아프가니스탄 정부가 무너지자 전쟁으로 매일매일 공포
를 느끼며 살았습니다. 대한민국 정부의 도움으로 인천에 정착하게

되었고, 학교생활이 무척 재미있습니다"라고 했다. 치과의사가 되기를 희망했고, 남을 돕는 사람이 되고 싶다고 했다.

베트남 출신 결혼이민여성 C씨는 코리안 드림을 이룬 성공적 케이스로 유명세를 탄 인물이다. 그녀는 베트남에서 배운 쌀국수 요리법을 활용하여 노량진에서 가성비 높은 쌀국수 전문점을 차렸다. 국물이 진한 양지 쌀국수는 노량진 고시촌 학생들에게 입소문이 나서 지역 맛집으로 자리 잡았다. 차근차근 돈을 모으고 건물을 사서 자산가로 성공했다. 동남아시아 출신 결혼이주여성들은 고국의 음식 맛을 활용한 식당을 창업하여 안정적인 수입을 얻는 경우가 많다. 마치 베트남 전쟁 이후 베트남 사람들이 미국으로 건너가서 베트남식 음식점 창업으로 부를 이룬 것과 같다.

상호문화주의는 상대를 존중하고, 상대가 더 잘 되는 것을 응원하기에 홍익인간의 뜻과 맥이 닿아 있다. 그래서인지 캄보디아 어머니 슬하에서 패션디자이너를 꿈꾸는 중학생이 기특하고, 미래의 치과의사가 되겠다는 아프간 출신 초등학생이 멋지게 보인다. 억척스런 베트남 이주여성의 성공도 남의 일 같지 않다.

한민족은 단군의 후손이다. 단군은 기원전 2333년 홍익인간(弘益人間)을 이념으로 조선을 건국했다. 국가의 이념이 "널리 인간을 복되게 한다"이다. 여기서 인간은 내가 아닌 사람, 정확히는 '다른 사람', '다른 나라'를 뜻한다. 세계의 어떤 국가도 '다른 사람'을, '다른 나라'를 돕고, 이롭게 한다는 국가이념을 채택한 나라가 없다. 한민족만 유별나다. 자신을 이롭게 하는 일, 자신의 국가를 이롭게 하는 일만 열중인 세상이다. 그에 비해 한민족은 자신보다 남을 위하는 것이 국가이념으로 되어 있다.

힘센 상호문화주의

과거에는 홍익인간이 대한민국에서 함께 사는 우리 형제, 이웃에게만 통용될 줄 알았다. 그런데 지금은 세계가 인터넷, SNS, 유튜브 등으로 촘촘하게 연결돼 있는 등 국적의 개념이 예전 같지 않다. 한국에서 살고 있는 이주민만 200만 명이 넘고, 기회만 되면 한국에 오겠다는 외국인도 많다. 단군이 설파한 홍익인간의 이념이 한 단계 업그레이드돼야 할 때가 온 것이다.

상호문화주의는 힘이 세다. 단기적으로는 자신의 이익을 취하는 것이 좋을 것 같지만 결국 다른 사람을 돕고, 다른 민족을 돕는 민족은 결코 배척당하지 않는다. 한류가 좋은 예이다. 세계는 한국을 스토리 강국, 콘텐츠 강국이라 부른다. 실제 대한민국의 콘텐츠에는 세계인의 심금을 울리는 무언가가 내재돼 있다. 그것은 다름 아닌 홍익인간, 남을 위하는 사상이다. 중동을 비롯해 세계적으로 한류의 바람을 일으킨 드라마 〈대장금〉도 스토리와 더불어 이영애 씨를 비롯한 연기자들의 실감 나는 연기가 호평을 받았다.

드라마에서 어린 장금은 천신만고 끝에 궁녀가 되어 한 상궁이라는 훌륭한 스승을 만나게 된다. 한 상궁은 장금에게 다짜고짜 물을 떠오라고 시킨다. 물을 그릇에 담아 오면 보지도 않고, 나지막하게 다시 떠오라고만 한다. 수차례 반복되자 화가 났지만, 곧 이유를 깨

닿게 됐다. 장금은 한 상궁에게 "상궁님! 아프신 데는 없으신가요? 속은 괜찮으신가요?"라고 먼저 물었다. 그제서야 한 상궁도 미소로 화답한다. 한 사발의 물도 함부로 전해주지 말라는 뜻이다. 반드시 상대의 상태를 묻고 그에 맞게 따뜻한 물을 주기도 하고, 배 아픈 이에게는 소금을 약간 넣어서 주기도 하라는 뜻이다. 그것이 제자를 사랑하는 스승의 첫 가르침이었다. 목마른 나그네가 성급하게 물을 마시지 않도록 아낙이 표주박에 가득 담긴 우물물 위에 오동잎 하나 띄우는 이치와 같다.

상호문화주의는 배려에서 출발한다. 상대가 위축되지 않도록 자존감을 높여 주고, 대한민국 사회가 이주민들과 다문화 2세들이 꿈을 실현하는 주 무대가 되도록 해야 한다. 한민족의 국가 철학인 홍익인간의 이념에는 남의 것을 빼앗아 내 것을 늘리라는 내용이 없다. 그래서인지 한민족은 다른 민족을 괴롭게 한 적도, 다른 나라 사람들이 힘들여서 거둔 소산을 함부로 취하지도 않았다. 오로지 타인을 존중하고, 타인에게 이익이 될 수 있는 일을 궁리하는 선량한 민족이었다. 약삭빠르지 않아 가난했고, 이웃 나라들을 의심하지 않고 대하다가 침략을 당하기 일쑤였다.

튀르키예의 세 번째 도시

2011년 독일 영화 〈나의 가족 나의 도시〉는 튀르키예 이주민의 애환을 유쾌하게 그린 명작이다. 영화의 마지막 멘트는 막스 프리쉬 스위스 작가의 "우리는 노동자를 보내 달라고 했는데 사람이 왔다"

였다. 독일이 이주민을 대하는 입장을 확연하게 나타냈다고 볼 수 있다. 독일은 이주민의 생활이나 문화에 전혀 관심을 두지 않았다. 단지 부족한 노동력만 채우면 된다는 메마른 생각뿐이었다. 이주민들이 독일 사회에 동화되어 그들이 요청한 일만 해주기를 바랐다. 일종의 동화주의 입장이다. 그런데 이주민에게 엄격했던 독일도 이주민의 역할을 긍정하는 방향으로 정책을 수정하고 있다. 튀르키예의 세 번째 도시는 독일 베를린이라는 말이 나돌 정도로 독일 내의 이주민들은 날로 증가하고 있다. 동화주의는 이주민이 갖고 있는 문화에 대한 배려가 부족하기에 선주민과의 관계가 원만하지 않다. 유럽 사회 곳곳에서 선주민과 이주민 사이에 유혈 사태가 일어나는 것도 동화주의 입장에서 바라본 이주민에 대한 시각 때문이다.

21세기 들어 세계가 한민족을 주목하고, 한류라는 새로운 풍조에 극찬을 하는 것은 우리 민족 고유의 품성 중에 그들과 다른 가치가 있기 때문이다. 나보다는 남을 위하고, 상대를 배려하고 존중하는 한민족 고유한 성품이 그것이다. 그 성품을 거슬러 올라가면 반 만 년 전 단군의 가르침인 홍익인간을 만나게 된다. 홍익인간을 근간으로 한 대한민국식의 상호문화주의가 새로운 한류로 유행할 날도 멀지 않았다.

다문화사회 기본법 제정

다람쥐 쳇바퀴식 다문화 지원

정부의 다문화 지원책은 다람쥐 쳇바퀴 돌리는 식이다. 부처별 중복 사업이 많고 구태의연한 프로그램이 대다수이다. 지자체별로도 지원 규정이 달라 혼란스러운 경우가 많다. 정책 수혜 대상이 외국인이라는 것을 고려해 규정은 쉽고 이해가 빠르도록 안내돼야 한다.

정부나 관계기관이 내놓은 다문화 프로그램을 보면 10년 전과 비교해도 큰 변화가 없고 심지어는 20년 전 프로그램도 버젓이 재활용되는 형편이다. 대부분이 매년 해왔기에 한다거나 옆 지자체에서 시행하니 우리 지자체도 도입한다는 식이다. 다문화 프로그램은 정부예산이 소요되는 만큼 신중하게 운용되는 편이 낫고, 프로그램의 수혜자들이 시간낭비가 되지 않도록 실효성을 높이는 기획이 필요하다.

서울시 25개 자치구의 다문화 프로그램은 구별로 운영된다. 다양성을 추구한다지만 만족도는 매우 낮다. 구별로 나누어진 다문화가족지원센터와 건강가정지원센터을 통합 운영하여 수준 높은 프로그램을 내놓아야 한다.

다문화 청소년 지원도 마찬가지이다. 부처별로 운영하는 프로그램이 많다. 성장 주기별·정책을 강화해야 학습격차, 학습결손을 예방할 수 있다. 교육부는 청소년기 다문화 자녀의 개별 특성을 고려하여 진로·진학교육과 정서 상담을 보다 확대할 예정이다. 다문화 유치원도 확대하여 맞춤형으로 지원하고, 유아를 대상으로 한 다문화교육 자료를 개발하고 있다. 다문화 배경 자녀들은 언어와 기초학습지원이 필요한 경우가 대부분이다. 언어 능력은 문해력과 깊은 관계를 갖는다. 언어능력이 떨어지면 글을 읽고 이해하고 분석, 판단하는 문해력도 기대할 수 없다. 다문화 자녀의 언어능력 향상은 한국 사회 적응력과 연관이 깊다.

교육부는 수학·과학·언어 등 다양한 분야의 재능 개발을 위한 글로벌 브리지 사업을 추진하고 있다. 글로벌 브리지 사업이란 4개 분야(수학·과학, 글로벌리더십, 언어, 예체능)의 전문 교육 프로그램이다. 가시적인 성과를 만들 수 있도록 사후 관리가 병행되어야 한다.

천안시는 12개 대학이 소재한 교육도시이다. 해외 유학생이 많은 지역이다. 유학생, 결혼이주여성 등이 고충을 털어놓을 수 있는 충남 이주여성상담소를 운영하고 있다. 네팔 출신의 한 여성은 유학생 신분으로 남편과 함께 입국했다. 햇볕도 잘 들지 않는 어둡고 습한 방에서 남편, 아이 두 명과 함께 생활한다. 건강보험이 지역가입자로 전환되면 월 10여 만 원의 보험료가 추가 부담되다 보니 휴학도 못한다. 남편이 아르바이트로 생계비를 벌고 있지만, 부부 모두 외국

국적이라 아동수당 및 어린이집 보육료를 한 푼도 지원받지 못한다. 외국인 유학생 부부의 아동보육비는 가난한 유학생 부부의 생계에서 차지하는 비중이 크다.

우리나라의 아동복지정책은 한국인과 결혼한 다문화가정에 초점이 맞춰져 있다. 유학생 부부의 아이는 어린이집 보육료 지원에서 제외된다. 복지시설도 이용하기 어렵다. 특히 미등록 외국인의 자녀는 전학이 어렵다. 교육지원청을 통해 전학이 성사되어도 돌봄 비용이 문제이다. 유학생 부부의 아이가 자폐성 장애를 갖고 있지만, 현행 장애인복지법에서는 한국인 배우자나 동포비자가 아닌 외국 국적의 자녀는 장애등급 판정이 불가능해서 비용 부담이 큰 민간 서비스를 이용할 수밖에 없다. 안산시 등 몇몇 지자체는 외국인 아동에게도 어린이집 보육료를 지원하고 있지만, 지자체별로 들쑥날쑥한 정책이 아니라 조례 제정을 통해 공통된 지원 방안이 필요하다.

장기체류 외국인의 비자 스트레스

장기체류 외국인에게 5호선 오목교역 7번 출구는 두렵고 불안한 감정에 휩싸이는 공포의 장소이다. 영주권을 취득한 외국인 유튜버는 그때의 경험을 두고 "출입국 사무소 갈 때마다 스트레스로 밥도 못 먹고 숨도 못 쉰다"라고 표현한다. 심리적 압박감과 스트레스를 드러낸 것이다. 오목교역이 외국인들 사이에서 지옥의 지하철역으로 불리게 된 이유는 외국인들의 한국 체류 여부를 결정하는 출입국 관리소가 있기 때문이다.

대한민국 비자제도는 단기 체류 외국인에게는 우호적이지만, 장기체류 외국인에게는 낙타가 바늘구멍을 통과하는 것처럼 어렵고 엄격하다. 출입국관리소는 곳곳에 지뢰 같은 조건을 붙여놓고 최후의 생존자만 체류자격을 주는 피라미드식으로 시행하고 있다. 출입국 정책은 정권이 바뀔 때마다 일관성이 없고 그때그때 달라진다. 두 명의 사연을 소개한다.

안드레이는 방송에도 간간이 얼굴을 비추는 대표적 친한파 외국인이다. 그의 비자 발자국은 '완벽한 엘리트 서사'이다. 모국 대학에서 한국학을 전공한 그는 한국국제교류재단의 유학생으로 선발되어 D-2 비자(유학생)를 발급받고 한국에 왔다. D-5 비자로 갱신한 뒤 서울 시내 대학에서 석사학위를 취득했다. 졸업 후에 E-7비자(전문직)를 받아 우리나라 굴지의 대기업 인사과에 입사하여 해외 우수 인재를 영입하고 관리하는 업무를 담당했다. 그 후 우수 인재를 대상으로 발급되는 3년 체류자격의 F-2 비자를 발급받았다. F-5 비자(영주권)를 받으려고 하자, 매년 비자를 연장할 때마다 출입국관리소는 외국인들이 감당할 수 없는 조건을 요구했다.

귀화를 선택한 안드레이

어느 날, 평소처럼 정기적으로 비자 연장을 하러 간 안드레이는 출입국관리소 직원으로부터 "내년에는 비자 연장이 어려우니 영주권을 취득하거나 출국 준비를 해야 한다"는 말을 들었다. 영주권을 얻기 위해서는 매년 7천만 원의 소득이 있어야 했다. 20대부터 삶의 기반을 한국에 두고 살아온 안드레이에게는 이미 한국이 심리적 조국에 가까웠다. 귀국은 결코 옵션이 될 수 없었다. 결국 안드레이은 영주권 취득이 귀화보다 어렵다는 현실을 깨닫고 2015년 귀화를 선택했다. 이때의 경험은 안드레이에게 의문점을 갖게 했다.

그는 "한국에 이미 자리를 잡고 사는 외국인들이 이곳에서 쫓겨나듯 떠나는 현실에 주목해야 한다"고 말했다. 우수 인재가 한국에 장기체류하는 것이 국내기업의 생산성 발전에 도움이 될 터인데, "실상은 대기업이 매년 해외에서 영입한 인재들의 80%는 대학을 갓 졸업한 사회초년생들이 많았다"고 말했다. 이들은 국내 대기업에서 3~4년을 근무한 다음 이를 경력으로 삼아 마이크로소프트, 구글 등 다국적 기업으로 이직했다.

국내 체류 외국인들이 특히 비자제도에 어려움을 느끼는 이유는 잦은 법규 개정 때문이다. 미국이나 영국처럼 일관적인 정책이 아니다. 정권이 바뀔 때마다 비자정책이 달라져 혼선을 빚는다. 우리나라에 거주하는 외국인 커뮤니티에서는 "비자정책이 자주 바뀌기 때문에 외국인들이 따라잡을 수가 없다"는 푸념이 오간다. 외국인정책 포럼에서 전문가들이 이런 문제점을 지적해도 법무부는 전문가의 의견을 반영하지 않거나 현장에서 발생하는 다양한 사례를 놓고 검토하지 않는 경향이 있다.

알렉세이의 경우에는 D-4(어학연수비자)를 받고 나서 D-2(유학비자)를 발급받아 대학을 졸업했다. 이어서 F-2(거주비자)를 발급받고 좀 더 체류하다 귀화했다. 요새는 F-2 비자를 받은 다음 F4(영주권)를 받고 5년이 지나야만 귀화를 신청할 수 있다. 한국에 체류한 지 20년이 넘은 외국인은 비자제도를 잘 몰라 영주권 신청을 하지 않고 지낸 케이스도 적지 않다. E-7(전문직) 비자를 받은 후 3년이 지나면 F-2(거주비자)를 발급받을 수 있다. 그러나 아무도 그런 정보를 알려주지 않는다. 당국에 문의해도 외국인이 전화로 문의해야 바뀌는 비자제도를 확인할 수 있다. 과거에 F-2 비자는 1년이 지나면 발급신청을 할 수 있다. 지금은 공학 분야 D-2 비자를 받은 외국인에게 훨씬 더 유리해졌다.

비자 문제로 본국으로 돌아간 에밀리

두 번째는 에밀리의 사연이다. 그녀는 의료 전문 코디네이터 회사를 설립하고 매년 F-2 비자 갱신조건에 맞추어 열심히 사업했다. 사업은 잘 되었고 비자 연장을 위해서 열심히 노력했다. 법무부의 F-2 비자 갱신조건은 점수제에 따른 심사이다. 점수제가 공정한 제도인 것처럼 보이나, 체류기간이 길어질수록, 나이가 많아질수록 점수가 깎이는 식이다. 비자를 연장하려면 매년 경제소득이 올라간다는 증명도 해야 한다. 연령대와 소득만 보고 점수를 매긴 후에 체류자격을 결정한다. 한국에 살았던 체류 기간은 반영하지 않는다. 결국 에밀리의 비자는 연장되지 않았다. 그녀는 어느 정도 궤도에 오른 사업을 하면서 한국에서 쌓은 기반을 접고 본국으로 돌아갔다. 일본의 경우 외국인 귀화는 한국보다 훨씬 어렵다. 불가능하다는 표현이 적합하다. 그 대신 한국보다 훨씬 쉽게 영주권을 취득할 수 있다.

꿀팁을 하나 소개한다. 장기체류를 하려면, 부지런히 출입국 관리소에 비자제도에 관해 문의를 하면서 준비해야 한다는 것이다. 전문직 비자를 받고 한국 사회에 17년째 살고 있는 외국인은 비자제도를 잘 몰라 영주권을 신청하지 못한 경우도 있다. 장기체류 외국인에게 출입국관리소가 요구하는 영주권 취득 조건은 무척 까다롭다. 영주권을 발급받으면 3년 뒤 지방선거 투표권을 얻을 수 있다. 10년에 한 번씩 갱신한다. 선진국도 영주권 조건이 까다롭지만, 한국은 서유럽 국가의 비자 제도와 일본의 비자 제도를 섞고 거기에 법무부 특유의 지뢰밭까지 덧붙여 매년 체류 자격 조건을 어렵게 만들었다.

1990년대 입국한 외국인들은 얼마든지 영주권과 귀화신청을 할 수 있었다. 10년 전만 해도 귀화가 아주 쉬웠다. 서유럽 국가들은 일관된 정책을 세우고 합리적으로 결정하지만, 우리나라의 비자 제도는 해마다 달라진다. 그래서 외국인들은 영주권 취득과 귀화 과정이 오징어 게임 같다고 불평하고 있다.

인권과 복지가 반영된 다문화사회 기본법

▶

한 시민단체는 다문화가정에 대해 다문화가족정책이란 상품을 소비하는 '다문화 쇼핑족'이라고 비판한다. 이는 정부 부처별로 중복되는 법률적, 행정적 체계 때문에 빚어지는 것이다. 국내 외국인정책은 법무부가 주관하고 있고 다문화가족, 결혼이민자를 위한 정책은 여성가족부와 보건복지부가 맡는다. 다문화가정 자녀는 교육부와 보건복지부가 담당한다. 이렇듯 주무 부서가 중구난방으로 나누어져 있다. 반다문화주의와 사회갈등을 줄이려면 부처별 중복 요소를 줄이고 연계 체제를 확립해야 한다. 부처 간 업무 조정과 협조를 이끌어 낼 효율적 법률 및 행정체계가 뒷받침되어야 한다. 만일 이민지원청이 설립된다면, 설립 준비에 앞서 법적 체계가 먼저 정비되어야 할 것이다.

이민은 이제 한국 사회에서 함께 가야 할 키워드가 됐다. 우리나라는 지속적으로 인구가 감소한다. 따라서 저출산·고령화에 대처하는 인구 정책 등 여러 요인을 두루 살펴야 한다. 이주민들과 한국 사회 곳곳에서 호흡을 같이하며 살아가야 하는 시대에 도달했다.

사회현상으로서 해외 이주민이 갖는 사회적 의미와 정부 당국의 이민정책의 중요성을 간과해서는 안 된다. 학술지와 미디어 곳곳에서 이민에 대한 논의가 심심찮게 벌어지고 있다. 하지만 해외 이민자에 대한 국내 연구층은 빈약하다. 거듭 지적하면, 대학에서는 이민학이 아직 하나의 학문 분야로서의 정체성을 충분히 갖추지 못하고 있다. 체계적인 논의를 위한 공통의 담론적 토대, 그리고 이민 연구자와 실무자를 양성하는 교육 프로그램도 거의 없다. 특히, 해외 유입 이민자의 중요성에도 불구하고 법률적 체계는 상당히 미흡한 상황이다.

입법과정은 국회에서 이뤄지고 있지만, 해외 이주민의 경우, 행정부처 특히 법무부와 외교부 주관으로 발의되는 경우가 대부분이다. 이는 주권자의 결단에 의한다. 여기서 주권자란 국민 개개인을 가리킨다. 국민이 주권인 국회에서 객체적 위치에 놓여 있는 이주자들은 노동시장의 동력을 생산하는 집단이다. 노동시장의 요구가 약하거나 그것을 정치과정에 투입해줄 만한 주체, 즉 해외 이주민의 목소리가 결여된다면, 다양한 목소리를 반영할 수 없다. 이주민 인권 상황의 적극적 개선보다 법치 개념이 앞선다면, 경직된 법체계가 나올 수 있다. 인권 개념과 함께 접근해야 한다는 말이다.

법치 강화 역시 중요한 대목이다. 하지만 인권과 복지가 반영된 법적 체계가 이뤄져야 한다. 철저한 출입국 및 체류 관리를 주문하는 여론이 강해진다면 당국은 이민행정을 실행하는 데 곤경에 처할 수 있다. 현장에 맞게 실행해야 한다. 다양한 방면의 이민법 제정 과정에서 먼저 기본법을 충실히 성안할 필요가 있다.

이민자를 위한 행정제도

다문화정책의 문제점과 인권보호

법무부, 여성가족부 등 정부 부처에서는 꾸준히 다문화가족지원 정책을 내놓고 있다. 그런데 현장 반응은 시큰둥하다. 다문화정책이 정말 있냐고 할 정도이다. 정부 당국과 현장의 괴리가 심각한 수준이다. 이유는 여러 가지가 있겠지만 다문화가정의 현실과 동떨어진 정책이 집행됐거나, 홍보 부족으로 미처 다문화가정에게 전달되지 못하는 경우도 있었을 것으로 생각된다. 현장에서 체감한 다문화정책의 문제점은 크게 세 가지이다.

첫째, 다문화가족 정책은 결혼이민자·귀화자의 초기 적응 지원 중심으로 운영되고 있다. 한국에서 생활한 기간이 30~40년가량 되는 다문화가정이 많은데 정부는 항상 초기 적응 프로그램만 내놓는다는 것이다. 현재 한국에서 생활하는 다문화가정의 비율도 첫 적응보다는 정착해서 생활하는 다문화가정이 월등히 많다. 자녀가 군대에 가고, 직장을 구해서 사회생활을 하는 상황인데 초기 적응 프로그램만 지속적으로 내놓는다면 정책 효과가 있을 수 없다.

둘째, 다문화가정의 경제활동과 소득향상을 위한 프로그램이 부족하다. 사회통합에 도움이 되려면 다문화가정의 취업지원 등이 더 적극적으로 제공돼야 한다. 결혼이주여성의 사회·경제적 참여 활동을 활성화하는 정책이 필요하다.

셋째, 정책이 임기응변적일 때가 많다. 보다 체계적이어야 한다. 다문화지원센터에서는 한국어교육, 상담, 가족통합교육과 직업훈련, 취업지원, 봉사단 운영 등을 통해 결혼이주여성의 사회·경제적 참여를 활성화하도록 지원하고 있다. 하지만 체계적으로 모니터링을 통해서 꼼꼼하게 관리할 필요가 있다. 모든 정책의 성패는 현장에 답이 있다.

또한, 정부의 다문화정책은 대상이 외국인인 것을 고려해 인권보호에 가장 중점을 두어야 한다. 법무부는 다문화가정 자녀, 이주노동자, 결혼이주민에 대한 차별 방지 차원에서 노력하고 있지만, 아직 성숙단계에 있지 않다. 공론의 장을 거쳐서 외국인 권익 옴부즈맨 도입, 인권증진 및 권익보호 협의회 강화, 난민심판 전문기관 설치 등을 검토할 필요가 있다. 재한외국인 차별 및 인권침해 행위에 대한 정의, 판단기준, 구제방법 등에 대한 구체적 규정이 미흡하다. 취약한 상황에 있는 외국인 아동에 대한 실태조사, 보호방안 강구 등 종합적 인권증진 방안을 마련해야 한다. 유학생 중에는 한국인과 사실혼 관계를 유지하다가 임신했으나, 책임 회피로 인해 어려운 상황에 빠진 경우가 있다. 농촌이나 생산직에 근무하는 이주여성을 상대로 한 성폭행 피해 사례도 발생한다. 인간 존엄을 파괴하는 행위이다.

또한 농축산 어업, 예술 흥행 분야 등 취약 상황이거나 사각지대 이민자들에 대한 적극적인 인권보호를 추진해야 한다. 농촌지역에서 산업연수생 명목으로 받아들인 동남아시아 여성이 한겨울 비닐하우스에서 잠을 자다가 사망한 사례도 있다. 비용절감 때문에 고용주가 숙소 등 기본 시설에 소홀할 경우 인명 사고 우려도 있다. 언어가 잘 소통되지 않은 상황에서 발생하는 다양한 문제에 대한 제도 정비가 필요하다.

현장 중심의 이민자 지원

이민자들의 사회정착 서비스는 실질적이고 구체적이어야 한다. 이주민의 니즈가 반영된 사용자 위주의 서비스가 제공돼야 한다. 지방자치단체의 장점은 현장 중심으로 이주민 니즈에 서비스를 할 수 있다는 점이다. 우선 이민 선진국의 사례를 참고할 필요가 있다. 영국 이민청은 영국에 입국하는 모든 외국인 가족에게 영어를 의무적으로 배우도록 하고 있다. 현지 적응에는 빠른 언어 습득만큼 효과적인 것이 없다. 한국어를 제대로 배우지 못한 경우는 한국 생활과 자녀 양육, 의사소통에 어려움을 겪게 한다. 이민자들에게 영국처럼 의무적으로 한국어를 배우도록 강제하는 방안도 고려할 만하다.

장기 정착 비율이 증가하면서 언어·문화 차이에 따른 어려움은 줄고 있지만, 경제적 빈곤은 근본적인 문제이다. 1990년대 입국했던 결혼이주여성과 배우자 간의 평균 연령 차이는 10살 정도로 나이 많은 노총각과 젊은 외국인 신부라는 이미지가 강했다. 특히 노년기에 진입하는 한국인 남편의 배우자 비율이 증가하면서 사별하는 가정도 생겨나고 있다. 홀로 남은 이주여성의 경우 노후 빈곤 문제가 걱정거리이다. 초기 국제결혼 중개업체의 불분명한 소개와 결혼 등 다양한 이유로 이주여성 홀로 가정을 꾸려야 하는 다문화가정도 발생하고 있다. 이런 경우 교육 복지를 통해 초중고 등록금과 수업료 감면 혜택을 받지만, 대학 진학과정에 필요한 교육비는 스스로 해결해야 한다.

2021년 말, 인천 남동구는 다문화가족 장기 정착지원과 결혼이민자 사회·경제적 참여확대 평가에서 인천지역 10개 구·군 중 1위를 차지했다. 남동구는 건강가정·다문화가족지원센터(다문화 센터)에 업무를 위탁 처리하고 있다. 결혼이민여성에게 안정적인 일자리를 적극적으로 알선하고 있다. 아울러 산모 도우미, 통번역사 양성 및 파견사업 등을 추진해 결혼이민자들의 취업 역량을 북돋우고 있다. 특히 다문화센터는 카카오 기획모금사업 등을 통해 중고 노트북 지원사업, GO마음, 럭키박스, 우리가족 웰빙요리교실, 결혼이민자 운전면허 취득 등 5개의 자체 프로젝트를 수행하고 있다. 코로나19 상황에도 남동구는 결혼이민자들의 센터 이용률을 높이는 등 다문화가족 정착지원을 선도적으로 수행하고 있다.

장기 정착 단계에서의 가장 큰 애로점은 자녀들의 유아 교육, 진학, 또래와의 융화 문제이다. 올해 고교생이 되는 아딜벡(16)은 카자흐스탄 이민가정 출신이다. 2015년 고려인 3세인 어머니를 따라서 온 가족이 경기도 안산에 정착했다. 아딜벡은 카자흐스탄에서 증권사 애널리스트로 일했던 아버지처럼 금융인이 되고 싶어 한다. 아딜벡 같은 다문화 출신 학생은 지난해 기준 16여만 명으로 전체 학생의 3%를 차지한다. 15년 전과 비교하면 16배 증가했다. 내면을 들여다보면 장기 이민자 출신 학생들의 학교생활은 힘겹기만 하다. 학교생활에 적응하지 못한 아이들은 안산 원곡초교처럼 국제과정이 있는 학교로 몰리고 있다. 이 학교는 한국 학생들이 외면하는 학교이다. 섬처럼 고립된 아이들이 한국 사회에 동화될 기회를 잃을 수 있다.

보육 사정은 더욱 딱하다. 초등생부터 유엔 아동권리협약에 따라 내외국인 차별 없이 공교육을 받을 수 있다. 하지만 보육은 협약의 사각지대여서 외국인은 세금을 내고도 보육비 지원을 못 받는다. 일본은 3~5세 외국인 자녀도 무상보육을 하고, 독일은 출생 등록만 하면 보육 지원과 예방접종 혜택을 받는다. '코리안 드림'을 안고 한국을 찾은 이주민들이 열악한 보육과 교육정책으로 가난을 대물림하도록 방치하는 건 부끄러운 일이다.

원주시다문화가족지원센터가 여성 결혼이민자를 대상으로 실시한 한국생활 실태 조사는 외국인 가정주부의 고충을 단적으로 보여준다. 사회정착 단계인 이들 응답자의 63%가 국민기초생활보장제도에 대해 몰랐고 주민자치센터의 상담 경험은 84.1%가 없었다고 답했다. 심지어 한국 남성의 배우자가 됐는데도 외국인은 건강보험 가입이 불가능한 것으로 잘못 알고 질병치료 비용 전액을 납부하는 일까지 있었다. 춘천지역 결혼이민자의 경우 취업률은 31.4%이고, 월평균 근로소득은 72만 6,500원이었다. 거의 단순노동과 저임금이다. 또 비취업 여성의 81.3%는 생활비 보충을 위해 취업을 원하지만 마땅한 일자리를 찾지 못했다. 이러한 문제가 복합적으로 작용해 다문화가정의 이혼 건수는 매년 증가 추세에 있다. 정착하는 것이 쉽지 않음을 방증하는 사례이다.

다양성을 통한 성장동력을 얻기 위해서도 이민자와 공존은 필수이다. 이민자의 나라인 미국의 경우, 주요 기업의 40%는 이민자가 창업했다. 올해 노벨상 수상자의 35%가 이민자 출신이다. 경쟁력 있는 다문화 국가라면, 헝가리에서 태어나 미국에서 투자가로 성공한 조지 소로스처럼 아딜벡과 같은 학생들을 키워야 할 것이다.

이민청(가칭)은 이제 논의 단계를 지나 반드시 설치해야 하는 쪽으로 기류가 바뀌고 있다. 10년 이상 장기체류한 외국인에게는 영주권을 신청할 수 있는 길을 터주자는 이민정책연구원의 제안도 있다. 선진 이민정책을 시행한 유럽 국가조차 이민자 배척과 인종 차별로 홍역을 치르고 있는 실정이다. 그만큼 세심한 준비가 필요하다. 미국은 고급 과학기술 두뇌를 적극적으로 받아들여 세계 최강국이 됐고, 일본은 순혈주의를 고집하다 고령화와 장기 불황에 빠졌다. 어느 쪽이 국가 발전에 유리한지 따져봐야 한다. 한국도 성장동력을 보완해줄 고급 해외인력을 유치하기 위한 장단기 정책 마련을 서둘러야 한다. 이민을 오고 싶어 하는 나라, 그런 나라에만 미래가 있다.

원스톱 이민지원센터 설립

행정안전부는 원스톱서비스를 받을 수 있도록 '다문화이주민센터 (협업센터)'를 운영하고 있다. 통합서비스 제공을 위해 부처별로 쪼개진 정책을 통합하여 서비스 전달 체계의 효율성을 높이려는 목적이다. 이민정책을 총괄할 수 있는 통합 창구로서 이민청을 신설해 시너지를 높이는 방안이 가장 합리적이다. 다양한 이민자를 위한 행정체계는 다문화이주민센터에서 이민지원센터로 기능을 확대하는 방안도 바람직하다.

다문화이주민센터는 결혼이주민을 제외하고 장기체류 외국인이나 단기체류 외국인이 활용하는 비율이 매우 적다. 많은 외국인들은 글로벌센터가 있다는 정보도 모르는 경우가 많다. 활용이 잘 안 되고 있다는 의미이다. 다문화이주민센터만으로는 외국인들이 필요한 정보제공 역할에는 한계가 있다. 다문화 관련, 전반적인 행정적 체계를 정비해야 한다.

일부 외국인은 이름이 길어 휴대폰 등의 통신사 가입이 안 되는 경우도 있었다. 영문 이름이 정확이 기입된 데이터베이스 구축이 필요하다. 미국 국토안보부 시민권이민청에서는 비자, 국적 관련 사항을 단어나 문장으로 입력(영어에 한해 음성 질문 및 답변 가능)하면 가상 도우미 EMMA가 곧바로 응답해주는 응대 시스템을 운영하고 있다. 우리도 '하이코리아(www.hikorea.go.kr)'라는 명칭의 시스템을 구축하고 있다. 비자, 출입국절차, 주거 등 생활편의 정보 제공 및 전자민원

서비스 등 복합행정 웹사이트이다. 결혼이민자 등의 한국 생활에 필요한 정보를 13개 언어로 제공한다. 온라인(다누리포털 등)·오프라인 (다문화가족지원센터 등) 접근이 가능하지만, 효율성은 낮다. 외국인 종합안내센터 1345는 출입국, 외국인의 일상생활 불편, 다문화가정 문제 등 전반적 민원을 안내하는 콜센터 기능을 수행한다. 현재 20개 언어, 100명의 상담사가 서비스하고 있다.

1345의 경우 장기체류 외국인의 눈높이에서 보면 상담사들의 응답에 만족하지 못하는 경우가 많다. 상담사들이 매뉴얼 범위 안에서만 응답하기 때문이다. 외국인들이 한국 생활에서 겪는 문제를 자세히 안내하려면, 전문성을 갖춘 전문 상담사가 상주해 서비스해야 효과적인 응대가 가능하다. 그래서 1345는 형식적이라는 비판이 무성하다.

외국인등록증 등 기관별로 다른 외국인 성명 표기도 통일해야 한다. 전산시스템도 개선해야 한다. 방송통신위원회도 외국인을 위한 방송통신서비스 피해예방 교육 및 상담 강화, 다국어 가이드북 제작 등을 준비하고 있다.

이민정보를 관리하는 기록원 신설

▶

이민사회가 본격적으로 도래함에 따라서 정부에서 시급하게 준비해야 하는 일은 해외 이주민의 정보를 한눈에 볼 수 있는 이민정보기록원을 설치하는 것이다. 이민지원청과 유사한 조직을 설립하여 체계적인 정책을 수립하기 어렵다면, 관련 기반부터 시작하는 것이 바람직하다. 이민정보원을 먼저 설립하면, 이민청 설립이 보다 용이할 수 있다. 우리나라에 체류하는 외국인의 빅데이터를 수립, 관리하는 방안을 검토할 필요가 있다.

법무부와 통계청이 협업하여 이민자 관련 통계 기반을 구축하는 방안도 고려할 만하다. 법무부는 각종 이주민 기록을 DW(Data Warehouse) 기반으로 구축해야 한다. 이를 토대로 이민행정 자료를 확보하고 출입국·외국인정책본부 홈페이지를 정비할 필요가 있다. 아울러 문서·바이오 전문 감식연구소를 신설하거나, 감식정보의 체계적·과학적 분석 및 시스템을 구축할 수 있다. 위·변조 감식을 지원하고, 대내·외 연구기관 간 협력 강화 및 전문가 양성 아카데미를 운영할 수 있다.

매년 통계청은 국제인구이동 통계·전국 및 시도별 장래인구 추계·다문화인구 통계 등을 공개하고 있다. 이민자 체류실태 및 고용조사 실시 및 결과 공표, 상주 외국인 통계를 포함한 인구주택총조사 결과도 행정서비스 차원에서 발표하고 있다. 이런 통계자료는 이민자료 표준화 방안 마련에 실질적으로 활용될 수 있다. 국적, 성별, 연령, 지역별 분포, 임금 수준을 종합해서 사회경제 및 고용시장에 미치는 영향을 면밀하게 살피려면 현실에 기반한 기본 자료가 절실하다. 특히 외국인의 취업 정보는 우수 인력을 유치할 때 유용하게 활용할 수 있다. 외국인 전문인력 한 명을 유치하는 데 드는 사회경제적 비용도 예측 가능해진다. 이민지원청이 신설되면, 사회통합 체계 구축이라는 큰 틀 안에서 외국인에 대한 체류·영주·국적 정책의 연계를 강화하면서 외국인정책에 대한 올바른 판단을 할 수 있는 풍부한 정보를 확보할 수 있다. 외국인정책(이민정책)은 국민과 소통하면서 사회적 합의가 이뤄져야 사회적 통합을 원활히 할 수 있다. 요즘 들어 가장 사회적 논란의 대상이 되고 있는 중국 조선족 동포의 의료보험 지원에 대한 사회적 반감이 대표적 사례이다.

이민정책을 보다 고도화하려면 중앙정부 부처부터 일관적이고 체계적인 방향성을 정립해야 한다. 먼저 법무부는 모범 사례를 공유하고 기본계획과 시행계획의 수립·평가에 활용할 수 있도록 해야 한다. 이어 법무부와 행정안전부는 공무원 대상 이민정책 이해과정의 교육 기회를 확대해야 한다. 지자체는 공무원교육원을 통해 다문화 이해교육 실시, 다문화 관련 전문교육을 개설해야 한다. 신규 임용 및 승진 과정에 다문화 관련 교육시간 편성 등 교육 과정도 개선해야 한다.

이민지원청은 왜 필요한가?

포용적 이민 수용정책 수립

▶

대한민국은 저출생 고령화로 인해 외국인 이민을 받아들일 수밖에 없는 막다른 상황에 몰리고 있다. 유엔 통계에 따르면 2040년 무렵에는 세계 인구가 92억 명으로 늘어나지만, 65세 이상 고령층 비중은 16%에서 25%로 커질 것으로 예측되고 있다. 노동력을 유지해야 하는 선진국에서는 이민자 수용이 불가피하게 된다. 이민자가 유입될수록 국경 및 체류 관리, 초국가적 정체성, 거버넌스, 사회적 범죄 증가 등의 갖가지 문제가 야기될 것이다.

강동관 이민정책연구원장은 2020년 기준 생산연령 인구는 전체 인구의 72%에서 2070년 46%로 줄어들 것이며, 15%를 차지한 65세 이상 고령자는 2050년엔 40%를 넘어설 것이라고 말했다.

2070년이면 고령자와 그 이하 연령대가 거의 반반 수준이 될 것이다. 이는 필연적으로 생산과 수요의 감소, 고용 둔화와 잠재성장률 저하를 초래하게 된다.

강 원장의 통계에 따르면 한국이 현재의 인구와 경제 규모를 유지하면서 생산인구 감소를 막으려면 2060년까지 1,517만 명이 필요하고, 소비 인구를 유지하려면 1,762만 명이 필요하다고 한다. 이 정도의 인구 수준을 유지하려면 가임기 여성 합계출산(평생 출산율)은 3~4명 이상이어야 한다. 현재 사회적 여건이나 인식 정도에 미뤄 볼 때 이런 결과를 얻기는 힘든 상황이다. 필연적으로 외국인 이민을 받아들여 해소해나가는 길밖에는 달리 방도가 없다. 다행히 외국인 이민자에게 한국은 살기 좋은 나라로 인식되어 인기가 오르는 추세에 있다.

1990년 이전만 해도 이민 송출국이었던 한국은 산업연수생 제도를 도입해 외국인 노동자를 받아들이기 시작했다. OECD는 장기 재정 전망 보고서를 통해 저출산·고령화로 인한 생산성 저하에 따라 한국의 1인당 잠재 국내총생산(GDP) 성장률이 2030년 이후부터 0%대로 추락할 것이라고 경고했다.

현 정부의 적극적인 이민청 설립 추진은 매우 고무적이다. 이미 법무부 주관으로 두 차례 세미나가 개최됐고, 국회에는 이민청 신설을 위한 '정부조직법 일부 개정법률안'이 발의돼 있다. 이민청 설립 논의는 김대중 정부 때부터 시작됐지만 내국인의 일자리를 뺏는다는 반대 여론에 밀려 그간 구체적인 진전을 보지 못하고 있었다. 농업·수산업 현장에서 나타나는 인력난은 더 이상 국내인이 감당하기 힘든 지경에 도달했다.

이민청이 출범한다면, 어느 분야에 얼마만큼의 경제활동 인구가 필요한지, 어떤 국가의 이민자를 받아들일지 등 체계적인 이민정책을 추진할 수 있을 것이다. 나아가 이민자로 인해 발생할 사회적 갈등을 사전에 해소하는 정책도 세울 수 있다. 이민자들도 같은 땅에서 함께 사는 이웃이라는 국민적 공감대도 만들어 나가야 한다.

인구는 국가의 기본요소이자 국력의 척도이다. 저출생 해결에 수십 년째 천문학적인 돈을 쏟아부었지만 이미 결론은 났다. 육아와 교육 문제를 해결하지 않는 한, 어떤 대책도 먹히지 않는다는 걸 경험적으로 인지하고 있는 마당이다.

이민의 문을 활짝 열어야 할 시대적 상황에 도달했다. 보수적인 일부 여론층에선 아직도 묵묵부답이다. 외국인 가사도우미 비자 확대에 관한 국민청원이 빗발치고 있는데도, 보수적인 정부 관청은 아직 별다른 움직임이 없다.

독일이 외국 전문인력을 받아들여 국가적 위기를 넘긴 사례는 우리는 알고 있다. 독일의 고도성장에 추동력 역할을 했던 포용적 이민정책을 벤치마킹해야 할 시점에 와 있다. 이민청 설립을 통해 중장기적인 다문화·다인종 정책을 체계적으로 시작해야 한다.

다문화 지체와 이민정책 방향

우리는 급속하게 다문화사회로 전환되는 기로에 있다. 하지만 한국인의 다문화 수용성은 크게 개선되지 않고 있다. 이민자의 사회권과 문화권도 제대로 보호되지 못하고 있다. 인구학적 변화와 사회문화적 변화 간의 지체를 '다문화 지체'라고 부른다. 국제 이민학계에서는 한국을 다문화 지체 국가로 분류한다. 미국의 사회학자 윌리엄 오그번(William Ogburn)은 인구 변화와 기술 발전이 인식과 관습보다 빠르게 변화하고, 이로 인해 사회문제와 갈등이 발생하는 현상을 '문화 지체'라고 불렀다. 인구학적 변화와 사회적 관습 간의 불일치는 이민 딜레마 문제로 이어진다. 이민 딜레마는 이민이 가져올 수 있는 사회적 파장이나 영향력을 해당 국가가 소화할 수 없는 경우를 가리킨다. 우리는 어느 나라보다도 빠르게 저출산, 고령화 사회로 진입하고 있다. 인구 감소라는 심각한 미래 위험을 알고도 그 심각성을 인지하지 못하고 있는 것을 사회 곳곳에서 볼 수 있다. 아직 우리는 이민자를 한국 사회의 정식 구성원으로 받아들이는 것을 주저한다.

이민과 다문화사회에 관한 한국인 인식조사에 따르면 한국인은 이민과 다문화주의를 수용하는 집단과 반대하는 집단으로 양분되어 있다. 단일민족국가로 남을 것인지, 이민국가로 전환할 것인지에 대해 국론이 분열되어 있다. 단일민족국가는 이승만 정부부터 본격적으로 부르게 되었다. 이승만 정부는 국민단합 내지 정치적 이데올로기 목적으로 단일민족으로 호칭하곤 했다.

이제 인구 감소와 저성장의 장벽을 넘어야 하는 기로에 있다. 그래야 지속가능한 국가발전을 도모할 수 있다. 정책 당국부터 심각성을 인지할 필요가 있다. 과거 출입국 관리에서 외국인력 활용의 단계를 넘어 이제는 이민자와의 사회통합을 목표로 해야 한다. 적극적인 이민정책을 모색해야 할 시점이지만, 사회 저변에는 거부감이 상당하다. 이주노동자의 주거환경을 개선하거나 코로나19 상황에서 재난지원금을 이민자에게 적용하는 것과 같이, 이민자의 인권을 증진하려는 정부 정책이 비판받는다. 무슨 말인가 하면 내국인도 보호하지 못하면서 외국인에게 선심을 쓴다는 비판이 그것이다. 이처럼 정부의 이민자 통합정책이 일반 대중의 반이민 정서와 충돌하는 상황을 적극적으로 타개해야 한다.

솔직히 아직 우리나라 국민의 반수 이상이 한국이 이민자 수용국가가 되는 것을 반대한다. 이 때문에 정부는 이민정책이라는 용어를 사용하지 못하고 있다. 그냥 외국인정책이라고 말하고 있다. 이민 담당 공무원들은 외국인정책이라고 쓰고 이민정책이라고 읽는다고 할 정도이다. 정부는 여론의 눈치를 볼 것이 아니라, 사회적 합의에 나서야 하며, 인내력을 갖고 설득해 내야 한다. 과거 우리는 근대화의 후발주자로서 선진국의 발전모델을 모방하는 전략을 통해 급속한 경제발전을 이룩했다. 하지만 이제는 따라갈 선진모델이 있는 것이 아니다. 우리 스스로 새로운 길을 개척해야 한다. 코로나19 팬데믹을 경험하면서 우리는 과거 선진국이라고 불렸던 서구 국가들이 얼마나 의료 체계가 허술하고 정부의 위기관리 능력이 부실한지 목도했다. 아울러 이들 국가들의 국론이 분열되는 현상을 확인할 수 있었다. 앞으로 한국은 경제, 과학기술, 의료, 그리고 한류로 불리는 대중문화뿐 아니라 이민정책에서도 혁신모델을 개발해야 한다. 특히 한국의 선도적인 이민정책은 아시아의 많은 국가들에게 활용 가능한 모델을 제공할 수 있다.

앞으로 이민정책은 외국인력의 유치와 활용, 이민자 사회통합 등의 중요한 사회적 과제를 포괄해야 한다. 물론 장기적 안목에서 지속가능한 발전을 위해서라도 해외 인적자원을 유치, 활용하는 열린 목표를 가져야 한다. 특히 4차 산업혁명에 필요한 유학생, 전문기술자, 사업가와 같은 인재가 한국에서 자기의 역량을 발휘하도록 관련 인프라, 즉 법적 지위를 전향적으로 고려해야 한다. 동시에 선진국으로서의 국격을 지키기 위해 이민자의 인권보호와 문화다양성 존중, 윤리적인 목표도 설정해야 한다. 정부는 여론 수렴이라는 정책적 수단을 적극 활용해야 한다. 이는 개방적이고 적극적인 이민정책을 수용할 여건을 마련할 수 있게 된다.

투자이민의 활성화

▸

워렌 버핏, 조지 소로스, 짐 로저스를 세계 3대 투자가로 일컫는다. 이들은 같으면서도 서로 지향하는 바가 다르다. 그중 짐 로저스는 다소 낭만적이다. 역사와 철학 등 인문학을 전공했고, 3년간 오토바이를 타고 미국 전역을 여행할 정도이다. 그의 관점은 대부분 미래에 있다. 그래서 예언 같은 승부수를 띄우기도 한다. 일본은 범죄가 만연할 국가로 전락할 우려가 있기에 한반도에 모든 기대를 걸고 있다고 했다. 특히 북한은 세계적으로 주목받는 시장이 될 것으로 예측

했다.

지금 남북한의 관계는 경색돼 있다. 북한은 연일 미사일을 쏘아댈 뿐, 남북한의 교류는 안중에도 없다. 선대에 추진했던 금강산 관광이나 개성공단 협력사업도 옛일이 됐다. 정치 불안만 제거하면 북한은 매력적인 투자처이다. 짐 로저스는 북한의 정세 불안은 머지않아 해결될 것으로 본다. 인구절벽에 몰린 남한은 장기간 경제 침체 위협에 내몰릴 수밖에 없어 탈출구를 찾게 되고, 북한도 핵무기 개발은 정권 유지에 필요한 자위적인 선택일 뿐, 인민들의 먹고 살 문제와는 전혀 무관하기 때문이다. 따라서 북한도 중국, 베트남의 선례에 따라 개혁 개방에 전면적으로 나설 가능성이 높다. 통일이 되면 한국 5,300만, 북한 2,500만의 인구가 합해져 일거에 세계 6위의 단일 경제권이 형성된다. 향후 세계에서 가장 흥미로운 국가로 등장하는 것이다.

한반도는 중국과 일본의 큰 정세 변화가 있을 때마다 부침을 겪어왔다. 대륙 세력은 해양진출의 통로로, 해양세력은 대륙 진출의 교두보로 활용하고자 했다. 중국과 러시아의 철도 연결, 일본의 해저터널 건설도 한반도 주도로 할 수 있는 장점이 있다. 전과는 다르게 남북한이 국제 교류의 중심 역할을 맡게 되는 것이다. 그리고 짐 로저스는 북한에는 모든 물자가 부족하기 때문에 어떤 산업이든 진출하면 큰 이득을 얻을 수 있다고 했다. 특히 북한 농업은 불모지와 가까워 남한의 농업기술과 비료가 더해지면 발전 가능성이 높은 산업으로 보았다.

투자이민은 수익을 얻을 가능성이 높은 국가로 이동하는 형태이다. 결혼이민이나 이주노동과는 다르게 자본을 가져오기 때문에 국가에서는 신경을 쓸 부분이 많지 않다. 국부 창출 면에서도 크게 장려할 일이다. 성장 가능성이 보이면 어디서든 나타나는 것이 투자 세력이다. 지금까지 한반도는 투자라고 할 만한 것이 없었다. 그러나 앞으로 한반도가 세계에서 가장 핫한 국가로 등장하면 세계 투자가들이 쇄도하는 매력적인 투자국이 될 것이다.

그동안 대한민국 이주민의 국적은 개발도상국이 많았다. 이주노동자 위주로 뽑다 보니 어쩔 수 없는 일이었다. 하지만 21세기 대한민국의 이민 양상은 달라져야 한다. 이주노동자도 필요하지만 지적으로 뛰어난 인재, 투자 이민 등이 많아져야 한다. 이를테면 선진국 국민들이 대한민국의 넘치는 투자 기회를 발견해서 사업에 뛰어들거나, 한류에 감동되어 수준 높은 문화를 체험하려고 오는 사람들이 많아져야 한다는 얘기이다.

이민 컨트롤타워, 이민지원청 설립

▸

보다 나은 삶의 조건, 경제적 조건, 교육적 조건, 사회적 조건을 찾아서 새로운 삶의 보금자리를 찾아가는 이민은 글로벌 흐름이다. 새로운 삶을 추구하며 국경을 넘은 이민자들은 21세기 노마드족이다. 이민에 대한 문호개방은 우리나라의 인구 증가 측면에서도 시급하다. 전통적 이민국가인 유럽뿐만 아니라, 저출산·고령화 사회의 일본, 중국도 우수인재 유치 및 경제활동 주체(생산·소비·부가가치 창출) 확보 차원에서 문호개방에 열을 올리고 있다.

저출산과 고령화 및 생산가능 인력의 감축은 국가의 존망을 결정 짓는 가장 중요한 문제이기 때문이다. 국내 거주 외국인이 200만 명이 넘는 현 시점에서 이민과 관련된 정책은 법무부, 행정안전부, 여성가족부, 고용노동부, 교육부, 해양수산부, 농업축산식품부, 산업통상부 등 13개 정부부처별로 흩어져 있다. 현실에 맞게 이민정책을 추진하려면 통합적, 조직적, 일괄적으로 컨트롤타워 역할을 수행할 전담조직이 있어야 한다. 부처별로 중구난방식 이민정책, 외국인정책, 다문화정책이 중복되어 있거나 뒤섞여 있다.

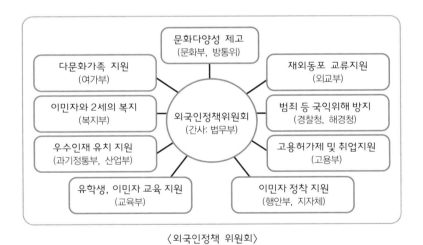

〈외국인정책 위원회〉

이민청 설립안은 3가지로 구분할 수 있다. 1안은 법무부의 외청으로서 이민지원청을 설립하는 것, 2안은 국민총리실 산하에 국적이민처를 설립하는 것, 3안은 법무부 산하에 이민정책본부를 설립하는 안이다. 가장 유익한 방안은 국무총리실 산하 국적이민처, 혹은 이민지원청을 설립하여 종합컨트롤타워로서 미국의 이민청과 유사한 기관을 설립하는 것이다. 법무부, 행정안전부, 고용노동부, 여성가족부, 보건복지부로 분산된 정책을 통합하여 체계적으로 관리하는 방안이 가장 합리적이라고 본다. 우리나라에 거주하는 외국인을 대상으로 인터뷰를 해본 결과 미국식 이민청이 가장 합리적이라는 의견이 많았다. 법무부 산하기관으로 이민청이 설립되면 출입국관리업무와 비자정책 등 기존의 권한만 강화되어 종합적인 이민정책 수립에는 한계가 있다고 본다.

▶ 이민청 설립안

1안	이민지원청	법무부의 외청	이민사회통합부 신설 다문화가족정책(여가부) 재외동포정책(외교부) 외국인력정책(고용부) 출입국외국인정책(법무부) 이관
2안	국적이민처 이민지원청	국무총리실 산하	중앙행정기구 안에 독립청 신설 미국의 이민청과 유사한 독립기관 설립
3안	이민정책본부	법무부 산하	출입국외국인정책본부의 외국인력정책 사회통합정책 재외동포정책 이관

이런 현실 인식 아래 이민정책을 다시 생각해야 한다. 인구문제 해결에 일조하거나 돌파구의 하나로 이민정책이 거론된다. 이미 우리나라는 다문화사회로 가고 있다. 총인구의 5% 이상이면 다문화사회로 분류되는 것은 앞에서 설명했다. 이미 코로나 발생 전에 체류외국인 숫자가 총 국민의 4%(250만 명)를 넘어섰다. 몇 년 뒤면 5%를

넘어갈 것이다. 하지만, 정부 기구는 물론이고, 우리 의식조차 다문화를 마주하고 소화할 역량이 안 되어 있다.

우선 이주와 체류 허용 방식을 재점검해야 한다. 외국인 이주자 유입이 더 활발하도록 제도를 고치는 것과 독립된 전담기구·조직을 만들자는 것이 그 요점이다. 최근 정부도 이민청 설치의 필요성을 강조했다. 법무부 제안에 따르면 인구 감소로 인한 경제 규모 위축을 막기 위해 생산연령인구로 편입 가능한 외국인의 국내 이주를 유연하게 확대하고, 이를 위한 전담조직으로 이민청을 만들자는 것이다. 법무부는 "원칙 없이 이민 허용기준을 낮추자는 취지가 아니다. 인구·노동·치안·인권 문제, 국가 간 상호주의 원칙 등을 고려한 국가 백년대계 차원에서 원칙을 세워 체계적으로 추진하자는 것이다"라고 했다. 그러면서 선진국에서 이미 운용 중인 전문성 있는 조정자 역할을 할 컨트롤타워 설치 등 선진화된 이민제도를 검토하겠다는 것이다.

역대 법무장관들은 이민 문제에 별다른 관심을 갖지 않았다. 다행히 새 정부 들어서 전향적으로 인식이 바뀌고 있는 점은 긍정적으로 평가할 만하다. 한동훈 법무부장관은 취임 일성에서 이민청 설립을 언급해 큰 호응을 얻었다. 이민청이 설립되고 각 부처가 분산 수행 중인 업무의 유기적 통합이 이뤄진다면 이민정책을 인구문제와 결합하여 복합적인 관점에서 바라볼 수 있을 것이다. 기존 문제점 해소와 인구절벽 현상 진행에 따른 경제활동인구 부족을 일부나마 보완할 것이다. 이민자와의 사회통합 문제에 대한 효과도 상당할 것이다.

주변국들은 그간 발 빠르게 대처해왔다. 대만(2015년), 중국(2018년), 일본(2019년) 등은 이미 이민 전담부서를 설치했다. 갈라파고스 군도처럼 이민에 폐쇄적인 일본의 경우 체류 외국인이 600만 명을 넘어섰다. 체류 외국인 수가 300만 명을 향해 가는 한국도 적극적으로 변화를 모색해야 한다. 우선 당장 도입 가능한 대책으로는 유학생 대상 취업 기회 제공, 인구 감소 지역 유입 외국인에게 발급하는 지역특화 비자 상설 및 고도화, 체류 외국인을 위한 공공형 계절 근로제 도입 등이 거론되고 있다. 실제 농어촌 지역은 외국인 일손이 아니면, 소득증대는커녕 유지 운영조차 할 수 없다. 심각한 행정 공백이 발생할 여지가 있다.

코리안 디아스포라와 재외동포청 설립

700만 해외동포 네트워크 구축

▶

'코리안 디아스포라'는 이름 없는 해외 한국인들의 치열한 삶의 기록이다. 한국의 해외 이민은 미국 하와이 사탕수수 노동자로부터 비롯됐다. 영화 〈미나리〉는 미국 사회에 뿌리를 내린 한국인들의 불굴 의지와 삶의 여정을 잔잔하게 보여준다. 한국인이 콧대 높고 자존심 강한 미국 사회에서 삶을 일구는 과정이 얼마나 힘든지를 이민 1세대와 2세대의 시각에서 보여준 영화이다.

구한말 일제 압제를 피해 수많은 조선인들이 만주로 이주하여 개간을 하고 억척스럽게 삶의 터전을 일궜다. 때로 독립운동의 기지로 일제와 저항했고, 학교를 세워 독립군을 양성하면서 독립운동의 토양을 구축했다. 일부 조선족은 두만강 접경 지린성 연변자치주에 터전을 일궜고, 그 후손 가운데 70여 만 명이 한국으로 이주했다. 멕시코, 쿠바 등의 선인장 농장으로 이민 갔던 애니깽 노동자들의 이민사는 수많은 사연으로 가득 차 있다. 말도 통하지 않는 타국에서 뜨거운 태양 아래 험한 노동에 시달리면서도 정체성을 지키며 뿌리를 내렸다. 코리안 디아스포라의 역사는 질기고 슬기로운 생명력의 역사이다.

1863년 농민 13세대가 한겨울 밤에 얼어붙은 두만강을 건너서 우수리강 연변에 터를 잡았다. 뒤를 이어 1865년(고종 2년)에 60가구, 다음 해에 100여 가구 등 점차 늘어나 1869년에는 4,500여 명에 달하는 조선인들이 연해주로 건너와 자리 잡았다. 이후 이민은 계속되었고, 대부분이 농업이민이었다. 물론, 이 지역은 항일 독립의 근거지가 되었다. 이런 양상은 박경리의 소설 '토지'에 사실적으로 묘사되어 있다.

일제강점기 재일조선인 200만 명도 코리안 디아스포라의 일원이다. 해방 직후 80여 만 명이 귀국했고, 60만 명은 무국적자로 일본에 남아 재일한국민단의 토대가 되었다. 코리안 디아스포라는 20세기 하와이에서, 만주에서, 연해주에서, 그리고 일본에서 나라를 빼앗긴 처량한 신세의 노동자, 농부로 시작했지만 지금은 전 세계의 경제를 움직이는 한 축으로 성장하게 됐다. 동포 1세대에 이어 2세대의 약진도 눈부시다. 동포사회 대부분이 한국인 특유의 근성과 교육열로 주류사회에 진입해 있다. 일본 이민 1세대가 파친코 산업을 장악했다면 브라질 이민 1세대는 의류산업을 석권했다. 브라질 상파울로 봉헤찌로의 한인의류센터는 브라질 의류산업의 패션 메카로 불린다. 코리안 디아스포라는 해외동포 1세대, 2세대가 망라된 거대 커뮤니티로 성장하고 있다.

'일계 브라질인(日系ブラジル人)'은 1908년부터 브라질로 이민 간 일본인 후손을 말한다. 국내에서도 유명한 보사노바 가수 오노 리사도 브라질에서 태어난 일본계라고 한다. 브라질은 약 150만 명의 재외 일본인이 사는 나라이며 페루 등 인근 남미 국가로 이주한 일본인도 상당수라고 한다. 이민 20여 년 만에 농장을 인수해 농장주가 되는 일본인도 등장하고 이들의 성공 스토리가 일본 내에 전해져서 '브라질 드림' 붐이 일기도 했다. 1960년대까지 브라질로 건너간 일본인은 22만 명이 넘었을 정도였다.

일본이 세계적인 경제대국으로 부상한 뒤로는 브라질에서 역이민 바람이 불었다. 브라질인과 결혼해서 가정을 이루는 사례도 폭증했다. 일본 정부는 1990년 귀국을 원하는 이민자 후손에게 영주권을 주는 법안을 마련했다. 일본 내 일본계 브라질인은 지난해 말 30만 명으로 중국계와 한국계 다음으로 많다. 재외동포 정책의 측면에서 자국민 보호에 많은 지원을 하는 일본의 정책은 참조할 만하다.

대한민국 국민들은 재외동포에 대한 거부감이 상대적으로 작다. 그들은 문화적 역사성 동질성을 토대로 국내에 비교적 쉽게 적응할 수 있다. 한덕수 국무총리가 얼마 전 미국 텍사스주 휴스턴에서 재외동포들과 만나 "복수 국적 허용 연령을 낮추는 방안을 검토 중이다"라고 한 것도 재외동포 유입 장려 차원의 발언이다. 현재 정부는 해외에서 거주하다 영주 목적으로 국내에 입국하는 이들이 만 65세 이상인 경우에만 복수 국적을 허용하고 있다. 복수 국적 허용 연령이 지나치게 높아 한국에서의 경제 활동에 제약이 클 수밖에 없다.

이민 장려 정책이 성공하기 위해선 이민자들에 대한 국민들의 거부감을 완화·해소하고 문화적 융합이 가능하게 하는 방안이 마련돼야 한다. 우리나라는 700만 명에 달하는 재외동포를 한국으로 불러들이는 것이 현실적 대안이 될 수 있다.

코리아 디아스포라 비전 펀드 조성

현재 이스라엘의 토대는 유대인 디아스포라에서 비롯됐다. 중동 국가들에 포위되어 있는 지정학적 위치에서 생존할 수 있는 비결이다. 나라를 잃고 2천여 년을 떠돌면서 나치 홀로코스트에서 살아남은 유대인은 위기에 소리 없이 강한 민족이다. 미 중앙은행 역할을 하는 미국연방준비제도(FRB)의 주류가 유대계라는 건 모두가 아는 사실이다. FRB의 대주주는 뉴욕연방은행이다. 뉴욕연방은행은 유대계 후손들이 장악하고 있다. 이를테면 모건스탠리, 골드만삭스 등이 그 후손들이다. 해외에 흩어져 살면서도 유대인들은 민족 정체성을 잃지 않고 있다. 그들은 조국 이스라엘을 지원하기 위해 채권을 구입하여 국가 재정에 보탬이 되도록 흑기사 역할을 하고 있다.

개발도상국은 글로벌 금융시장에서 투자받기 쉽지 않다. 이 때문에 많은 개발도상국가들이 디아스포라 네트워크를 활용한 디아스포라 채권(Diaspora Bond)을 통해 제3의 투자금을 조달받는다. 해외로 흩어진 국민들이 본국 경제를 위해 채권을 구입하는 것은 국가 경제의 큰 버팀목이다. 유대인의 대표적인 디아스포라 채권 사례이다. 지난 30년간 최소 250억 달러를 모았다. 이스라엘이 안고 있는 해외 부채의 25~30%를 차지한다. 이스라엘은 디아스포라 채권으로 확보한 자금을 에너지, 원격통신, 교통수단, 수자원 등 기반시설 건설 프로젝트에 투입했다. 이스라엘의 디아스포라 채권을 구매한 사람들은 선진국에 터를 잡은 유력 유대인들이다. 19세기 합스부르크왕가를 일군 로스차일드 금융가문을 비롯해 록펠러 등 헤아릴 수 없을 만큼 큰 세력을 구축했다. 이스라엘 정부는 시장보다 높은 이윤을 제시했지만, 유대인들은 낮은 이윤으로 채권을 구입했다. 국제 금융시장에서는 이를 '애국적인 할인(Patriotic Discount)'이라고 한다.

개발도상국가은 국가 재정에 긴급상황이 닥쳤을 때 디아스포라 채권을 통해 위기를 벗어난다. 1998년 인도가 핵실험을 단행하자 국제사회는 제재에 돌입했고 인도 증권시장은 폭락했다. 스탠다드앤푸어스와 무디스 같은 신용평가사는 인도의 신용등급을 추락시켰다. 인도 정부는 국영 인도은행을 통해 채권을 발행, 해외 거주 인도인들이 채권을 매입하도록 해서 외화 고갈의 위기를 넘겼다. 개발도상국에게 디아스포라 채권 발행은 국가신용등급을 올리는 효과를 가져다준다.

고숙련 이주자들이 본국으로 귀국해 국가 발전에 큰 역할을 한 사례는 세계 최고 반도체 파운드리 기업 TSMC를 보면 알 수 있다. 대만의 TSMC를 일군 기술자들은 대다수 미국에서 최소 10년 이상 실리콘벨리에서 일한 경험을 갖고 귀국하여, 기술역량과 경영 노하우, 미국 최첨단 IT 시장과의 연결고리를 대만에 가져왔다. 현재 대만의 반도체 르네상스를 이끌고 있는 TSMC의 창업자 모리스 창이 대표적이다. 화교자본의 투자와 미국 출신 전문가들이 설립한 TSMC는 타의 추종을 불허하는 파운드리 기업으로 군림하고 있다. 유대인에 필적할 만한 이민자 집단은 주로 중국 푸젠성, 저장성 출신 화교들이다. 이들은 오래전부터 동남아시아로 진출하여 화교경제권을 구축하였다. 삼성전자의 유일한 경쟁자인 대만의 TSMC 등 대만 반도체 기업집단은 이처럼 화교의 도움을 받았다.

일제강점기 대한민국 임시정부 김구 주석은 틈나는 대로 하와이 동포들에게 편지로 독립운동의 현황을 소상히 알려주었다. 요청사항도 있었다. 독립운동 자금이 필요하다는 얘기였다. 하와이 동포들에게 김 주석의 편지는 러브레터 못지않은 그립고 반가운 소식이었다. 일제 치하에서 희망의 끈은 임시정부뿐이었다. 동포들은 최대한 생활비를 아끼고 절약해 임시정부에 전달했다. 만주, 연해주, 하와이, 멕시코 등 동포들이 사는 곳이라면 독립자금 모금 운동이 벌어졌다. 재외동포들에게 대한민국은 그립지만 측은한 마음의 고향이었다.

IMF 경제위기 때도 그랬다. 국가에 달러가 바닥나자, 외화와 금붙이를 끌어모아 한국으로 보내 외환위기 극복에 도움을 준 이들도 세계에 흩어져 있던 재외동포들이다. 대한민국 경제는 내수보다는 국제무역 비중이 높아 세계 경기 변화에 민감하다. 경제의 취약성이 노출되면 국제 투기자본의 먹잇감이 될 소지가 언제든지 있다. 국제자본시장에서 한국의 경제가 안 좋다는 얘기가 돌 때면 어김없이 달러 가치부터 급상승한다. 따라서 700만 재외동포를 대상으로 한 코리안 디아스포라 비전 펀드(코리아 펀드)를 조성해 경기 부진에 대비하는 것이 필요하다. 코리아 펀드가 만능은 아니더라도 위기 상황에서 요긴하게 사용될 수 있는 것은 분명하다. 이스라엘, 인도, 대만의 예를 보더라도 재외동포와의 네트워크는 국가안보와 경제성장에 큰 힘이 될 수 있다.

재외동포의 숙원인 동포청 설치

우리나라도 재외동포를 지원하는 정책 컨트롤타워로서 동포청이 필요하다. 2023년 3월 2일, 동포들의 숙원이었던 재외동포청이 윤석열 대통령이 설치 법안에 서명함으로써 출범하게 됐다. 기쁜 일이 아닐 수 없다. 지금도 일본에서 출생한 재일교포는 일본 국적을 취득할 수 없다. 재일교포는 영주권을 받아도 투표는 불가능하다. 자동적으로 부모의 국적을 물려받고 만약 일본에 귀화를 원하는 경우 법무부에 귀화 신청을 하는데, 심사 기간이 1년이나 소요된다. 일본에서 외국인의 영주권 취득은 배우자가 일본인이어도 10년은 거주해야 한다. 우리나라는 재일동포에게 '특별영주권자' 자격을 부여한다. 외국으로 나간 경우 2년 안에 재입국을 하면 특별영주권이 상실되지 않는다.

일본에 건너간 80만 명의 재일교포들은 파친코 산업을 장악했고 자이니치로 불리는 3세, 4세들은 모국의 정체성을 잃고 일본 사회에 동화되어 가고 있다. 재외동포 중에는 당당하게 이민국가의 국민들과 견주어 놀라운 삶의 성공을 이룬 분들이 많다. 스탈린의 강제이주 정책에 의해 중앙아시아 각 지역으로 흩어져서 살았던 고려인 중에는 독립운동가의 후손들이 많다. 러시아에서는 유리텐 하원의원과 그의 아들이 대를 이어 하원의원으로 선출되었다. 미국에서는 이민 2세대들이 하원의원에 당선되어 활약하고 있다. 새롭게 바뀔 재외동포 정책은 대한민국 사람으로서의 자부심을 잃지 않도록 한국어, 역사, 문화, 교육 지원사업을 확대하고 미래 동포사회의 주역이 될 차세대 인재 발굴과 지원사업, 교류사업을 병행해야 한다.

재외동포에 대한 비자정책도 차별적인 모순이 존재한다. 우리나라 정부에 체류할 수 있도록 비자 혜택을 가장 많이 주는 대상은 놀랍게도 재중동포(속칭 조선족)이다. 같은 한국인의 혈통이지만 중앙아시아, 러시아 출신 고려인(카레이스키) 동포에게는 비자 발급기준이 더 까다롭다. 이유는 중국 동포들은 같은 조선족끼리 결혼하는 경우가 많지만, 고려인들은 현지인들과 결혼하여 동화된 경우가 많다는 이유 때문이다.

유독 한민족의 20세기는 굴곡과 시련이 많았다. 국권을 빼앗겼고, 한글조차도 사용하지 못하게 했다. 전 세계를 양분했던 이념 갈등은 결국 한반도에서 폭발하여 동족상잔의 비극은 물론 분단이 지금까지 이어지고 있다. 지긋지긋한 가난은 어떤가? 선진국이 원조로 보내준 밀가루빵을 학교에서 배급해주던 일이 불과 수십 년 전의 일이다. 20세기 대한민국만큼 다사다난했던 국가도 드물고, 세계 최빈국에서 경제 대국으로 우뚝 선 국가도 우리뿐이다. 한민족은 시련이 닥칠 때마다 더 강인해졌다. 재외동포들은 가난한 국가를 원망하기 보다는 후손의 안녕을 위해 땀을 흘렸다. 오늘날 대한민국의 발전은 이역만리에서 수고했던 재외동포들이 있었기에 가능했던 일이다.

재외동포청이 설립되어 가장 먼저 할 일은 재외동포의 역사를 올 곧게 정리하여 후손들에게 전달하는 일이다. 역사의 현장은 시간이 갈수록 훼손되기 마련이다. 해외에 있는 역사적 장소는 더 취약하다. 대한민국의 후손들이 '아리랑'을 즐겨 부르고 고향의 오솔길을 그리 며 외로움을 참았을 재외동포들에게 감사하다는 인사 정도는 해야 하지 않나 싶다.

그 많던 꿀벌은 어디로 갔을까?

이제 곧 봄이다. 형형색색의 꽃이 피어나고 나뭇가지에는 솜털에 감춰져 있던 잎사귀가 살포시 속살을 드러낸다. 연분홍 빛깔의 곱디 고운 꽃이 피면 겨우내 움츠렸던 우리 마음도 갑자기 확 풀리는 느낌이다. 꽃 피는 계절이 오면 꿀벌들은 수술과 암술을 바삐 오가며 수정을 돕는다. 그러다 꽃 속에 담긴 꿀을 찾으면 결코 놓치는 법이 없다. 단맛에 푹 빠졌는지 뒤꽁무니가 빠져도 알지 못한다. 어떤 맛이 그렇게 자극적일까?

몇 해 전부터 양봉업자의 시름이 깊어지고 있다. 꿀벌들로 북적북적하던 벌통은 손으로 셀 정도의 시들시들한 꿀벌만 남아 있다. 찐득찐득한 벌꿀을 내다 팔아 아이들을 학교에 보내고, 밀린 공과금도 내야 하는데 이게 무슨 날벼락인가? 30년 경력의 양봉업자도 처음 겪는 일이라고 하니 큰 문제가 아닐 수 없다. 80억 마리나 되는 대한민국 꿀벌들은 어디로 사라진 것일까? 누구는 기후변화 때문이라고 하고, 누구는 농약의 내성이 어떻고 한다. 수십 년을 꿀벌만 연구했다는 학자도 이 상황에 고개를 가로젓는다. 알 수 없다는 표정이다. 한 발짝 더 나간 사람들은 인류 멸종의 전조라고 설레발을 친다.

사라진 것은 꿀벌만이 아니다. 십 년 전만 해도 수백 명의 아이들이 와자지껄하던 중소도시의 초등학교는 올해 신입생이 열 명도 안 돼 폐교를 고민하고 있다. 1980년대만 해도 사람이 너무 많아 걱정이라던 대한민국이 이제는 인구절벽으로 몸살을 앓고 있다. 초중고 입학 시즌에 맞추어 인구부족 상황이 이슈가 되면서 신문, 방송 관계없이 인구문제로 떠들썩하다.

인구가 부족하면 어디선가 필요한 인력을 데리고 와야 한다. 국내에서는 눈높이가 안 맞아 짝을 못 찾은 청춘남녀들은 해외로 눈을 돌려 국제결혼으로 행복한 가정을 꾸린다. 중소기업의 부족한 인력은 해외 이주노동자 차지이다. 한국 사람이 하기 싫어하는 힘든 농사일, 바다 그물질 등도 이주노동자들이 척척 해내고 있다. 따지고 보면 이주민들은 한국인의 가려운 등을 시원하게 긁어주는 고마운 존재이다. 그동안 이주민들은 한국인과의 관계가 깊지 않아도 무방했다. 가정에서는 배우자와 가족, 회사에서는 사업주와 직원 등과의 관계가 원만하면 아무런 문제가 없었다. 하지만 이주민이 급증하면서 그들이 생활하고 일하는 문제는 그들만의 일이 아닌 사회적으로 풀어야 하는 과제가 됐다.

결혼이주여성, 이주노동자, 북한이탈주민 등과 깊은 대화를 나누어보면 한국인의 차별과 냉대, 그리고 정부의 정책 혼선에 분통을 터뜨리는 경우가 많았다. 반면 우리도 이주민들이 함께 들여온 그들의 종교와 문화에 우려의 시선을 보내며 벙어리 냉가슴을 앓는 중이다. 앞으로 이주민이 훨씬 더 많아질 것은 분명한 사실이다. 이주민이 많아질수록 갈등의 양상과 범위도 증폭될 것이다.

걱정스러운 것은 정부의 이민정책이 한가하게 보인다는 점이다. 현장에서는 인력 수급이 어려워 발을 동동거리고, 교육 현장에서는 다문화 배경 청소년의 교육에 애를 먹고 있다. 이주민의 상황도 편치는 않다. 남편한테 폭행을 당한 결혼이주여성이 많고, 임금을 못 받은 채 고국으로 돌아가는 이주노동자는 연신 소매에 눈물만 훔칠 뿐이다. 매사에는 적기라는 것이 있다. 적기를 놓치면 백약이 무효할 뿐 아니라 사회 전체에 큰 손실을 초래할 수 있다.

정부는 지금도 많이 늦었다는 절박함으로 이주사회에 대한 정책들을 심사숙고해서 내놓아야 한다. 이민자를 받아들인 서구 선진국 중 이민자와의 관계에서 갈등이 없는 나라는 거의 없다. 우리도 자칫하면 그 전철을 뒤따르게 된다. 이주민도 노동자 이전에 한 인간이라는 인간 존엄성을 근본에 두고, 상대의 문화를 존중하는 상호문화주의를 표방하자. 상대를 마음 속 깊은 곳에서부터 존중하는데 다투자고 나설 상대는 없다. 윤석열 정부가 들어서면서 이민청, 재외동포청 신설이 회자되는 것은 매우 바람직하다. 앞으로 대한민국은 이주민과 선주민이 조화를 이루고, 이주민이 행복하게 웃을 수 있는 살기 좋은 나라가 되었으면 한다.

2년 전 한 출판사로부터 다문화사회 인식개선과 이민정책에 대한 원고를 의뢰받았다. 집필을 하기 전 이주민을 인터뷰하고, 자료를 수집하는데 대한민국 이민사회가 솔직히 걱정스러웠다. 이민정책은 현실과 다르게 움직이고 있었고, 이주민은 한결같이 어려운 생활을 호소해 왔다. 그러던 중 열정적인 시민단체 활동가들을 만나게 되면서 희망의 불씨를 발견하게 됐다. 아쉬운 것은 정부 정책을 하나하나 따져보고, 실효성 있는 대안을 제시하고 싶었지만, 시간과 지면의 제약으로 그 부분까지 미치지는 못했다. 앞으로 열정적인 연구자들이 속속 나와 후속 연구에서 다루어 주었으면 하는 바람이다.

　이 책의 출간에 관심을 가져주시고 아낌없이 조언해 주신 교수님, 관계기관 연구원, 부처 주무관, 다문화센터장, 실무자, 인터뷰에 응해주신 이주민께 지면으로나마 감사 인사를 드리고 싶다. 독자님의 가정에도 큰 행운이 함께하시기를 바란다.

부록

• • • • •

2021년 다문화인구동태 통계

(통계청 홈페이지 게시 자료)

1. 다문화 혼인

1) 유형별 혼인

(단위: %)

	계	외국인 아내[1]	외국인 남편[2]	귀화자[3]
2011	100.0	70.5	20.7	8.8
2012	100.0	68.6	21.9	9.6
2013	100.0	65.4	23.3	11.2
2014	100.0	63.6	24.1	12.3
2015	100.0	62.6	22.9	14.6
2016	100.0	65.7	19.4	15.0
2017	100.0	65.0	19.6	15.4
2018	100.0	67.0	18.4	14.6
2019	100.0	69.3	17.2	13.5
2020	100.0	66.4	18.7	14.9
2021	100.0	62.1	22.0	16.0

1) 외국인 아내: 출생 기준 한국인 남자 + 외국인 여자의 혼인
2) 외국인 남편: 외국인 남자 + 출생 기준 한국인 여자의 혼인
3) 귀화자: 남자 또는 여자 어느 한쪽이 귀화자 또는 남녀 모두 귀화자인 경우

2) 성·연령별 혼인

(단위: %)

남편	계*	19세 이하	20 ~24세	25 ~29세	30 ~34세	35 ~39세	40 ~44세	45세
2011	100.0	0.1	2.8	11.9	16.8	23.1	20.1	25.2
2012	100.0	0.1	2.7	12.4	18.2	21.5	19.6	25.5
2013	100.0	0.1	2.8	14.0	20.0	20.2	19.0	23.9
2014	100.0	0.1	3.2	15.1	21.5	19.2	17.8	23.0
2015	100.0	0.2	3.0	15.3	21.8	19.1	18.0	22.7
2016	100.0	0.1	2.8	14.0	20.4	19.2	18.9	24.6
2017	100.0	0.1	2.8	14.1	19.4	19.5	17.7	26.4
2018	100.0	0.1	2.7	13.6	19.3	19.6	17.8	26.9
2019	100.0	0.1	2.6	13.0	17.8	19.5	17.5	29.5
2020	100.0	0.1	3.2	15.2	19.4	17.9	15.7	28.6
2021	100.0	0.1	3.7	16.9	21.8	17.1	12.7	27.7

* 연령미상 제외

아내	계*	19세 이하	20 ~24세	25 ~29세	30 ~34세	35 ~39세	40 ~44세	45세
2011	100.0	10.0	23.2	24.6	15.8	9.7	7.2	9.6
2012	100.0	9.4	21.4	24.8	17.3	9.3	7.2	10.6
2013	100.0	8.0	20.3	27.2	18.7	9.1	7.1	9.6
2014	100.0	6.3	18.7	28.4	20.7	9.5	6.8	9.7
2015	100.0	6.0	18.7	29.8	21.2	9.3	6.2	8.8
2016	100.0	7.0	18.9	28.2	21.4	9.8	5.9	8.9
2017	100.0	6.3	18.0	27.7	21.9	10.7	6.1	9.4
2018	100.0	6.3	18.0	27.6	22.3	11.2	5.6	8.9
2019	100.0	6.9	17.1	25.8	22.7	11.7	6.1	9.7
2020	100.0	4.3	14.6	26.0	24.5	12.9	6.6	11.1
2021	100.0	1.1	11.9	26.0	25.1	14.5	7.8	13.7

* 연령미상 제외

3) 평균 혼인 연령

(단위: 세)

		2011	2012	2013	2014	2015	2016	2017	2018	2019	2020	2021
초혼	남편	36.1	36.0	35.5	35.2	35.4	36.0	36.1	36.4	36.8	36.0	35.1
	아내	26.6	26.9	27.2	27.8	27.9	27.8	28.1	28.3	28.4	29.2	30.5
	연령차	9.5	9.1	8.3	7.4	7.5	8.2	8.0	8.1	8.4	6.8	4.6
재혼	남편	47.3	47.4	47.3	47.4	47.4	47.5	47.9	47.8	48.6	48.6	49.4
	아내	40.5	40.7	40.0	39.8	39.3	38.7	39.0	38.5	39.1	39.6	41.0
	연령차	6.8	6.7	7.3	7.6	8.1	8.8	8.9	9.3	9.5	9.0	8.4

* 연령미상 제외

4) 출신 국적별 혼인

(단위: %)

		2011	2012	2013	2014	2015	2016	2017	2018	2019	2020	2021
남편	다문화*	100.0	100.0	100.0	100.0	100.0	100.0	100.0	100.0	100.0	100.0	100.0
	한국	72.9	71.0	68.5	67.3	66.9	69.9	69.1	70.7	72.9	70.7	66.9
	외국	27.1	29.0	31.5	32.7	33.1	30.1	30.9	29.3	27.1	29.3	33.1
	미국	5.4	5.5	6.6	7.2	7.3	6.4	6.4	6.2	6.1	7.0	9.4
	중국	8.5	9.2	9.2	9.5	9.7	9.9	10.2	9.4	8.2	8.4	8.5
	베트남	0.3	0.6	1.0	1.2	1.9	2.6	2.7	2.5	2.6	3.1	3.2
	캐나다	1.5	1.7	1.8	2.0	2.1	1.8	2.0	1.7	1.5	1.6	1.6
	일본	5.6	5.4	5.1	4.8	3.6	1.8	1.4	1.3	1.1	0.9	1.0
	기타	5.8	6.6	7.8	8.0	8.5	7.6	8.2	8.2	7.6	8.3	9.4
아내	다문화*	100.0	100.0	100.0	100.0	100.0	100.0	100.0	100.0	100.0	100.0	100.0
	한국	20.9	22.2	23.5	24.4	23.3	19.8	20.0	18.8	17.7	19.2	22.7
	외국	79.1	77.8	76.5	75.6	76.7	80.2	80.0	81.2	82.3	80.8	77.3
	중국	30.3	29.9	29.0	29.5	27.9	26.9	25.0	21.6	20.3	21.7	23.9
	중국	8.5	9.2	9.2	9.5	9.7	9.9	10.2	9.4	8.2	8.4	8.5
	베트남	25.2	23.2	22.6	20.9	23.1	27.9	27.7	30.0	30.4	23.5	13.5
	태국	1.2	1.1	1.1	1.8	2.5	3.3	4.7	6.6	8.3	10.7	11.4
	일본	3.7	4.5	4.5	5.5	4.6	3.9	3.9	4.2	3.7	4.7	5.2
	미국	1.7	2.0	2.6	2.9	3.0	2.8	2.8	2.7	2.7	2.9	3.6
	기타	17.0	17.1	16.7	15.0	15.6	15.4	15.9	16.1	16.9	17.3	19.7

* 귀화자는 귀화이전 출신 국적, 외국인은 혼인 당시 외국국적으로 분류, 국적미상 제외

5) 지역별* 다문화 혼인

(단위: 건, %)

	2011	2012	2013	2014	2015	2016	2017	2018	2019	2020	2021	전년 대비 증감	전년 대비 증감률
전국**	30,695	29,224	26,948	24,387	22,462	21,709	21,917	23,773	24,721	16,177	13,926	-2,251	-13.9
서울	6,644	6,252	5,859	5,443	5,007	4,818	4,711	4,891	5,018	3,482	3,112	-370	-10.6
부산	1,619	1,531	1,456	1,230	1,160	1,089	1,058	1,151	1,216	694	614	-80	-11.5
대구	978	975	882	733	747	780	743	883	930	506	474	-32	-6.3
인천	1,555	1,471	1,381	1,225	1,155	1,232	1,243	1,487	1,488	979	887	-92	-9.4
광주	647	614	549	494	459	472	488	525	577	355	274	-81	-22.8
대전	666	583	554	535	513	510	470	548	537	341	278	-63	-18.5
울산	532	560	483	457	462	474	451	506	531	295	215	-80	-27.1
세종	-	47	61	61	67	74	95	92	116	66	69	3	4.5
경기	7,329	7,021	6,549	6,051	5,720	5,838	6,092	6,605	6,905	4,771	4,341	-430	-9.0
강원	813	703	605	551	452	478	519	574	650	416	317	-99	-23.8
충북	874	826	757	689	661	693	682	811	798	519	440	-79	-15.2
충남	1,331	1,286	1,098	992	921	895	1,038	1,185	1,176	773	649	-124	-16.0
전북	1,129	1,093	952	806	772	717	744	766	800	530	378	-152	-28.7
전남	1,291	1,105	1,077	822	755	808	759	809	886	519	436	-83	-16.0
경북	1,423	1,335	1,136	1,033	1,002	1,052	1,043	1,120	1,175	746	493	-253	-33.9
경남	1,721	1,598	1,405	1,271	1,240	1,280	1,292	1,299	1,385	879	661	-218	-24.8
제주	375	389	372	320	305	370	392	443	448	266	208	-58	-21.8

* 부부 중 국내주소지 기준 집계(부부가 모두 국내주소인 경우 남편의 주소지 기준), **전국은 국외 포함

2. 다문화 이혼

1) 유형별 이혼

(단위: %)

	계	외국인 아내[1]	외국인 남편[2]	귀화자[3]
2011	100.0	56.6	19.6	23.8
2012	100.0	56.1	19.9	23.9
2013	100.0	54.4	18.5	27.0
2014	100.0	52.2	18.0	29.8
2015	100.0	48.8	17.8	33.5
2016	100.0	50.6	14.9	34.4
2017	100.0	48.2	14.2	37.6
2018	100.0	48.0	14.5	37.5
2019	100.0	47.1	15.6	37.3
2020	100.0	48.1	15.2	36.7
2021	100.0	49.3	16.2	34.4

1) 외국인 아내: 출생 기준 한국인 남자 + 외국인 여자의 이혼
2) 외국인 남편: 외국인 남자 + 출생 기준 한국인 여자의 이혼
3) 귀화자: 남자 또는 여자 어느 한쪽이 귀화자 또는 남녀 모두 귀화자인 경우

2) 평균 이혼 연령

(단위: 세)

	2011	2012	2013	2014	2015	2016	2017	2018	2019	2020	2021
남편	47.1	47.2	47.2	47.7	48.4	48.5	48.7	49.4	49.7	49.9	50.1
아내	37.6	37.5	37.4	38.0	38.7	38.8	38.9	39.3	39.9	40.1	40.6

* 연령미상 제외

3) 결혼생활 지속기간별 이혼

(단위: %, 년)

			계*	5년미만			5~ 10년 미만	10~ 15년 미만	15~ 20년 미만	20년 이상	평균 결혼 생활 기간
				1년 미만	1~2년	3~4년					
남편	외국인 · 귀화자	2011	100.0	7.3	23.8	20.4	32.5	8.1	3.7	4.2	6.2
		2012	100.0	6.8	19.7	20.1	35.2	9.0	3.7	5.5	6.9
		2013	100.0	6.8	19.3	18.9	35.8	9.7	4.4	5.1	7.0
		2014	100.0	6.1	16.1	18.6	36.8	11.8	4.6	6.0	7.6
		2015	100.0	5.9	17.7	14.7	35.8	14.2	5.8	5.8	7.8
		2016	100.0	5.6	16.0	15.8	34.6	15.3	5.6	7.2	8.3
		2017	100.0	6.4	15.4	15.1	32.8	19.3	4.5	6.5	8.3
		2018	100.0	4.8	14.5	13.5	31.1	21.3	6.4	8.4	9.3
		2019	100.0	5.5	15.5	12.8	27.6	21.1	8.2	9.3	9.7
		2020	100.0	5.4	16.1	12.8	27.7	19.0	7.9	11.2	9.8
		2021	100.0	3.8	15.6	14.7	25.1	17.9	12.1	10.8	10.2
	출생 기준 한국인	2011	100.0	17.7	24.6	17.6	33.8	4.3	1.2	0.8	4.4
		2012	100.0	16.7	22.7	16.6	35.9	5.0	1.7	1.3	4.9
		2013	100.0	15.6	21.1	15.2	37.2	7.1	2.1	1.8	5.4
		2014	100.0	13.5	17.6	15.5	39.2	10.1	2.3	1.8	6.0
		2015	100.0	8.9	17.2	14.5	40.4	13.8	3.5	1.8	6.6
		2016	100.0	9.5	14.5	12.5	39.4	18.5	3.5	2.1	7.1
		2017	100.0	8.5	13.6	11.1	37.7	22.6	4.4	2.1	7.6
		2018	100.0	8.6	14.0	10.6	33.3	26.1	5.4	2.1	7.9
		2019	100.0	8.6	14.4	9.3	30.6	27.0	7.9	2.3	8.3
		2020	100.0	8.8	15.5	9.4	25.4	27.0	10.6	3.2	8.6
		2021	100.0	6.7	17.1	9.9	21.9	26.3	13.6	4.5	9.1

* 결혼생활 지속기간 미상 제외

			계*	5년 미만			5~10년 미만	10~15년 미만	15~20년 미만	20년 이상	평균 결혼 생활 기간
				1년 미만	1~2년	3~4년					
아내	외국인 · 귀화자	2011	100.0	17.1	25.0	17.8	33.3	4.3	1.4	1.1	4.5
		2012	100.0	16.3	22.9	16.8	35.8	4.9	1.8	1.5	5.0
		2013	100.0	15.1	21.4	15.7	36.6	7.0	2.2	2.1	5.5
		2014	100.0	13.1	17.9	16.1	38.8	9.8	2.3	2.1	6.0
		2015	100.0	8.7	17.8	14.8	39.8	13.2	3.5	2.1	6.6
		2016	100.0	9.1	15.1	13.2	39.0	17.7	3.4	2.5	7.1
		2017	100.0	8.3	14.0	11.8	37.5	21.6	4.3	2.6	7.6
		2018	100.0	8.2	14.5	11.2	33.4	24.9	5.1	2.7	7.9
		2019	100.0	8.3	14.9	9.9	30.7	25.8	7.4	3.0	8.3
		2020	100.0	8.5	15.7	10.0	26.3	25.7	9.8	3.9	8.7
		2021	100.0	6.4	17.3	10.7	22.8	25.3	12.5	5.0	9.1
	출생 기준 한국인	2011	100.0	7.1	22.0	20.4	34.2	8.8	3.7	3.7	6.3
		2012	100.0	6.2	18.6	20.2	35.6	10.1	3.9	5.3	7.0
		2013	100.0	6.4	17.3	18.0	37.8	11.0	4.6	4.9	7.3
		2014	100.0	5.6	14.6	17.1	37.7	13.7	5.2	6.1	7.9
		2015	100.0	5.5	15.3	13.3	36.3	16.9	6.6	6.1	8.2
		2016	100.0	5.6	13.3	14.1	34.2	18.1	7.2	7.5	8.8
		2017	100.0	6.6	14.2	13.5	31.2	23.2	5.2	6.2	8.6
		2018	100.0	4.6	12.3	11.7	29.3	25.1	8.6	8.4	9.9
		2019	100.0	5.2	13.6	11.6	25.6	23.8	10.6	9.7	10.2
		2020	100.0	5.4	15.1	11.5	24.3	21.0	10.6	12.1	10.3
		2021	100.0	3.6	13.6	13.7	22.9	18.4	16.1	11.7	10.9

* 결혼생활 지속기간 미상 제외

4) 출신 국적별 이혼

(단위: %)

		2011	2012	2013	2014	2015	2016	2017	2018	2019	2020	2021
남 편	다문화*	100.0	100.0	100.0	100.0	100.0	100.0	100.0	100.0	100.0	100.0	100.0
	한국	75.0	74.6	74.8	74.4	73.4	76.1	76.3	75.0	74.1	74.4	73.2
	외국	25.0	25.4	25.2	25.6	26.6	23.9	23.7	25.0	25.9	25.6	26.8
	중국	10.6	10.7	11.4	11.8	12.8	12.8	12.7	12.9	13.2	12.8	13.2
	일본	10.2	10.2	8.9	8.6	7.9	4.8	4.3	4.8	4.5	3.9	3.6
	미국	1.7	1.7	1.9	1.9	2.1	2.2	2.1	2.5	2.8	2.9	3.2
	베트남	0.1	0.1	0.1	0.2	0.3	0.6	0.6	0.8	1.1	1.4	1.8
	캐나다	0.2	0.4	0.4	0.4	0.3	0.5	0.5	0.5	0.6	0.4	0.6
	기타	2.2	2.3	2.5	2.7	3.2	3.0	3.5	3.5	3.7	4.2	4.4
아 내	다문화*	100.0	100.0	100.0	100.0	100.0	100.0	100.0	100.0	100.0	100.0	100.0
	한국	20.7	21.0	19.6	19.0	18.8	16.0	15.2	16.1	17.1	16.4	17.6
	외국	79.3	79.0	80.4	81.0	81.2	84.0	84.8	83.9	82.9	83.6	82.4
	중국	51.0	47.0	45.5	44.3	44.6	44.5	41.8	39.9	37.8	34.9	33.9
	베트남	15.4	17.8	19.8	20.3	20.9	23.3	26.0	26.1	26.5	28.6	27.5
	필리핀	3.1	3.8	4.3	4.7	4.4	4.0	3.8	3.9	3.9	4.2	3.8
	태국	1.0	1.0	1.1	0.9	0.9	1.1	1.4	1.6	1.9	2.8	3.5
	캄보디아	1.4	1.5	1.5	1.8	2.1	2.8	3.0	3.3	3.1	3.1	2.9
	기타	7.4	7.9	8.2	9.0	8.3	8.3	8.8	9.1	9.7	10.0	10.8

* 귀화자는 귀화 이전 출신 국적, 외국인은 이혼 당시 외국국적으로 분류, 국적미상 제외

5) 지역별* 다문화 이혼

(단위: 건, %)

| | 2011 | 2012 | 2013 | 2014 | 2015 | 2016 | 2017 | 2018 | 2019 | 2020 | 2021 | 전년대비 | |
												증감	증감률
전국**	14,450	13,701	13,482	12,902	11,287	10,631	10,307	10,254	9,868	8,685	8,424	-261	-3.0
서울	3,426	3,005	2,879	2,720	2,304	2,136	1,982	1,933	1,823	1,538	1,454	-84	-5.5
부산	768	707	678	630	487	492	483	516	512	427	400	-27	-6.3
대구	367	368	430	397	325	331	341	307	320	259	264	5	1.9
인천	803	883	814	752	699	695	649	642	674	583	597	14	2.4
광주	282	275	300	277	248	221	202	238	212	187	186	-1	-0.5
대전	275	263	260	249	235	222	218	217	234	200	192	-8	-4.0
울산	217	252	236	240	202	222	233	204	183	170	158	-12	-7.1
세종	-	18	27	34	36	33	42	34	41	30	38	8	26.7
경기	3,667	3,456	3,369	3,125	2,963	2,841	2,790	2,833	2,768	2,438	2,431	-7	-0.3
강원	328	338	328	319	248	260	247	257	264	206	194	-12	-5.8
충북	416	361	405	401	352	308	351	358	335	288	296	8	2.8
충남	530	531	580	596	539	554	503	453	476	431	433	2	0.5
전북	552	501	545	514	442	447	356	404	332	333	318	-15	-4.5
전남	573	536	501	536	469	481	509	466	424	376	382	6	1.6
경북	566	586	586	557	494	538	521	520	479	439	393	-46	-10.5
경남	752	735	731	760	668	653	664	637	606	590	529	-61	-10.3
제주	186	163	163	173	170	133	160	189	166	168	143	-25	-14.9

* 부부 중 국내주소지 기준 집계(부부가 모두 국내주소인 경우 남편의 주소지 기준),
** 전국은 국외 포함

3. 다문화 출생

1) 유형별 출생

(단위: %)

	계	외국인 모[1]	외국인 부[2]	귀화자[3]
2011	100.0	73.1	11.5	15.4
2012	100.0	72.0	12.7	15.3
2013	100.0	70.0	14.0	16.0
2014	100.0	67.1	14.9	18.1
2015	100.0	65.2	15.2	19.6
2016	100.0	64.1	15.6	20.3
2017	100.0	63.6	15.5	21.0
2018	100.0	62.8	15.3	21.9
2019	100.0	64.2	13.4	22.3
2020	100.0	67.0	13.2	19.9
2021	100.0	65.1	15.4	19.5

1) 외국인 모: 출생 기준 한국인 부와 외국인 모로부터의 출생
2) 외국인 부: 외국인 부와 출생 기준 한국인 모로부터의 출생
3) 귀화자: 부와 모 중 한쪽이 귀화자 또는 부모 모두 귀화자인 경우

2) 유형별 출생아 비중

〈모(母)연령별〉

(단위: %)

	계*	19세 이하	20~ 24세	25~ 29세	30~ 34세	35~ 39세	40~ 44세	45세 이상
2011	100.0	3.4	30.2	30.7	22.7	10.6	2.3	0.2
2012	100.0	2.6	28.2	31.0	25.1	10.6	2.4	0.1
2013	100.0	2.4	25.7	30.5	27.1	11.6	2.5	0.1
2014	100.0	1.9	23.1	30.9	28.8	12.5	2.7	0.1
2015	100.0	1.3	20.1	31.6	30.0	14.2	2.5	0.2

	계*	19세 이하	20~ 24세	25~ 29세	30~ 34세	35~ 39세	40~ 44세	45세 이상
2016	100.0	1.1	18.5	31.1	31.3	15.4	2.5	0.1
2017	100.0	0.9	17.9	30.0	32.0	16.1	2.9	0.1
2018	100.0	1.2	16.8	28.7	32.5	17.3	3.5	0.1
2019	100.0	1.3	16.5	26.9	33.6	18.1	3.4	0.2
2020	100.0	1.6	16.7	24.9	33.4	19.3	3.9	0.2
2021	100.0	0.6	14.4	23.2	34.1	23.0	4.5	0.2

* 연령미상 제외

〈부(母)연령별〉

(단위: %)

	계*	19세 이하	20~ 24세	25~ 29세	30~ 34세	35~ 39세	40~ 44세	45세 이상
2011	100.0	3.4	30.2	30.7	22.7	10.6	2.3	0.2
2012	100.0	2.6	28.2	31.0	25.1	10.6	2.4	0.1
2013	100.0	2.4	25.7	30.5	27.1	11.6	2.5	0.1
2014	100.0	1.9	23.1	30.9	28.8	12.5	2.7	0.1
2015	100.0	1.3	20.1	31.6	30.0	14.2	2.5	0.2
2016	100.0	1.1	18.5	31.1	31.3	15.4	2.5	0.1
2017	100.0	0.9	17.9	30.0	32.0	16.1	2.9	0.1
2018	100.0	1.2	16.8	28.7	32.5	17.3	3.5	0.1
2019	100.0	1.3	16.5	26.9	33.6	18.1	3.4	0.2
2020	100.0	1.6	16.7	24.9	33.4	19.3	3.9	0.2
2021	100.0	0.6	14.4	23.2	34.1	23.0	4.5	0.2

* 연령미상 제외

3) 출생아 수 및 성비

(단위: 명, %, 여아 100명당 남아 수)

	전체	다문화 부모				
			비중	남아	여아	출생성비
2011	471,265	22,014	4.7	11,300	10,714	105.5
2012	484,550	22,908	4.7	11,745	11,163	105.2
2013	436,455	21,290	4.9	10,838	10,452	103.7
2014	435,435	21,174	4.9	10,686	10,488	101.9
2015	438,420	19,729	4.5	10,158	9,571	106.1
2016	406,243	19,431	4.8	9,927	9,504	104.5
2017	357,771	18,440	5.2	9,492	8,948	106.1
2018	326,822	18,079	5.5	9,191	8,888	103.4
2019	302,676	17,939	5.9	9,194	8,745	105.1
2020	272,337	16,421	6.0	8,265	8,156	101.3
2021	260,562	14,322	5.5	7,322	7,000	104.6

* 부모 국적 미상 포함

4) 모(母)의 출산연령

(단위: 세)

	전체*	다문화 모의 평균 출산연령*		
		첫째아	둘째아	셋째아 이상
2011	31.4	28.2	27.3	29.1	32.0
2012	31.6	28.5	27.7	29.3	32.0
2013	31.8	28.9	28.0	29.7	32.0
2014	32.0	29.3	28.4	30.0	32.2
2015	32.2	29.7	29.0	30.1	31.9
2016	32.4	30.0	29.2	30.5	32.3
2017	32.6	30.2	29.3	30.9	32.2
2018	32.8	30.4	29.5	31.2	32.6
2019	33.0	30.6	29.6	31.4	33.0
2020	33.1	30.7	29.6	31.7	33.5
2021	33.4	31.4	30.6	31.8	33.7

* 연령미상 제외

5) 출산까지 부모의 평균 결혼생활 기간

(단위: 년)

	전체*	다문화 모의 평균 출산연령*		
		첫째아	둘째아	셋째아 이상
2011	3.5	2.8	1.7	4.0	6.4
2012	3.4	2.9	1.8	4.1	6.4
2013	3.4	3.1	1.9	4.3	6.6
2014	3.4	3.2	2.0	4.3	6.7
2015	3.4	3.4	2.1	4.4	6.5
2016	3.4	3.4	2.1	4.5	6.6
2017	3.4	3.5	2.2	4.5	6.5
2018	3.5	3.5	2.3	4.7	6.5
2019	3.6	3.5	2.3	4.7	6.6
2020	3.6	3.5	2.3	4.6	6.5
2021	3.7	3.8	2.7	4.7	6.6

* 결혼생활 기간 미상 제외

6) 부모의 출신 국적별 출생

(단위: %)

		2011	2012	2013	2014	2015	2016	2017	2018	2019	2020	2021
	다문화	100.0	100.0	100.0	100.0	100.0	100.0	100.0	100.0	100.0	100.0	100.0
	한국	84.5	82.9	80.7	78.4	77.1	75.3	74.8	74.5	75.4	76.4	74.3
	외국*	15.5	17.1	19.3	21.6	22.9	24.7	25.2	25.5	24.6	23.6	25.7
	중국	4.9	5.2	5.7	6.4	6.7	7.9	7.5	7.6	8.0	7.0	6.5
	미국	3.5	3.7	4.1	5.0	4.9	5.1	5.5	5.5	4.3	4.8	5.8
부 (父)	베트남	0.2	0.2	0.4	0.8	1.5	1.8	2.8	2.9	3.5	3.6	3.9
	캐나다	1.1	1.4	1.5	1.6	1.6	1.8	1.8	1.7	1.4	1.3	1.5
	일본	1.8	1.8	2.0	1.9	1.9	1.7	1.5	1.3	1.0	1.0	1.0
	캄보디아	0.0	0.0	0.0	0.0	0.1	0.1	0.2	0.3	0.5	0.6	0.7
	영국	0.4	0.5	0.5	0.6	0.7	0.6	0.6	0.6	0.6	0.5	0.7
	기타	3.7	4.3	5.0	5.3	5.4	5.7	5.3	5.6	5.3	4.9	5.6

		2011	2012	2013	2014	2015	2016	2017	2018	2019	2020	2021
	다문화	100.0	100.0	100.0	100.0	100.0	100.0	100.0	100.0	100.0	100.0	100.0
	한국	12.0	13.2	14.4	15.5	15.8	16.2	16.0	15.9	14.0	13.7	16.0
	외국*	88.0	86.8	85.6	84.5	84.2	83.8	84.0	84.1	86.0	86.3	84.0
	베트남	35.8	34.6	33.9	31.9	32.6	32.3	34.7	35.6	38.2	38.8	35.7
	중국	26.4	25.6	23.8	24.4	23.6	24.3	22.0	20.8	19.9	17.7	16.8
모	필리핀	8.1	8.0	9.1	8.7	8.4	7.6	7.3	6.9	6.1	6.0	5.2
(母)	태국	1.0	0.9	0.9	0.9	1.2	1.6	1.8	2.4	3.1	4.2	4.4
	일본	3.7	4.0	3.8	4.3	4.0	3.9	3.9	3.8	3.8	4.0	4.2
	캄보디아	5.3	5.3	4.8	4.5	4.2	4.0	4.0	4.1	4.1	4.0	4.1
	미국	1.2	1.5	1.7	2.0	2.4	2.4	2.2	2.2	2.1	2.2	2.8
	기타	6.5	7.0	7.6	7.8	7.7	7.7	8.0	8.1	8.6	9.4	10.8

* 귀화자는 귀화이전 출신 국적, 외국인은 출산 당시 외국국적으로 분류, 국적미상 제외

7) 지역별 다문화 출생

(단위: 명, %)

	2011	2012	2013	2014	2015	2016	2017	2018	2019	2020	2021	전년대비	
												증감	증감률
전국	22,014	22,908	21,290	21,174	19,729	19,431	18,440	18,079	17,939	16,421	14,322	-2,099	-12.8
서울	3,819	4,227	3,789	4,052	3,745	3,633	3,288	3,097	3,053	2,609	2,322	-287	-11.0
부산	1,136	1,154	1,138	1,112	1,020	1,031	937	921	850	741	646	-95	-12.8
대구	689	721	722	697	645	677	695	643	691	589	470	-119	-20.2
인천	1,152	1,176	1,137	1,180	1,080	1,120	1,046	1,122	1,139	1,046	900	-146	-14.0
광주	556	560	535	546	447	433	451	444	449	387	377	-10	-2.6
대전	543	566	551	494	482	497	452	400	423	370	313	-57	-15.4
울산	437	447	440	437	406	400	419	355	358	366	287	-79	-21.6
세종	-	69	60	61	62	98	81	113	108	116	96	-20	-17.2
경기	5,263	5,540	5,262	5,256	5,022	4,998	4,834	4,851	4,804	4,685	4,246	-439	-9.4
강원	678	696	632	555	525	473	431	435	441	433	388	-45	-10.4
충북	763	752	692	666	658	669	624	629	614	574	504	-70	-12.2
충남	1,249	1,201	1,106	1,087	976	940	931	918	929	841	730	-111	-13.2
전북	1,144	1,096	957	976	880	877	751	769	726	626	502	-124	-19.8
전남	1,332	1,363	1,193	1,083	1,001	903	921	774	849	767	641	-126	-16.4
경북	1,313	1,366	1,274	1,191	1,070	1,059	1,016	961	970	897	758	-139	-15.5
경남	1,617	1,636	1,459	1,441	1,357	1,291	1,243	1,294	1,185	1,036	881	-155	-15.0
제주	323	338	343	340	353	332	320	353	350	338	261	-77	1-22.8

4. 다문화 사망

1) 사망자 수 및 성비

(단위: 명, %)

	전체*	다문화 사망*				
			비중	남자	여자	성비**
2011	257,503	1,557	0.6	1,154	348	331.6
2012	267,332	1,605	0.6	1,196	353	338.8
2013	266,396	1,558	0.6	1,131	360	314.2
2014	267,804	1,598	0.6	1,189	346	343.6
2015	276,029	1,744	0.6	1,220	466	261.8
2016	280,976	1,866	0.7	1,331	476	279.6
2017	285,683	2,002	0.7	1,424	524	271.8
2018	298,978	2,202	0.7	1,528	632	241.8
2019	295,314	2,254	0.8	1,530	648	236.1
2020	305,207	2,377	0.8	1,647	642	256.5
2021	317,940	2,528	0.8	1,725	747	230.9

 * 성별 미상 포함
** 성별 미상 제외

외국인 체류 현황[*]

1. 체류 외국인 현황

[국적별]

한국계 중국	602,907
중국	246,897
베트남	235,007
태국	201,681
미국	156,562
기타	119,069
우즈베키스탄	79,136
필리핀	57,452
러시아연방	56,995
몽골	53,038
인도네시아	50,841
캄보디아	49,240
네팔	47,865
일본	46,741
카자흐스탄	41,840
미얀마	33,275
캐나다	27,705
타이완	25,417
스리랑카	24,912
방글라데시	21,928
오스트레일리아	17,819
파키스탄	14,460
인도	14,419
싱가포르	11,178
말레이시아	9,528

---

[*] 출처: 2022년 통계 월보(통계청 자료)

[자격별]

재외동포(F-4)	502,451
비전문취업(E-9)	268,413
사증면제(B-1)	224,817
영주(F-5)	176,107
단기방문(C-3)	137,642
결혼이민(F-6)	136,266
유학(D-2)	134,062
방문취업(H-2)	105,567
방문동거(F-1)	105,293
관광통과(B-2)	100,793
일반연수(D-4)	65,204
거주(F-2)	44,561
동반(F-3)	24,917
특정활동(E-7)	24,083
선원취업(E-10)	19,874
회화지도(E-2)	14,251
기업투자(D-8)	6,822
계절근로(E-8)	4,767
연구(E-3)	4,009
예술흥행(E-6)	3,989
무역경영(D-9)	2,148
교수(E-1)	2,012
단기취업(C-4)	1,985
기술연수(D-3)	1,719
종교(D-6)	1,471
상사주재(D-7)	1,148
기술지도(E-4)	214

2. 등록 외국인 현황

[국적별]

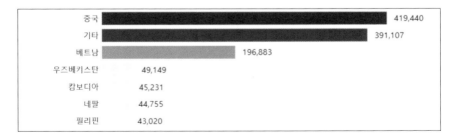

중국	419,440
기타	391,107
베트남	196,883
우즈베키스탄	49,149
캄보디아	45,231
네팔	44,755
필리핀	43,020

[자격별]

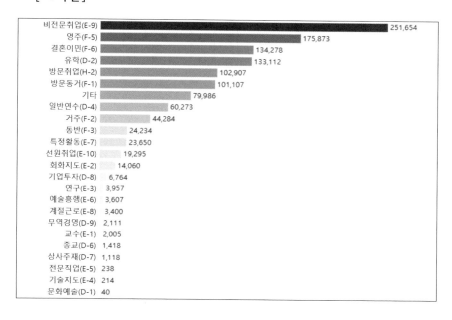

비전문취업(E-9)	251,654
영주(F-5)	175,873
결혼이민(F-6)	134,278
유학(D-2)	133,112
방문취업(H-2)	102,907
방문동거(F-1)	101,107
기타	79,986
일반연수(D-4)	60,273
거주(F-2)	44,284
동반(F-3)	24,234
특정활동(E-7)	23,650
선원취업(E-10)	19,295
회화지도(E-2)	14,060
기업투자(D-8)	6,764
연구(E-3)	3,957
예술흥행(E-6)	3,607
계절근로(E-8)	3,400
무역경영(D-9)	2,111
교수(E-1)	2,005
종교(D-6)	1,418
상사주재(D-7)	1,118
전문직업(E-5)	238
기술지도(E-4)	214
문화예술(D-1)	40

3. 거소 신고자 현황

[국적별]

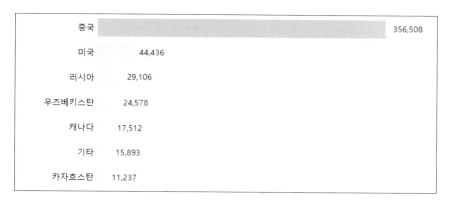

국적	인원
중국	356,508
미국	44,436
러시아	29,106
우즈베키스탄	24,578
캐나다	17,512
기타	15,893
카자흐스탄	11,237

4. 단기 체류자 현황

[국적별]

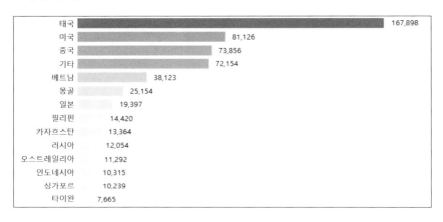

태국	167,898
미국	81,126
중국	73,856
기타	72,154
베트남	38,123
몽골	25,154
일본	19,397
필리핀	14,420
카자흐스탄	13,364
러시아	12,054
오스트레일리아	11,292
인도네시아	10,315
싱가포르	10,239
타이완	7,665

[자격별]

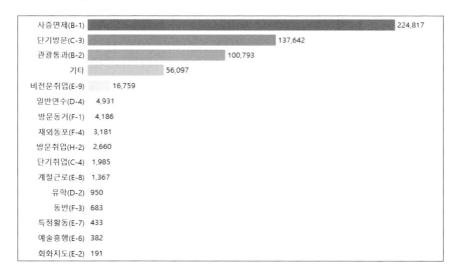

자격	인원
사증면제(B-1)	224,817
단기방문(C-3)	137,642
관광통과(B-2)	100,793
기타	56,097
비전문취업(E-9)	16,759
일반연수(D-4)	4,931
방문동거(F-1)	4,186
재외동포(F-4)	3,181
방문취업(H-2)	2,660
단기취업(C-4)	1,985
계절근로(E-8)	1,367
유학(D-2)	950
동반(F-3)	683
특정활동(E-7)	433
예술흥행(E-6)	382
회화지도(E-2)	191

재외동포 현황[*]

1. 재외동포 현황 총계

(단위: 명)

지역별 \ 연도별		2015	2017	2019	2021	백분율(%)	2019년 대비 증감율(%)
총계		7,292,485	7,539,821	7,493,587	7,325,143	100	-2.25
동북아시아	일본	855,725	818,626	824,977	818,865	11.18	-0.74
	중국	2,585,993	2,548,030	2,461,386	2,350,422	32.09	-4.51
	소계	3,441,718	3,366,656	3,286,363	3,169,287	43.27	-3.56
남아시아태평양		510,633	557,791	592,441	489,420	6.68	-17.39
북미	미국	2,238,989	2,492,252	2,546,982	2,633,777	35.96	3.41
	캐나다	224,054	240,942	241,750	237,364	3.24	-1.81
	소계	2,463,043	2,733,194	2,788,732	2,871,141	39.20	2.96
중남미		105,243	106,794	103,617	90,289	1.23	-12.86
유럽		734,702	739,826	687,059	677,156	9.24	-1.44
아프리카		11,583	10,853	10,877	9,471	0.13	-12.93
중동		25,563	24,707	24,498	18,379	0.25	-24.98

[*] 출처: 외교부 발행 참고자료

2. 지역별 재외동포현황

1) 동북아시아

(1) 일본

(단위: 명)

지역별 \ 연도별	2015	2017	2019	2021	백분율(%)
총계 (귀화자 포함)	855,725	818,626	824,977	818,865	100
귀화자*	355,274	365,530	375,518	383,991	46.89
주일본(대)	139,990	130,946	135,526	132,718	16.21
주고베(총)	54,752	48,337	46,325	44,687	5.46
주나고야(총)	47,756	41,692	40,282	38,946	4.76
주니가타(총)	8,740	7,586	7,483	7,192	0.88
주삿포로(총)	4,848	4,213	4,507	4,164	0.51
주센다이(총)	9,679	8,498	8,269	7,764	0.95
주오사카(총)	154,136	139,013	134,036	128,533	15.70
주요코하마(총)	37,459	34,452	34,937	34,456	4.21
주후쿠오카(총)	24,510	22,735	23,130	22,140	2.70
주히로시마(총)	18,581	15,624	14,964	14,274	1.74
소계	500,451	453,096	449,459	434,874	53.11

(2) 중국

(단위: 명)

지역별 / 연도별		2015	2017	2019	2021	백분율(%)
총계		2,585,993	2,548,030	2,461,386	2,350,422	100
중국	주중국(대)	282,281	280,463	250,053	227,839	9.69
	주광저우(총)	187,592	171,601	157,812	150,271	6.39
	주상하이(총)	133,596	144,781	136,473	127,313	5.42
	주선양(총)	1,651,900	1,650,910	1,548,199	1,545,066	65.74
	주시안(총)	8,262	8,028	7,669	6,783	0.29
	주우한(총)	7,825	8,321	9,818	6,700	0.29
	주청두(총)	9,180	8,742	8,960	8,060	0.34
	주칭다오(총)	292,542	260,101	235,776	206,929	8.80
	주홍콩(총)	12,815	15,083	18,969	16,391	0.70
	주다롄(출)	-	-	87,657	55,070	2.34

2) 남아시아태평양

(단위: 명)

지역별 / 연도별		2015	2017	2019	2021	백분율(%)
총계		510,633	557,791	592,441	489,420	100
나우루		0	0	0	0	0.00
네팔		625	816	772	648	0.13
뉴질랜드	주뉴질랜드(대)	5,856	6,478	9,468	6,660	1.36
	주오클랜드(분)	24,318	26,925	28,646	27,152	5.55
	소계	30,174	33,403	38,114	33,812	6.91
대만		4,828	6,293	5,610	5,527	1.13
동티모르		127	172	173	125	0.03
라오스		1,890	2,980	3,050	1,502	0.31
마셜제도		22	24	25	15	0.00
마이크로네시아		32	37	37	10	0.00
말레이시아		12,690	13,122	20,861	13,667	2.79
몰디브		29	28	30	8	0.00

연도별 지역별		2015	2017	2019	2021	백분율(%)
몽골		2,701	2,710	2,164	1,545	0.32
미얀마		3,106	3,456	3,860	2,537	0.52
바누아투		43	46	64	60	0.01
방글라데시		1,119	1,039	1,012	1,611	0.33
베트남	주베트남(대)	32,850	50,500	81,210	65,000	13.28
	주호치민(총)	76,000	73,958	91,474	89,699	18.33
	주다낭(총)	-	-	-	1,631	0.33
	소계	108,850	124,458	172,684	156,330	31.94
부탄		8	8	8	12	0.00
브루나이		165	465	328	168	0.03
사모아		-	0	0	0	0.00
솔로몬제도		34	58	74	80	0.02
스리랑카		894	840	1017	824	0.17
싱가포르		19,450	20,346	21,406	20,983	4.29
아프가니스탄		68	43	48	39	0.01
인도	주인도(대)	3,834	4,072	4,396	4,319	0.88
	주뭄바이(총)	1,507	1,418	1,280	852	0.17
	주첸나이(총)	4,837	4,900	5,597	5,503	1.12
	소계	10,178	10,390	11,273	10,674	2.18
인도 네시아	주인도네시아 (대)	40,741	31,091	22,774	16,777	3.43
	주발리(분)	-	-	-	520	0.11
	소계	40,741	31,091	22,774	17,297	3.53
캄보 디아	주캄보디아(대)	8,445	10,089	9,534	8,416	1.72
	주시엠립(분)	-	-	2,435	2,192	0.45
	소계	8,445	10,089	11,969	10,608	2.17
쿡 제도		-	0	0	0	0.00
키리바시공화국		1	11	11	6	0.00
태국		19,700	20,500	20,200	18,130	3.70
통가		18	15	19	18	0.00
투발루		0	0	0	0	0.00
파키 스탄	주파키스탄(대)	611	578	508	514	0.11
	주카라치(분)	201	203	213	159	0.03
	소계	812	781	721	673	0.14

지역별 \ 연도별		2015	2017	2019	2021	백분율(%)
파푸아뉴기니		172	180	201	161	0.03
팔라우		115	121	91	26	0.01
피지		906	1172	1,389	1,189	0.24
필리핀	주필리핀(대)	89,037	93,093	85,125	31,102	6.35
	주세부(분)	-	-	-	1,930	0.39
	소계	89,037	93,093	85,125	33,032	6.75
호주	주호주(대)	20,688	24,290	21,725	20,590	4.21
	주시드니(총)	111,617	130,646	121,616	113,907	23.27
	주멜번(분)	21,348	25,068	23,990	23,606	4.82
	소계	153,653	180,004	167,331	158,103	32.30

3) 북미

(단위: 명)

지역별 \ 연도별		2015	2017	2019	2021	백분율(%)
총계		2,463,043	2,733,194	2,788,732	2,871,141	100
미국	주미국(대)	184,683	203,481	179,780	189,474	6.60
	주뉴욕(총)	353,479	447,193	421,222	360,053	12.54
	주로스앤젤레스(총)	590,024	665,185	676,079	664,414	23.14
	주보스턴(총)	40,989	50,204	56,351	58,488	2.04
	주샌프란시스코(총)	205,583	206,651	227,649	245,173	8.54
	주시애틀(총)	172,887	160,555	160,181	176,983	6.16
	주시카고(총)	282,675	297,991	325,135	357,993	12.47
	주애틀랜타(총)	205,349	239,733	242,544	242,093	8.43
	주호놀룰루(총)	46,909	66,649	66,824	70,974	2.47
	주휴스턴(총)	144,158	141,633	178,145	175,446	6.11
	주앵커리지(출)	5,954	6,257	6,246	6,228	0.22
	주필라델피아(출)	-	-	-	79,442	2.77
	주하갓냐(출)	6,299	6,720	6,826	7,016	0.24
	소계	2,238,989	2,492,252	2,546,982	2,633,777	91.73

지역별 \ 연도별		2015	2017	2019	2021	백분율(%)
캐나다	주캐나다(대)	2,937	3,093	3,421	3,220	0.11
	주몬트리올(총)	11,687	12,135	12,325	12,634	0.44
	주밴쿠버(총)	94,224	101,802	98,618	96,219	3.35
	주토론토(총)	115,206	123,912	127,386	125,291	4.36
	소계	224,054	240,942	241,750	237,364	8.27

4) 중남미

(단위: 명)

지역별 \ 연도별		2015	2017	2019	2021	백분율(%)
총계		2,463,043	2,733,194	2,788,732	2,871,141	100
가이아나		0	0	0	0	0.00
과테말라		5,162	5,312	5,501	5,629	6.23
그레나다		5	13	37	60	0.07
니카라과		703	774	745	730	0.81
도미니카공화국		537	667	675	551	0.61
도미니카연방		0	0	0	0	0.00
멕시코		11,484	11,673	11,897	11,107	12.30
바베이도스		1	2	1	3	0.00
바하마		0	0	0	1	0.00
베네수엘라		351	516	185	154	0.17
벨리즈		21	24	21	15	0.02
볼리비아		737	648	654	557	0.62
브라질	주브라질(대)	2,598	2,627	1,660	1,354	1.50
	주상파울루(총)	47,820	48,904	46,621	35,186	38.97
	소계	50,418	51,531	48,281	36,540	40.47
세인트루시아		4	4	4	4	0.00
세인트빈센트그레나딘		0	0	0	0	0.00
세인트키츠네비스		0	0	0	0	0.00
수리남		54	54	52	48	0.05
아르헨티나		22,730	23,194	23,063	22,847	25.30
아이티		168	165	186	151	0.17

지역별 \ 연도별	2015	2017	2019	2021	백분율(%)
에콰도르	1,080	733	714	653	0.72
엔티가바부다	0	0	0	0	0.00
엘살바도르	270	247	151	178	0.20
온두라스	249	286	293	172	0.19
우루과이	283	301	216	197	0.22
자메이카	122	94	92	116	0.13
칠레	2,725	2,635	2,510	2,402	2.66
코스타리카	493	461	434	405	0.45
콜롬비아	915	941	880	793	0.88
쿠바	20	33	41	32	0.04
트리니다드토바고	46	37	31	31	0.03
파나마	377	465	421	426	0.47
파라과이	5,090	5,090	5,039	4,833	5.35
페루	1,198	894	1,493	1,654	1.83

5) 유럽

(단위: 명)

지역별	연도별	2015	2017	2019	2021	백분율(%)
총계		627,089	630,693	687,059	677,156	100
그리스		323	311	301	292	0.04
네덜란드		2,663	2,966	8,601	9,473	1.40
노르웨이		1121	1,043	7,667	7,744	1.14
덴마크		551	680	9,581	8,694	1.2
독일	주독일(대)	7,119	7,654	8,432	8,946	1.32
	주프랑크푸르트(총)	16,379	17,624	19,780	21,375	3.16
	주함부르크(총)	4,613	4,556	4,960	5,175	0.76
	주본(분)	10,936	10,336	11,692	11,932	1.76
	소계	39,047	40,170	44,864	47,428	7.00
라트비아		51	64	52	46	0.01

연도별 지역별		2015	2017	2019	2021	백분율(%)
러시아	주러시아(대)	79,818	81,220	81,337	79,923	11.80
	주블라디보스톡(총)	41,065	41,108	41,082	41,059	6.06
	주상트페테르부르크(총)	7,911	7,962	8,136	8,413	1.24
	주이르쿠츠크(총)	12,916	12,857	12,859	12,756	1.88
	주유즈노사할린스크(출)	25,246	26,491	26,519	26,375	3.89
	소계	166,956	169,638	169,933	168,526	24.89
	루마니아	423	405	367	329	0.05
	룩셈부르크	127	82	820	858	0.13
	리투아니아	156	90	107	26	0.00
	리히텐슈타인	1	0	3	1	0.00
	모나코	2	0	0	0	0.00
	몬테네그로	3	6	7	6	0.00
	몰도바	130	84	82	82	0.01
	몰타	121	136	192	166	0.02
	벨기에	1050	1,085	5,139	5,277	0.78
	벨라루스	1,395	1,356	1,343	1,333	0.20
	보스니아헤르체고비나	13	16	14	10	0.00
	북마케도니아	12	15	16	20	0.00
	불가리아	191	218	230	256	0.04
	사이프러스	20	31	33	50	0.01
	산마리노	1	1	1	1	0.00
	세르비아	139	124	160	142	0.02
	스웨덴	2,789	3,174	12,721	13,055	1.93
	스위스	2,468	2,674	3,936	3,882	0.57
스페인	주스페인(대)	2,935	3,807	2,718	2,371	0.35
	주바르셀로나(총)	-	-	1,519	1,368	0.20
	주라스팔마스(분)	773	713	692	791	0.12
	소계	3,708	4,520	4,929	4,530	0.67
	슬로바키아	1,557	1,638	1,618	1,493	0.22
	슬로베니아	41	51	55	46	0.01
	아르메니아	357	358	373	364	0.05

연도별 / 지역별		2015	2017	2019	2021	백분율(%)
아이슬란드		15	17	22	21	0.00
아일랜드		2,336	3,063	2,979	1,181	0.17
아제르바이잔		342	200	192	158	0.02
안도라		1	2	3	3	0.00
알바니아		71	112	78	102	0.02
에스토니아		42	47	76	84	0.01
영국		40,263	39,934	40,770	36,690	5.42
우즈베키스탄		186,186	181,077	177,270	175,865	25.97
오스트리아		2,473	2,553	2,546	2,720	0.40
우크라이나		13,103	13,070	13,070	13,524	2.00
이탈리아	주이탈리아(대)	1,970	1,802	1,918	1,691	0.25
	주밀라노(총)	2,178	2,509	2,706	2,398	0.35
	소계	4,148	4,311	4,624	4,089	0.60
조지아		100	113	101	151	0.02
체코		1,553	2,061	2,676	2,505	0.37
카자흐스탄	주카자흐스탄(대)	107,613	109,133	109,923	34,734	5.13
	주알마티(총)	-	-	-	74,761	11.04
	소계	107,613	109,133	109,923	109,495	16.17
코소보		33	24	30	23	0.00
크로아티아		88	181	199	175	0.03
키르기즈공화국		18,709	19,035	18,515	18,106	2.67
타지키스탄		743	774	759	757	0.11
튀르키예	주튀르키예(대)	1,491	715	646	660	0.10
	주이스탄불(총)	2,348	1,617	2,305	2,067	0.31
	소계	3,839	2,332	2,951	2,727	0.40
투르크메니스탄		1,425	1,451	1,482	939	0.14
포르투갈		195	223	271	265	0.04
폴란드		1,435	1,745	3,729	2,635	0.39
프랑스		15,000	16,251	29,167	25,417	3.75
핀란드		555	611	744	850	0.13
헝가리		1,405	1,437	1,737	4,544	0.67

6) 아프리카

(단위: 명)

지역별 \ 연도별		2015	2017	2019	2021	백분율(%)
총계		11,583	10,853	10,877	9,471	100
가나		843	726	695	440	4.65
가봉		76	90	64	64	0.68
감비아		41	41	36	39	0.41
기니		56	77	75	46	0.49
기니비사우		16	12	12	13	0.14
나미비아		42	38	31	35	0.37
나이지리아	주나이지리아(대)	83	79	61	64	0.68
	주라고스(분)	812	514	367	310	3.27
	소계	895	593	428	374	3.95
남수단		54	15	11	16	0.17
남아프리카공화국		4,125	3,650	3,843	3357	35.45
니제르		31	23	34	30	0.32
라이베리아		29	41	41	44	0.46
레소토		5	7	10	1	0.01
르완다		222	241	280	193	2.04
마다가스카르		174	235	242	175	1.85
말라위		135	145	133	144	1.52
말리		21	34	26	20	0.21
모리셔스		35	41	65	63	0.67
모잠비크		193	184	181	176	1.86
베냉		14	20	20	27	0.29
보츠와나		147	145	112	120	1.27
부룬디		5	17	27	21	0.22
부르키나파소		61	52	54	47	0.50
상투메프린시페		0	0	0	0	0.00
세네갈		223	271	270	255	2.69
세이셸공화국		10	8	5	5	0.05
소말리아		0	0	0	0	0.00
수단		74	48	37	40	0.42

연도별 지역별	2015	2017	2019	2021	백분율(%)
시에라리온	86	47	55	44	0.46
앙골라	225	133	120	100	1.06
에리트리아	0	0	1	0	0.00
에스와티니	87	97	1.02		
에티오피아	380	499	338	344	3.63
우간다	394	413	545	672	7.10
잠비아	149	142	207	167	1.76
적도기니	263	214	83	70	0.74
중앙아프리카	12	18	12	11	0.12
지부티	3	4	8	7	0.07
짐바브웨	100	73	110	92	0.97
차드	37	18	22	12	0.13
카메룬	98	112	133	69	0.73
카보베르데	3	6	10	2	0.02
케냐	1,100	1,221	1,216	1,141	12.05
코모로	4	4	5	6	0.06
코트디부아르	367	239	179	175	1.85
콩고공화국	12	4	8	3	0.03
콩고민주공화국	210	185	118	126	1.33
탄자니아	486	641	831	527	5.56
토고	74	54	57	61	0.64

7) 중동

(단위: 명)

연도별 지역별	2015	2017	2019	2021	백분율(%)
총계	25,563	24,707	24,498	18,379	100
레바논	128	128	154	170	0.92
리비아	44	40	4	5	0.03
모로코	565	892	428	352	1.92
모리타니아	75	70	66	61	0.33
바레인	163	193	244	193	1.05

연도별 지역별		2015	2017	2019	2021	백분율(%)
사우디 아라비아	주사우디(대)	5,189	3,913	2,331	1,387	7.55
	주젯다(총)	-	-	892	477	2.60
	소계	5,189	3,913	3,223	1,864	10.14
아랍 에미리트	주아랍 에미리트(대)	5,505	6,059	6,438	5,678	30.89
	주두바이(총)	4,851	4,793	4,492	3,964	21.57
	소계	10,356	10,852	10,930	9,642	52.46
알제리		1,194	1,046	765	534	2.91
예멘		47	4	4	3	0.02
오만		340	339	463	273	1.49
요르단		660	578	469	312	1.70
이라크	주이라크(대)	1,141	1,033	1,409	836	4.55
	주아르빌(분)	-	-	-	24	0.13
	소계	1,141	1,033	1,409	860	4.68
이란		320	456	247	178	0.97
이스라엘		779	693	702	500	2.72
이집트		933	970	870	750	4.08
카타르		1,720	1,420	1,832	1782	9.70
쿠웨이트		1,638	1,909	2,493	740	4.03
튀니지		271	171	195	160	0.87
남수단		아프리카지역 통계에 포함				
수단						

3. 거주 자격별 재외동포현황

〈전체〉

(단위: 명)

지역별	거주자격별	재외국민				외국국적동포 (시민권자)	총계
		영주권자	일반체류자	유학생	계		
총계		1,018,045	1,322,133	171,343	2,511,521	4,813,622	7,325,143
동북 아시아	일본	342,839	78,953	13,082	434,874	383,991	818,865
	중국	8,979	213,822	34,074	256,875	2,093,547	2,350,422
	소계	351,818	292,775	47,156	691,749	2,477,538	3,169,287
남아시아태평양		94,355	285,457	38,020	417,832	71,588	489,420
북미	미국	434,458	626,005	43,459	1,103,922	1,529,855	2,633,777
	캐나다	60,269	19,114	17,357	96,740	140,624	237,364
	소계	494,727	645,119	60,816	1,200,662	1,670,479	2,871,141
중남미		41,200	8,910	320	50,430	39,859	90,289
유럽		34,344	65,405	23,497	123,246	553,910	677,156
아프리카		1,470	7,356	500	9,326	145	9,471
중동		131	17,111	1,034	18,276	103	18,379

1. 1차 자료

교육부 교육기회보장과, 『출발선 평등을 위한 2022년 다문화교육 지원계획』(세종: 교육부, 2022. 2. 3), 5.

교육부 교육안전정보국 교육통계과, 『2021년 교육기본통계 주요 내용』(세종: 교육부, 2021), 5.

교육부 교육안전국 교육통계과, 「2022년 교육기본통계 조사 결과 발표」, 『보도자료』(세종: 교육부, 2022. 8. 31), 5.

구미과, 「1. 공동성명서」, 『박정희대통령미국방문, 1965. 5. 25, 전2권(V. 1 기본문서집)』, 한국외교부외교문서(Microfilm 번호; C-0011-07, 프레임번호: 239) (1965).

법무부, 『제3차 외국인정책 기본계획(2018년~2022년)』(세종: 법무부, 2018), 44, 66.

보건복지부, 『2020 외국인근로자 등 의료지원 사업 안내』(세종: 보건복지부, 2020), 4-5.

여성가족부, 『2025 세상 모든 가족 함께: 제4차 건강가정기본계획(2021~2025)』(세종: 여성가족부, 2021. 4. 27), 22.

여성가족부, 『2021 국민다양성 수용도 조사』(세종: 여성가족부, 2022), 3.

주캐나다대사관, 「최근 캐나다 이민정책 동향 및 2019~21년 향후 계획」(2019. 1. 2).

통계청 사회통계국 인구동향과, 「2021년 장래인구추계를 반영한 세계와 한국의 인구현황 및 전망」, 『보도자료』(2022. 9. 5), 13-14.

통계청 사회통계국 고용통계과, 법무부 출입국외국인정책본부 외국인정책과, 「2021년 이민자체류실태및고용조사 결과: 고용·교육·주거 및 생활환경·소득과 소비·자녀교육·체류사항·방문취업·재외동포」, 『보도자료』(세종: 법무부, 2021. 12. 31), 3.

2. 단행본

Benedic Anderson, *Imagined Communities: Reflections on the Origin and Spread of Nationalism*, Rev. ed. (London: New York: Verso, 2006), 82-88.

James V. Jesudason, *Growth and Ethnic Inequality* (Singapore: Oxford University Press, 1990), 137.

Torres-Gil, J. F., and Angel, J. L., *The politics of a majority-minority nation: Aging, diversity, and immigration* (Springer Publishing Company, 2018), 45-46.

김샘물, 『글로벌 인재경쟁』(서울: 이담, 2017), 146.

마이클 픽스, 곽재석 옮김, 『다문화사회 미국의 이민자 통합정책』(파주: 한국학술정보, 2007), 186-188.
메리 F. 소머스 하이두스, 박은경 역, 『동남아시아의 華僑』(서울: 영설출판사, 1993), 1-2.
이문봉, 『동남아 화교기업』(서울: 길벗, 1994), 68-69.
조은상, 『화교 경제권의 이해』(서울: 커뮤니케이션스북스, 2022).
홍원선, 『화인경제론』(서울: 도서출판 북넷, 2013), 174-175.

3. 정기간행물

Aiden, Hardeep Singh, "Creating the 'Multicultural Coexistence' Society: Central and Local Government Policies Towards Foreign Residents in Japan", *Social Science Japan Journal*, 14(2), (2011), 218.

Akaha, Tsuneo, 「International Migration and Multicultural Coexistence in Japan」, 『아세아연구』 53(2), (2010), 82-83.

Akashi, Junichi, "New Aspects of Japan's Immigration Policies: Is Population Decline Opening the Doors?", *Contemporary Japan*, 26(2), (2014), 182-183.

Angel, J. L. L., and Torres-Gil, F., "Hispanic Aging and Social Policy", *Aging in the America: Societal issues* 3, (2010), 1-19.

Chung, Erin Aeran, "Workers or Residents? Diverging Patterns of Immigrant Incorporation in Korea and Japan", *Pacific Affairs*, 83(4), (2010b), 675-696.

Comedia, *The Intercultural City: Making The Most of Diversity* (Comedia, 2008), 12-14.

Deirdre Shesgreen, "'Painted as spies': Chinese students, scientists say Trump administration has made life hostile amid battle against COVID-19", *USA TODAY* (2018. 8. 30).

Garcia, M. A., Angel, J. L., Angel, R. J., Chiu, C. T., and Melvin, J., "Acculturation, gender, and active life expectancy in the Mexican-origin population", *Journal of Aging and Health*, 27(7), (2015), 1247-1265.

Ferrer, Ana M. et al., "New Directions in Immigration Policy: Canada's Evolving Approach to ImmigrationSelection", *Canadian Labour Market and Skills Researcher Network Working Paper*, 107, (2012).

Flowers, Petrice "From Kokusaika to Tabunka Kyosei: Global Norms, Discourses of Difference, and Multiculturalism in Japan", *Critical Asian Studies*, 44(4), (2012), 515-542.

Inwood, Joshua, "White supremacy, white counter-revolutionarypolitics, and the rise of Donald Trump", *Environment and Planning C: Politics and Space Article First*

Published Online, (2018), 1-18.

Jeffrey G. Reitz, Josh Curtis, Jennifer Elrick, "Immigrant Skill Utilization: Trends and Policy Issues", *Journal of International Migration and Integration*, 15(1), (2014), 1-26.

Kee Cheok Cheong, Kam Hing Lee & Poh Ping Lee, "Surviving Financial Crises: The Chinese Overseas in Malaysia and Singapore", *Journal of Contemporary Asia*, 45, (2013), 130-131.

Korea Institute of Intellectual Property, *IP Report: World Intellectual Property Report 2022-The Direction of Innovation*(서울: 한국 지적재산연구원, 2022), 10.

Pekkanen, Robert, *Japan's Dual Civil Society: Members without Advocates* (Stanford, CA: Stanford University Press, 2006).

Sin Yee Koh, "How and Why Race Matters: Malaysia-Chinese Transnational Migrants Interpreting and Practising Bumiputra-differentiated Citizenship", *Journal of Ethnic and Migration Studies*, 41(3), (2015), 535.

Shipper, Apichai, "Foreigners and Civil Society in Japan", *Pacific Affairs*(2006), 269-289.

Sterling Seagrave, *Lords Of The Rim overseas Chinese*, (1996), 139.

Vespa, J., Armstrong, D. M., and Medina, L., *Demographic turning points for the United States: Population projections for 2020 to 2060*(Washington, DC: US Department of Commerce, Economics and Statistics Administration, US Census Bureau, 2018), 1.

Yamanaka, Keiko, "Civil Society and Social Movements for Immigrant Rights in Japan and South Korea: Convergence and Divergence in Unskilled Immigration Policy." *Korea Observer*, 41(4), (2010), 626.

곽윤경, 「이주노동자의 건강보험 현황과 문제점」, 『월간 복지포럼』(참여연대, 2021. 9. 1).

곽인신, 「일본의 다문화 공생정책에 관한 사례연구」, 『국제학논총』 32, (2020), 113.

김영준, 「트럼프 행정부의 이민정책과 파급효과: 아시아 태평양 지역을 중심으로」, 『세계 지역연구논총』 36(3), (2018), 3-27.

김혜련, 「말레이시아 화인디아스포라의 모국관계 연구」, 『전남대학교 세계한상문화연구단 국제학술회의』, (2015), 77-80.

민정훈, 「미국 이민 정책 변화에 관한 연구: 트럼프 행정부의 이민정책을 중심으로」, 『정책연구시리즈 2018-18』(서울: 국립외교연구원 외교안보연구원, 2018), 9.

박사명 외, 『동남아의 화인사회: 형성과 변화』(서울: 전통과 현대, 2000), 190-191.

산업통상자원부, 「글로벌 연구·개발 투자 현황-미국 R&D 중심」, 『2022 Industrial Technology and Market Review』(산업진흥연구원, 2022), 1.

설한, 「다문화주의의 이론적 퇴조원인분석: 문화개념과 규범성 문제를 중심으로」, 『현대
　　정치연구』 7(7), (2014), 82-86.

왕하오윈, 「동남아 화상(華商) 중소기업의 융자를 위한 법률적 시스템 구축」, 송승석(역),
　　『동남아화교화인과 트랜스 내셔널리즘』 (중국 관행 연구총서: 중국관행자료총서 편
　　찬위원회, 2012), 245-246.

원숙연·박진경, 「다문화주의? 동화주의? 다문화 정책에 대한 공무원의 정향성 탐색」,
　　『한국행정학회 학술발표 논문집』, (2009), 865-870.

이규용 외, 『이민정책의 국제비교』(서울: 한국노동연구원, 2015), 112.

이병인, 「해외 화인(華人)사회의 변화와 '국가 1840-1949」, 『아시아문화연구』 24, (2011),
　　194-195.

이유진, 「일본의 이민정책 결정에 영향을 미치는 구조 및 행위자 요인에 관한 연구」, 『다
　　문화사회연구』 11(1), (2018), 16.

장미야, 「미국의 인구문제와 이민정책」, 『민족연구』 78(한국민족연구원, 2021), 21.

조원일, 「19세기 말레이시아 지역의 화교조직 연구」, 『인문학연구』 101(충남대학교 인문
　　과학연구소, 2015), 667-669.

주유선, 「이주노동자의 건강권 보장 실태 및 정책 과제」, 『보건복지포럼』(세종: 한국보건
　　사회연구원, 2020), 31-32.

최수형 외, 『한국의 범죄현상과 형사정책』(한국형사·법무정책연구원, 2019), 215.

홍재현, 「말레이시아 화교의 특성」, 『중국인문과학』 38(중국인문학회, 2008), 28-46.

4. 신문기사

김영문, 「말레이시아 화교 "정치는 그들이 해도, 경제는 우리가 주무른다!"」, 『중앙일보』
　　(2017.4.13).

이혜리, 「'비닐하우스 사망' 이주노동자 속헹씨 산재 인정됐다」, 『경향신문』(2022.5.2).

백성호, 「월가 잡은 유대인, 밥상머리 교육 외 또 있다…하루 15분의 힘」, 『중앙일보』
　　(2022.7.28).

윤인진, 「인구절벽 해법, '질서있는 이민' 전담할 이민청 시급하다」, 『중앙일보』(2022.
　　9.27).

「외교부 산하 재외동포청 신설…외교부 "750만 동포 숙원사업"」, 『뉴시스』(2011.10.6).

「③ 그들은 왜 미등록 이주노동자가 되었나?」, 『뉴스밈』(2022.8.11).

5. 인터넷

https://www.migrationpolicy.org/article/france-immigration-rising-far-right

OECD·EU, Settling in 2018: Indication of Immigrats Integration(oecd, 2018), 34, 41,
　　266, https://www.oecd.org/publications/indicators-of-immigran

t-integration-2018-9789264307216-en.htm

Sara Ashley O'Brien, "Alphabet's Eric Schmidt says H-1B visa cap is 'stupid'", CNN(May 4, 2017), https://money.cnn.com/2017/05/04/technology/eric-schmidt-h1b-visa/

Figure 1. Foreign-born Population in the UK by place of birth, 2003-2021, Migrants in the UK: An Overview(University of Oxford, The Migration Observatory, 2022.8.2), https://migrationobservatory.ox.ac.uk/resources/briefings/migrants-in-the-uk-an-overview/

「독일 인구 4명 중 1명은 이민배경, 2021년 2230만명 예상」, 『Gutentag Korea』(2022. 4.13), https://gutentagkorea.com/archives/73783

https://www.kian.or.jp/lkr/kic/aboutus.shtml#top

http://www2.aia.pref.aichi.jp/sodancorner.html

https://eboard.moel.go.kr/indicator/detail?menu_idx=49

고려인마을, https://www.koreancoop.com/sub.php?PID=0101

유럽평의회, https://www.coe.int/en/web/interculturalcities/origins-of-the-intercultural-concept

비닐하우스는 집이 아니다, https://www.youtube.com/watch?v=AzbcBwNJjKg

저자 **김만호**

선문대학교 대학원 다문화교육학과 교수.
경기대학교에서 교육학 박사학위를, 캘리포니아 유니온대학교에서 철학 박사학위를 취득했다.
이보다 앞서 성균관대학교 경영대학원(MBA)에서 경영학 석사학위를, 뉴욕 UTS 대학원에서
교육학 석사학위를 받았으며, 전남대학교에서 토목공학을 전공했다.
1994년 도미(渡美)하여 학문에 매진하면서 각종 NGO 단체를 맡아 인종과 국경을 초월한 평화
운동과 저소득층을 위한 시민사회운동에 참여했다.
2006년 귀국하여 대학 강단에서 미래사회를 이끌어 갈 후학을 육성하는 한편, 국회입법정책연
구회 연구위원, 한국지방교육정책학회 이사, 한반도정책연구원 상임이사 등을 맡아 인재양성
과 한반도 평화를 위해 폭넓은 연구활동을 하고 있다.
저서와 논문으로『미래로 가는 나침반』,『다문화가정의 교육전략은 따로 있다』와「일본인
여성결혼이민자의 문화적응유형이 자녀교육수행에 미치는 영향」외 다수가 있다.

다문화에서 미래를 찾는다
인구문제에서 이민청 신설까지

2023년 3월 10일 초판 1쇄 펴냄
2023년 4월 10일 초판 2쇄 펴냄
2023년 11월 30일 초판 3쇄 펴냄

지은이 김만호
펴낸이 김흥국
펴낸곳 도서출판 보고사

책임편집 이순민
표지디자인 김규범

주소 경기도 파주시 회동길 337-15 보고사
전화 031-955-9797(대표)
팩스 02-922-6990
메일 bogosabooks@naver.com
http://www.bogosabooks.co.kr
ISBN 979-11-6587-447-6 93300
ⓒ 김만호, 2023

정가 17,000원